弁護士
牧口準市

箱館戦争裁判記

―榎本釜次郎外数名糺問幷所置事件―

北海道出版企画センター

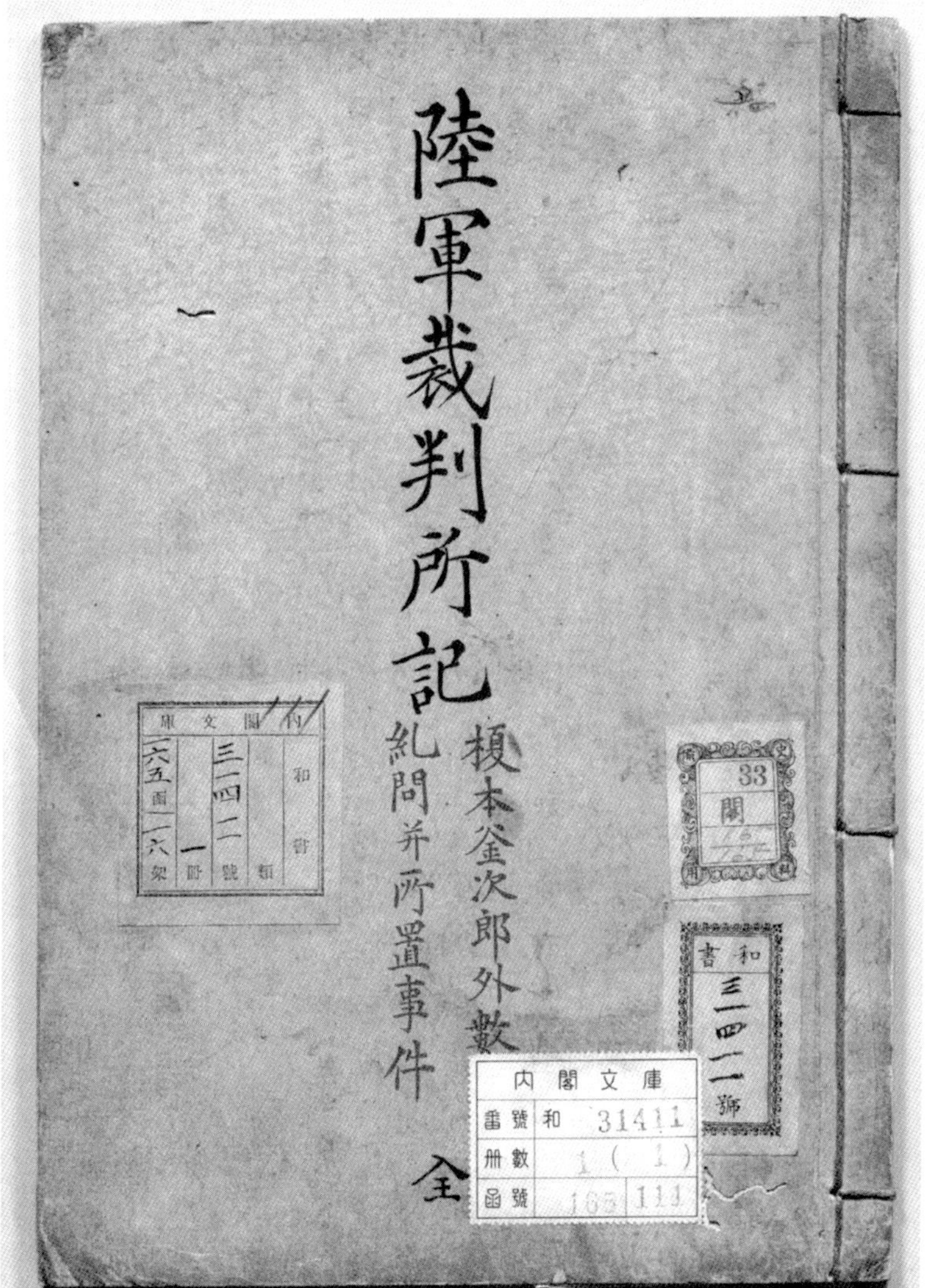

陸軍裁判所記（国立公文書館所蔵）

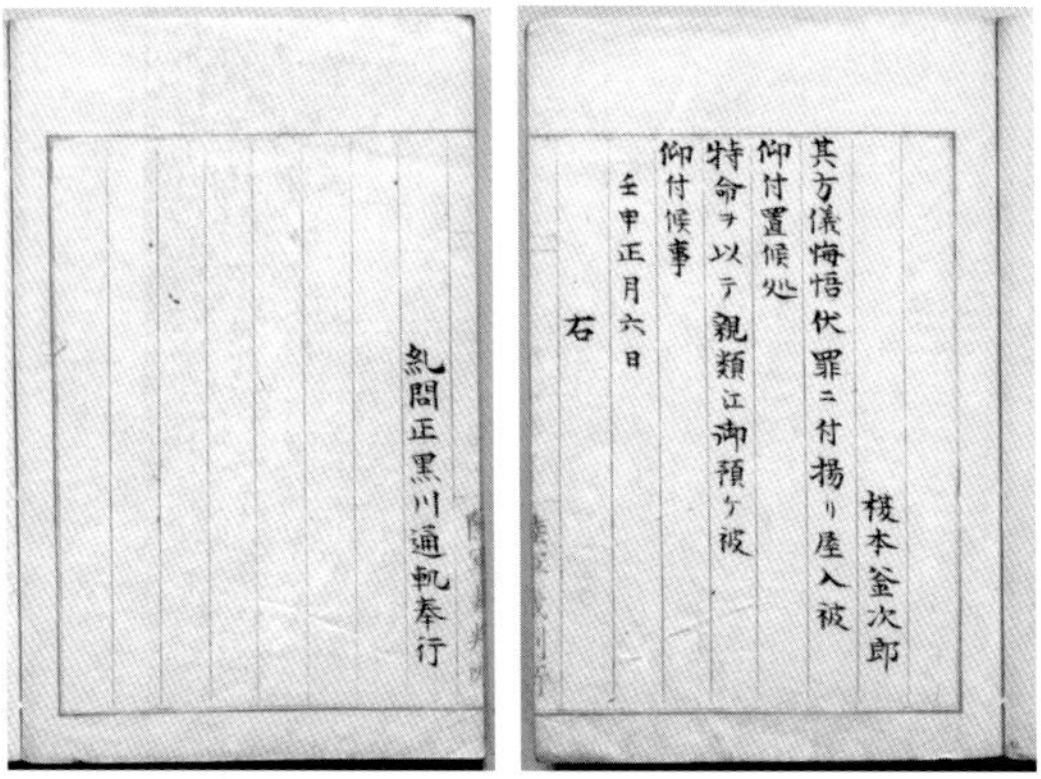

榎本釜次郎
其方儀悔悟伏罪ニ付揚り屋入被
仰付置候処
特命ヲ以テ親類江御預ケ被
仰付候事
壬申正月六日
右
糺問正黒川通軌奉行

榎本釜次郎判決書（国立公文書館所蔵）

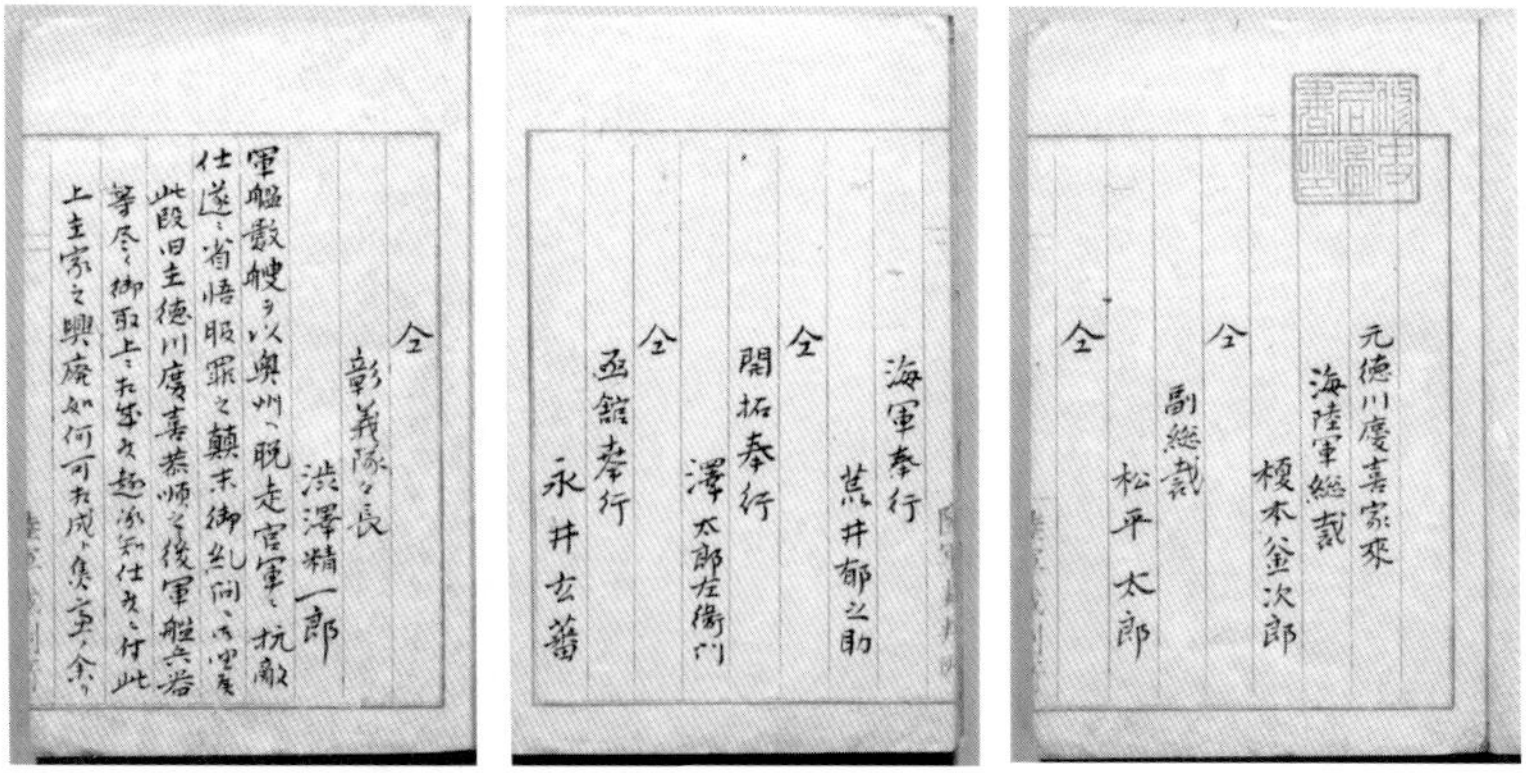

元徳川慶喜家来
海陸軍総裁
榎本釜次郎
仝
副総裁
松平太郎
仝
海軍奉行
荒井郁之助
仝
開拓奉行
澤太郎左衛門
仝
函館奉行
永井玄蕃
仝
彰義隊之長
渋澤精一郎
軍艦數艘ヲ以奥州ヘ脱走官軍ニ抗敵
仕遂ニ省悟服罪之顛末御糺問ニ付[illegible]
此段旧主徳川慶喜恭順之後軍艦兵器
等尽ク御取上ニ相成候趣承知仕候ニ付此
上主家之興廃如何可相成ト[illegible]

榎本釜次郎等犯罪事実認定書（国立公文書館所蔵）

黒田清隆
(函館市中央図書館所蔵)

大鳥圭介
(函館市中央図書館所蔵)

榎本釜次郎
(函館市中央図書館所蔵)

箱館戦争図（市立函館博物館所蔵）

箱館戦争降伏地・亀田八幡宮（撮影・佐藤和幸）

はじめに

本書は、「陸軍裁判所記・榎本釜次郎外数名糺問弁所置事件」（国立公文書館所蔵）を基本史料として、箱館戦争裁判に関する実証的研究を進めるものである。

明治期の北海道においては、歴史・社会・経済等多くの分野で研究がなされている。しかし、司法の分野では進んでいない。そこで、この分野を学者としてではなく弁護士の手法で埋めることとした。そしてこれまで、『開拓使時代の司法』、『明治期における北海道裁判所代言人弁護士史録』を著作した。そこで今、具体的事件に移り、ここに『箱館戦争裁判記』を著作した。

明治期の北海道においては、注目される事件が多い。私が研究対象とする事件は、裁判書又はこれに準じる文書が残されている事件である。福山・江差騒動、ハーバー事件、ガルトネル事件、東海丸事件および箱館戦争裁判を対象とする。福山・江差騒動、ハーバー事件は、『開拓使時代の司法』でとりあげた。ガルトネル事件は、明治二年二月、プロシア人R・ガルトネルと蝦夷嶋箱館奉行（総裁榎本釜次郎認証）が七飯の土地約三〇〇万坪について、期間九九年で使用・賃貸借契約を締結した。使用・賃貸借契約書は、北海道大学附属図書館に保存されている。東海丸事件は、明治三六年一〇月、青函連絡船東海丸がロシア貨物船に衝突され転覆し乗客等四二名が死亡した。久田佐助船長は、乗客を救うため警笛を握りながら船と共に沈んだ。その責任感の強さは、小学校教科書にも取り上げられた。民事判決書が外務省史料に所蔵されている。今回研究対象としたのは、箱館戦争裁判である。

箱館戦争については、多くの著書・論文が発表されている。しかし箱館戦争裁判については、研究が進んでいない。私は、史料調査の過程で「陸軍裁判所記」が国立公文書館に所蔵されていることを知った。そこで、「特定歴史公文書等利用請求書」制度を利用し、「陸軍裁判所記」全冊を複写した。「陸軍裁判所記」には、「裁判書」・「犯罪事実認定書」が編綴されていた。しかし、裁判上重要な「吟味詰り之口書」・「裁判記録」は、編綴されていなかった。そこで著書を断念すべきか迷ったが、ここで「陸軍裁判所記」を中心として可能な限り関連史料を収集し研究を進めることとした。

箱館戦争裁判に関する研究史料は、国立国会図書館・国立公文書館・東京大学史料編纂所・宮内公文書館・北海道大学附属図書館・東京都立図書館・北海道立図書館・札幌市中央図書館・函館市中央図書館および市立函館博物館の所蔵にかかる史料が中心である。しかし、「吟味詰り之口書」は、維新史綱要・復古記に引用されているが、所蔵まで確認はできなかった。裁判記録は、存在すら確認できなかった。史料の調査は、限界である。そこで、これまでの史料を纏め、総合・分析し箱館戦争裁判に関する実証的研究を進めた。

私は、もう少しで八五歳の高齢になります。もうこの辺が限界ですが、少しでも残された事件の研究を進めることとしました。しかし、どこで終わるかわかりません。それでも弁護士生活四〇年、著作生活一〇年、恵まれ充実した人生でありました。

本書の出版は、再び北海道出版企画センターにお願いしました。野澤緯三男社長には、お世話をかけました。ありがとうございました。

平成二八年六月二〇日

弁護士　牧口　準市

凡　例

一、関係法令は、平成二八年一月一日現在とした。

二、法令全書は、慶応三年一〇月一五日を「第一」とし同年一二月晦日が「第三七」として文書・法令が布告された。明治元年閏四月二一日には「政体」が布告され、太政官制となった。そこで、本書では、「政体」の発布を基準として、明治元年閏四月二一日からは「太政官布告第〇〇号」と表示し、以前は「布告第〇〇号」とした。特に表示がある場合は、それに従った。

三、国立公文書館等の引用方法は、定められている。しかし本書では、引用が多いので以下のとおりとした。

国立公文書館デジタルアーカイブ【標題】東北征討始末八・品海脱走軍艦…【簿冊種類】太政類典・第一編・慶応三年～明治四年・第二百十八巻【請求番号】本館―2A―009―00・太00218100【開始コマ】0019　**本書の表示↓**（国立公文書館デジタルアーカイブ【請求番号】太00218100【開始コマ】0019）

国立公文書館アジア歴史資料センター【件名】天津ニ領事館ヲ置ク【簿冊種類】大政類典・第二編・明治四年～明治十年・第八十五巻・外国交際二十八・公使領事差遣三【レファレンスコード】A01000012800【画像数】3　**本書の表示↓**（アジア歴史資料センター【レファレンスコード】A01000012800）

四、本書では、多くの古文書等を引用した。そこで、読みやすくするための方式をとった。

五、「箱館」から「函館」の変更は、明治二年九月三〇日である（東京大学史料編纂所・維新史料綱領巻十）。しかし、本書においては、すべて「箱館」と表示した。

本書構成

目次

榎本釜次郎等に対する恩赦判決…271

箱館戦争降伏人に対する処置……317

資料編……347

序　説

第一、概　説

本書は、箱館戦争に関する旧幕府軍首脳榎本釜次郎等に対する刑事裁判を法的視点から調査・研究をすることを目的とするものである。

旧幕府軍は、明治二年五月一八日降伏し、榎本釜次郎等旧幕府軍首脳は、兵部省糺問所辰之口揚屋に勾留されて糺問がなされた。所置（判決）につき、黒田清隆（薩摩藩）の寛典論、木戸孝允（長州藩）の厳罰論が対立した。明治四年一一月八日、西郷隆盛（薩摩藩）が遂に木戸を説得した。翌九日太政官正院は、太政大臣三条實美・右大臣岩倉具視の構想に基づき、大嘗祭を事由とし恩赦の決定をなした。兵部省糺問正は、明治五年一月六日榎本釜次郎に対し「親類預け」、松平太郎等九名に対し「赦免」の判決を言渡した。

本書における史料の中心は、「陸軍裁判所記・榎本釜次郎外数名糺問幷所置事件」（国立公文書館所蔵）である。さらに史料は、国立国会図書館・国立公文書館・東京大学史料編纂所・宮内公文書館・北海道大学附属図書館・東京都立図書館、北海道立図書館・札幌市中央図書館・函館市中央図書館および市立函館博物館等所蔵にかかるものである。重要な史料である「吟味詰り之口書」・「裁判記録」は、保存の形跡は認められるが所蔵まで確認できない。僅かに、外務省所蔵にかかる仏軍士官等の動向に関する榎本釜次郎・松平太郎口書の所蔵が確認できた。そして「犯罪事実認定書」は、「吟味詰り之口書」に基づくものであることが部分的であるが確認された。

本書論説の概要を説明する。「榎本釜次郎外数名糺問并所置事件」においては、「陸軍裁判所記」の内容を論述した。「榎本釜次郎獄中書簡」・「曽我祐準箱館戦争史談」は、箱館戦争裁判と関連する問題を摘示した。次いで「箱館戦争裁判と明治維新」は、明治黎明期の政治・司法制度と箱館戦争の関連について論述した。「箱館戦争裁判と刑事裁判制度」は、明治前期における刑事裁判の構造を中心に論じた。「箱館戦争裁判と弾正台」においては、箱館戦争裁判と弾正台の関係を指摘した。「榎本釜次郎等に対する刑事訴訟」においては、本件刑事訴訟手続の実際と問題点を明らかにし、「榎本釜次郎等に対する刑事判決」では、本件判決の形成過程および判決書の記載を中心に論じた。「榎本釜次郎等に対する恩赦判決」は、榎本釜次郎等に対する「恩赦」事由および理由を解明した。「箱館戦争降伏人に対する処置」においては、箱館戦争降伏人に対する処置を総合的視野から分析・論述した。

本件における重要な研究論点は、次のとおりである。第一、陸軍裁判所記における「判決書」・「犯罪事実認定書」の分析。記載内容を分析・解明した。第二、弾正台と本件の関係。弾正台の本件に対する関与の状況である。第三、軍務官・兵部省、糺問所、揚屋の実体である。第四、本件の糺問機関・糺問官（捜査・裁判機関　判事職）である。箱館戦争海軍参謀が判事職を務めた。第五、榎本釜次郎等に対する恩赦事由（明治天皇即位大嘗祭）・理由の分析（岩倉使節団の訪米等）。具体的恩赦事由と理由を分析した。第六、本件の犯罪と適用法令等である。犯罪の成立を解明した。すなわち、箱館戦争裁判に対する新たな総合研究をすすめるものである。

本書は、榎本釜次郎等に対する刑事々件を、逮捕・勾留―捜査―訴訟手続―判決の基本構造を中心課題として展開

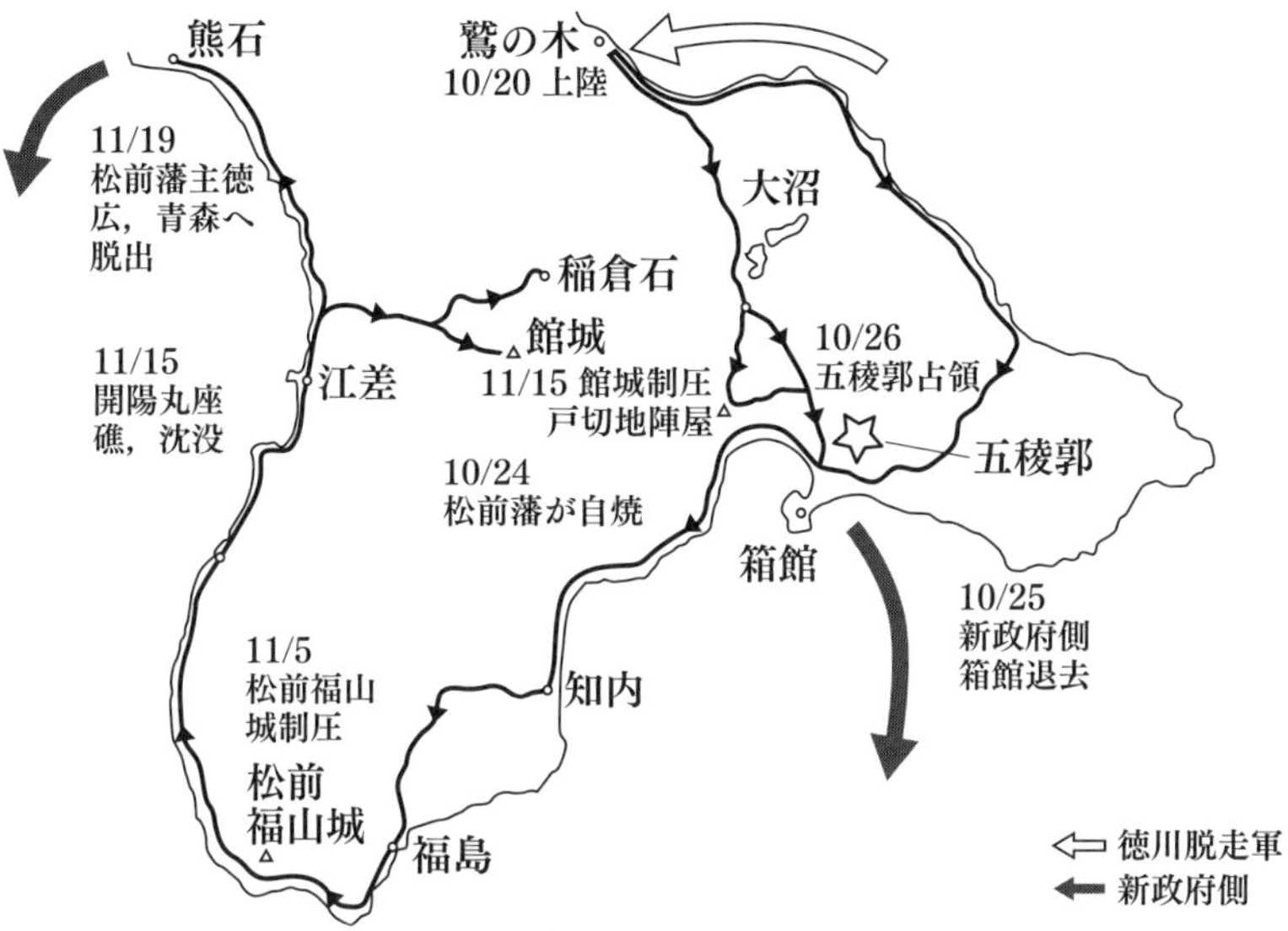

箱館戦争図（徳川脱走軍の侵攻）

した。そして序説においては、これらの諸課題をできるだけ縦断的に論述し、歴史的発展を深めることとした。

第二、明治政府の成立

慶応三年一〇月一四日、大政奉還（布告第一号）がなされた。同月二二日「刑法当分旧幕ノ法ニ依ラシム」（布告第三号）ことが布告され、暫定的に旧幕府法が施行された。同年一二月九日、王政復古（布告第一三、一七号）が布告され、三職として総裁・議定・参与が置かれ、ここに明治新政府が成立した。

明治政府の成立に連動し、戊辰戦争が起こった。石井孝教授は、戊辰戦争を三段階に区分する（「維新の内乱」）。「将来の絶対主義的全国政権を争う、天皇政府と徳川政府の戦争」（鳥羽・伏見の戦―江戸城開城）。「中央集権として面目を備えた天皇政府と地方政権（奥羽越列藩同盟）との戦争」（東北戦争）。そして、「蝦夷地により旧幕臣が直接の目的とするところは、封禄から外れた旧幕臣の救済であり、こうした旧幕臣のための蝦夷地の新しい徳川王国を建設することである。」（箱館戦争）。

明治元年一月七日、徳川慶喜に対する征討令（布告第一一号）が大号令された。旧幕府軍は、鳥羽伏見の戦に敗退した。同年四月五日、御沙汰書（先鋒総督副将布告第二二八号）が布告され「徳川降伏五条項」が定められた。続いて、同月一一日、江戸城明渡しがなされた。

明治維新により新政府が置かれ、次いで改革が進められた。明治元年一月一七日、三職（総裁・議定・参与）七総督制（海陸軍事務総督等）（布告第三六・三七号）、明治元年二月三日、三職八局制（布告第七三号）がとられた。明治元年閏四月二一日、政体（太政官布告第三三一号）が布告された。太政官のもとに軍務官等「太政官分為七官」が置かれた。軍務官においては、知官事のもとで判官事・権判官事が置かれ「糺判官事」（捜査・裁判）を所管した。明治二年七月八日職員令が布告され政治体制が整備された。

第三、箱館戦争

明治元年八月一九日、榎本釜次郎等は、開陽・回天・蟠龍・千代田・神速・長鯨・美加保・咸臨の八艦に二、〇〇〇人余を乗組させ、品川沖を出帆脱走した。銚子沖では、風雨のため咸臨・美加保が破損、残る六艘は奥州仙台東名港に到着した。同年一〇月九日、仙台出帆においては大江・鳳凰の二艦、大鳥等仙台脱走組一、三〇〇余人が加わった。同月一八日、蝦夷嶋の鷲ノ木浦に到着、一〇月二五日箱館・五稜郭を占拠した。同年一二月一五日、蝦夷嶋政府が創設され、総裁・榎本釜次郎、副総裁・松平太郎、海軍奉行・荒井郁之助、陸軍奉行・大鳥圭介等が選出された。

榎本等旧幕府首脳が品川沖を脱走し蝦夷嶋政府を樹立した目的は、蝦夷嶋政府を天皇のもとにおき、徳川将軍の親族を首脳とし、討幕により生活に困窮する幕臣を救済しようとするものである。

新政府軍は、明治二年五月一一日旧幕府軍に対する総反撃を開始した。新政府軍は、陸海軍参謀・山田市之丞（長州藩）、陸軍参謀・太田黒亥和太（熊本藩）、陸軍参謀黒田清隆（薩摩藩）、海軍参謀・増田虎之助（佐賀藩）、海軍参謀曽我祐準（柳川藩）等が指揮にあたった。

旧幕府軍の重要拠点は、五稜郭陣屋、弁天台場、千代ヶ岡陣屋、上湯の川兵営である。新政府軍は、五月一五日弁天台場・上湯の川兵営、翌一六日千代ヶ岡陣屋を陥落させ五稜郭に迫った。五月一七日、旧幕府軍は新政府に対し降伏条項を提示し、新政府軍は承諾した。翌一八日、旧幕府軍首脳榎本釜次郎・松平太郎・荒井郁之助・大鳥圭介は、新政府軍の軍門に下り、直ちに身柄を拘束され東京に護送された。同年六月三〇日、東京に到着し、軍務官糺問所辰之口揚屋に勾留された。

第四、箱館戦争降伏人に対する処置

旧幕府軍の降伏に伴い明治二年六月一二日、「箱館降伏人処置ヲ軍務官ニ委任ス」（沙汰第五二六号）ることが布告された。関連法令は、明治二年四月一日軍律（軍務官第四一一号）、明治二年五月二二日弾正台設置法（太政官布告第四七〇号）である。軍律は、軍人の脱走等に対する刑罰を定めたものである。又、弾正台設置法は、政府機関を監察する弾正台の設置である。

箱館戦争降伏人は、三、一三〇名である。旧幕府軍首脳榎本釜次郎等一〇名は、軍務官（兵部省）糺問司が所管し糺問（捜査裁判）・所置（判決）に付せられた。降伏人二、三〇〇人は、東京に送還され、その後各藩に帰された。さらに静岡・仙台藩降伏人五〇〇名は、蝦夷地開拓のため箱館にとどめられた。「箱館降伏人取締役所」が所管したが、開拓に適しないため順次帰藩の措置がとられた。蝦夷地残留は、三一九名である。

これを纏めると以下のとおりである。

降伏人処分状況表

降伏人区分	降伏人数	処分年月日	処分者	処分内容
旧幕府首脳・榎本外九名	一〇	明治五年一月六日	兵部省・糺問正	榎本—親族預 松平外—赦免
		明治五年三月七日	太政官	榎本—赦免
東京移送者	二、三〇〇	明治二年八月一九日	太政官	東京移送
		明治二年八月二五日		各藩帰籍
静岡・仙台藩降伏人	五〇〇	明治三年四月五日	箱館降伏人取締	旧藩引渡
蝦夷地残留降伏人	三一九	—	—	—
首脳・相馬主計	一	—	—	別件
計	三、一三〇	—	—	—

（註）相馬主計は、明治三年一〇月一〇日坂本竜馬殺人事件（刑部省所管）に関連し終身流罪に処せられた。

第五、箱館戦争裁判と刑事裁判制度

榎本釜次郎等は、明治二年六月三〇日勾留され同五年一月六日所置（判決）がなされた。そこで、刑事裁判の構造と主な関連法令を検討する。法令は、組織関係法と刑事関係法に区分する。

(一)　刑事裁判の構造

刑事裁判の方式は、時代により異なる。第一は、糺問主義、弾劾主義に区別される。糺問主義においては、捜査官・裁判官職は一体である。弾劾主義は、捜査官・裁判官職は、区別される。第二は、「罪となるべき事実」の認定方式である。「罪となるべき事実」は、証拠に経験則を適用しその認定をする。犯罪者の自白は、証拠の一形態である。旧幕府時代には、糺問の最終過程において作成される「糺問詰り之口書」について、犯罪事実認定の効力を認めた。旧幕府および明治前期における裁判は、糺問主義、「糺問詰り之口書」方式がとられた。

(二)　組織関係法

明治元年閏四月二一日政体（太政官布告第三三一号）が布告された。太政官のもとに、軍務官・刑法官等七官が置かれた。明治二年七月八日、職員令（太政官布告第六二二号）が公布された。政体に続く明治政府の改革である。太政官のもとに兵部省等六省が置かれ、軍務官は兵部省に移行した。明治四年七月九日、司法省を置き刑部省・弾正台は廃止された（太政官布告第三三六号）。明治四年七月一四日、廃藩置県がなされた（太政官布告第三五三号）。明治四年七月二九日、太政官制が改定（太政官布告第三八五・三八六号）された。太政官のもとに正・左・右院、九省が設置された。正院事務章程は、「正院ハ天皇臨御シテ萬機ヲ総判シ大臣納言之ヲ輔弼シ参議之ニ参與シテ庶政ヲ奨励督スル所ナリ」と規定した。

(三)　刑事関係法

榎本釜次郎等は、明治二年六月三〇日軍務官糺問所辰之口揚屋に勾留された。明治二年八月一日、太政官達により兵部省に糺問司が置かれた（兵部省達第八三七号）。明治二年一〇月二〇日、「糺問司入牢人ノ取扱方ヲ定ム」（京都兵部省達第一、〇二九号）が布達され、吟味済口書の方式、所置（判決）書の様式、兵部省に対する報告方式等が定められた。明治三年五月二五日、獄庭規則（刑部省定第三六九号）が布達された。刑部省の糺問手続を定めたものであるが、兵部省に規則がなかったので一般法としても本規則が適用された。同年一二月二〇日、新律綱領（太政官第九四四号）が布告された。刑事実体法で一四律、一九二条から成る。公布前の所為も、本律により処罰する遡及効を認めた。明治四年七月八日、兵部省職員令（兵部省第五七号）が布告された。海陸軍糺問司を置き、「海陸軍ノ罪犯糺覈《かく》（調べる）処決等ノ事ヲ掌ル」ものと定められた。しかし同令は、明治五年四月九日施行である（大政官布告第六〇号）。明治四年八月一日、「糺問司罰文ノ記載方ヲ伺定ス」（兵部省指令）が指令され、糺問所における所置（判決）書は糺問正によるものとした。明治四年八月二八日、海陸軍刑律（詔勅）が制定された。陸海軍刑法で、全二〇四条に及ぶ。次いで明治四年一二月一日、糺問司事務取扱章程（兵部省指令）が指令された。

第六、榎本釜次郎等に対する刑事訴訟

(一)　糺問機関

明治元年閏四月二一日、政体（太政官布告第三三一号）により軍務官が置かれた。明治二年五月一八日旧幕府軍が降伏し、同年六月一二日、軍務官に対し箱館降伏人の処置が委任された（沙汰第五二六号）。同年七月八日、職員令（太政官布告第六二二号）が布告され、軍務官は兵部省に組織変更された。明治二年八月一日兵部省に糺問司が置かれた（兵部省達第八三七号）。糺問官の任免等状況は、本論および「糺問司史」（資料編）のとおりである。

糺問機関は、糺問所と附設の揚屋（監倉）からなる。位置関係は、「嘉永二年江戸切絵図（大名小路神田橋内　内桜田之図）」、「慶応元年改正江戸切絵図（御曲輪内大名小路絵図）」、「明治二年改正江戸切絵図（御曲輪内大名小路絵図）」、「明治二年東京全図」により確定した。詳しくは、本論において絵図を示した。和田倉門旧「松平肥後守屋敷」は「兵部省」、辰之口旧「大岡主膳正屋敷」は「兵部省糺問所」である。「兵部省」には「兵部省糺問部局」、「兵部省糺問所」には「糺問所・揚屋」が置かれた。榎本釜次郎等は、「大岡主膳正屋敷」の「揚屋」に勾留され、「糺問所」において糺問官の糺問を受けたものである。

榎本釜次郎等は、明治二年六月三〇日辰之口揚屋に勾留された。大鳥圭介によれば、「此牢屋は予が一昨年歩兵頭たりし時、歩兵取締の為め建てたものなりしが、何ぞ図らん今は我身を緊迫せしむる獄とならんとは、…此軍務局糺問所は、元徳川氏の時は大手前歩兵屯所と唱うるものにて、荒井並に小生の預かりにて、毎日出勤して陸軍の事を取扱えり…嗚呼人生の栄枯浮沈も甚哉、往時を思い出せば皆一条の夢なり。」という。

明治五年八月、司法職務定制（太政官達無号）により揚屋は「監倉」と「囚獄」に区分された。

(二)　糺問体制

本件は、箱館戦争を刑事責任として追及するものである。したがって、箱館戦争の要因（犯罪の動機）、本戦争の実態（犯罪事実）、本戦争による戦死者等被害状況（犯罪による被害の程度）、さらに本戦争がわが国に及ぼした影響等（情状）が明らかにされなければならない。箱館戦争における旧幕府軍降伏人は、三、一三〇名の多数であり、その中から榎本釜次郎等一〇名の首脳を犯罪人として糺問するものである。

明治元年閏四月二一日、政体（太政官布告第三三一号）が布告され、軍務官が置かれた。軍務官においては、判官事・権判官事が「掌糺判官事」を所管した（官令類輯第一号）。明治二年六月一日海軍参謀・増田虎之助（明道　佐賀藩）、海軍参謀・曽我祐準（準造　柳川藩）が「権判官事」に任命され、「掌糺判官事」を所管することとなった。明治二年六月一二日、「箱館降伏人処置ヲ軍務官ニ委任ス」（沙汰第五二六号）が布告された。ここにおいて、海軍参謀であった増田・曽我権判官事が、「権判官事」として箱館戦争降伏人に関する糺問を所管することとなった。

明治二年七月八日、職員令（太政官布告第六二二号）が布告された。組織は、卿―輔―丞―録が置かれた。明治二年九月、曽我祐準・増田虎之助は「少丞」に任命され引き続き箱館戦争降伏に関する糺問を所管した。職員令・官位相当表によると、兵部省等には附属機関として「司」が置かれた。次いで明治二年八月一日兵部省には糺問司が設置された（兵部省達第八三七号）。現行法に照らすと、司法省（兵部省）に特別機関として検察庁（糺問司）が置かれたものである（国家行政組織法第七・八条の三）。すなわち職員令による「司」の設置は、軍務官本省の糺問部局と附属機関の「糺問司」が箱館戦争裁判を所官することとなったものである。

曽我・増田元参謀は、兵部省「少丞」として本省において本件糺問を所管し、「糺問長」と呼ばれ、現に重要事項について榎本等に対する糺問をなした。明治四年六月、曽我祐準・増田虎之助は「少丞」に再任され、任期は、同年一二月である。

明治四年一二月、糺問正として黒川通軌が任命された。明治四年一一月九日太政官正院において所置が決定し、翌一二月には「犯罪事実認定書」が作成された。すなわち、榎本等に対する所置（判決）体制が完了したので、糺問正の任命をしたものである。

箱館戦争裁判は「大獄・難獄」事件（獄庭規則）である。そこで新政府は、箱館戦争に精通し、かつ指揮能力が高い海軍参謀・増田虎之助、同軍参謀・曽我祐準を軍務官「権判官事」、兵部省「少丞」に任命し、所置（判決）決定まで本件糺問の指揮者としたものである。そして、明治四年一二月所置体制が整備されたので曽我祐準・増田虎之助小丞は、任務終了により転補した。

(三)　糺問手続

榎本等は、明治二年五月二一日箱館から青森まで汽船で送られ、次いで唐丸駕籠で秋田を経て、同年六月三〇日東京に護送され「辰之口揚屋」に勾留された。護送者は、肥後細川藩である。

旧幕府時代「揚屋」は、御目見以下の幕臣（御家人）、大名の家臣、僧侶、医師、山伏が収監された。江戸には、有名な「小伝馬町牢屋敷」が置かれていた。辰之口揚屋は、軍務官・兵部省糺問所揚屋であり所管軍人等の収監場所である。しかし、当時辰之口揚屋には、軍人のほか世間の悪党も収監され、榎本は「牢名主」に指名された。揚屋・監獄の牢内管理は、きわめて困難な業務である。旧幕府は、牢名主制度をとり、明治政府においても引き継いだ。牢名主は、「各牢一房毎に罪囚の中才幹且嘱望のある者を官撰して、房内の取締並に病者其外囚人手當等に當らしむる。」ものである。

榎本等一〇名に対する糺問所の糺問は、明治二年七月一〇日頃から開始された。詳細は本論に述べる。又、弾正台・外務省には、榎本釜次郎等口書が残された形跡が認められる。

(四) 本件裁判における諸問題

弾正台の動き

明治二年一一月一五日弾正台から辨官（太政官）に対し榎本等「吟味詰り之口書」の一覧請求がなされた。辨官は、これを承諾した。すなわち、榎本等の糺問は、明治二年七月一〇日頃から開始され同年一一月一五日まで「吟味詰り之口書」が作成された。そこで口書は、糺問司から兵部省に提出され、兵部省はその写しを作成しないで太政官（辨官）に提出した。太政官正院は、その「吟味詰り之口書」に基づいて榎本等の所置（判決）を決定したものである。

榎本の「吟味詰り之口書」は、明治二年一一月一五日までに作成された。関係史料は以下のとおりである。

過日榎本釜次郎等ノ口書兵部省ヨリ御達申候由、右ノ口書一覧致度儀有之候處、同省ニ扣《ひかえ》留無之ニ付御達致候。本書ナリ写ナリ早々御面シ有之度候也。

十一月十五日　　弾正台

辨官　御中

口書闕

榎本釜次郎口書云々承知致候。追テ従是可申入候也。

十一月十五日　　辨官

すなわち、弾正台は、辨官（太政官）に対しその一覧（閲覧）を求め、辨官は即日承諾した。兵部省では、口書の写（控）は作成されなかった。

糺問は、経験則に照らすと明治二年七月一〇日頃から始められ、一〇回以上の糺問がなされ明治二年一一月一五日「吟味詰り之口書」の作成がなされた。本論においてその理由を記述する。

降賊糺問口書

フランス軍士官ブリュネ大尉等は、箱館戦争にあたり旧幕府軍に加担した。そのため外務省は、フランスに対し抗議し、ブリュネ大尉等の処分を求めた。この抗議等にあたり、外務省は、刑部省に対し明治二年七―八月頃榎本釜次郎・松平太郎の糺問を求めた。兵部省ではなく刑部省に対し榎本等の糺問を求めた。刑部省は、榎本・松平につき糺問をなし「降賊糺問口書」を作成した。詳細は、本論において論じる。

榎本釜次郎書簡

榎本書簡（No.11）

明治三年一〇月一六日、糺問が開かれた。糺問長は、権大丞・曽我祐準、少丞・増田虎之助である。糺問事項は、①仏国士官が旧幕府軍に参加した理由、②脱走に対する徳川家の関与、③ガルトネルに対し箱館土地を貸した理由である。榎本はこれに対し、①仏国士官の参加はその意思によるもので仏国政府は関係していない。②脱走は、徳川家の意思によるものではない。③ガルトネルに土地を貸したのは、蝦夷地の開拓を進めるためである旨供述した。

曽我は、講演において本件の「糺問長」であることを明言した。

榎本書簡（No.23）

明治三年一二月二四日、糺問が開かれた。糺問官は、首席糺問司・黒川通軌、糺問官が列座した。糺問事項は、明治三年一二月二三日榎本が作成した「始末書」に基づき糺問された。始末書の内容は、犯罪事実認定書の内容と同一である。

榎本の書簡によると糺問は、（No.11）・（No.23）書簡の二回に止まる。しかし、大鳥圭介は、明治二年六月三〇日勾留されてから、一〇日が経過してから、糺問が始まったという。これは、捜査・裁判実務の経験則に照らし相当である。問題は、何回糺問がなされたかである。本論でさらに検討する。

本件の所置は、明治二年五月一八日降伏してより明治五年一月六日まで長期間を要した。しかし、その原因は、榎本等が犯罪事実を否認したものではなく、国内事情にあった。木戸孝允（長州藩）は、厳罰論を主張し、黒田清隆（薩摩藩）は、寛典論を主張し対立した。明治の形成過程にあって止むを得ないものであった。

第七、榎本釜次郎等に対する恩赦判決

㈠　概説―判決形成過程

榎本釜次郎等は、明治二年五月一八日降伏し、翌六月三〇日兵部省糺問所辰之口揚屋に勾留された。糺問所における糺問は、翌七月一〇日頃から同年一一月一五日までなされ、「吟味詰り之口書」が作成された。したがって、榎本釜次郎等に対し明治二年一一月一五日以降、いつでも判決のできる状況にあった。

しかしながら、太政官は明治二年九月二一日「榎本釜次郎等に対する所置は、フランス・ブリュネ士官応援問題の談議が終った後とする。」ことを決定した。明治三年三月一九日、フランス公使から「フランス・ブリュネ士官は、士官個人として旧幕府軍を支援した。明治二年一〇月一五日軍法会議において職務被免された。」旨回答があった。そこで、明治三年三月一九日をもってフランス談議は終了したので、箱館戦争裁判の所置はできる状況になった。問題は、厳罰論と寛典論の対立である。

明治三年一二月二三日糺問所は、榎本等に対し脱走から降伏までの経過を記録した「始末書」の作成を指示し、同日作成された。そして翌二四日黒川首席糺問司の外糺問官等が列座し、始末書の確認がなされた。「吟味詰り之口書」が作成された。したがって、近く判決がなされることが明確な状況となった。それが、翌年に延期された。その理由は、木戸等厳罰論がいまだ同意していなかったことによるものである。恩赦事由も影響した。

判決における犯罪事実は、「犯罪実認定書」のとおりである。適用すべき法令。①適用すべき法令は、一般法および特別別法（軍律・海陸軍刑律）について調査を進めた。②糺問司は、犯罪事実として「抗敵」・「脱走」行為を認定したので、特別法である軍律および海陸軍刑律が適用される。③軍律および海陸軍刑律は、犯罪行為の爾後に制定されたので罪刑法定主義の立場では適用されない。しかし新律綱領は罪刑法定主義を採用していないので、軍律および海陸軍刑律は犯罪行為が事前であっても遡及し適用される。④本件の適用すべき法令は、軍律第二条（脱走）、軍律第一条（抗敵）および海陸軍刑律第二八条（徒黨）、六六条（謀叛律）である。本法令の適用においては、死刑に処せられる。

しかしながら、榎本釜次郎等に対する判決は、「恩赦」の方向に進んだ。

㈡　恩赦判決

榎本釜次郎等に対する所置（判決）は、恩赦（「親族預け」・「赦免」）である。国家として犯罪人を許すことは、古い時代から恩赦として制度化されていた。恩赦制度は、国家・皇室に大吉・兇の大事があったとき、特に囚人を許すことに始まった。そして、誤判の救済のための恩赦―社会の変化や事情変更に基づく恩赦―受刑者の事後の行状に基づく恩赦に拡大した。徳川幕府は、文久二年（一八六二）三月、公事方御定書の関連法として「赦律」を布告し、恩赦制度を創設した。恩赦を適用する場合、「恩赦事由」、「恩赦理由」が必要である。

㈢　恩赦事由

本件の恩赦事由は、明治四年一一月一七日明治天皇即位大嘗祭である。前後の経過を辿る。

明治四年一一月七日	明治天皇即位大嘗祭布告
明治四年一一月八日	西郷・大久保動く―木戸同意
明治四年一一月九日	太政官正院―榎本等恩赦決定
明治四年一一月一二日	岩倉使節団横浜出発
明治四年一一月一七日	明治天皇即位大嘗祭
明治五年一月六日	榎本等に対する所置（判決）

㈣　恩赦理由

本体の恩赦理由をまとめると、次のとおりである。①明治維新における、敗者である徳川幕府―旧幕府軍に対する大局に立った見識が基本である。旧幕府は敵であって、敵ではない。②旧幕府軍の反抗要因は、天皇制度を維持しそのもとでの徳川家の蝦夷嶋管理を求めたもので、天皇に対する反抗意思はなかった。③最高首脳徳川将軍は、「水戸表へ退キ謹慎可罷在之事」とされ、榎本等「謀叛相助候者」は、「格別之寛典ヲ以、死一等可被宥之」とされた。④さらに旧幕府軍である、会津藩主松平容保・仙台藩主伊達慶邦等に対する処分との均衡が大きな要因である。⑤岩倉使節団は、明治四年一一月一二日横浜港を出発しアメリカ・ヨーロッパに出立した。アメリカ・フランス等各国は、箱館戦争裁判について強い関心をもっていた。特にアメリカは、新政府に対しアメリカ独立に際しての事例を挙げ榎本等の処分事由について開示を求めていた。恩赦は、「赦律」によるものである。

㈤ 所 置（判 決）

明治五年一月六日、兵部省糺問正黒川通軌は「特命」により榎本釜次郎に対し「親類江御預ケ」、松平太郎外八名に対し「赦免」の言渡しをなした。犯罪事実は、「犯罪事実認定書」のとおりである。犯罪を構成する事実は、「脱走」・「抗敵」（第一、二区分）、「脱走」（第三区分）である。「特命」は、太政官正院における恩赦の決定である

箱館戦争裁判について、軍務官・兵部省本省において糺問の指揮にあたったのは、海軍参謀・曽我祐準、同増田虎之助である。箱館戦争後、軍務官「権判官事」―兵部省「少丞」に任命され、「糺問長」として榎本釜次郎等に対する糺問（捜査・裁判）の指揮にあたった。所置（判決）時の糺問所糺問正は、黒川通軌である。

第八、「武揚」と「釜次郎」

榎本は、天保七年（一八三六）幕臣榎本円兵衛武規の次男として江戸下谷三味線堀にて生まれる。実名・武揚、通称・

釜次郎。

明治維新前社会の上層に位置する男姓は、実名（ジツメイ）と仮名（ケミョウ・通称）があり、榎本は、実名「武揚」（タケアキ・ブヨウ）、通称「釜次郎」（カマジロウ）といわれた。実名は、寺社の作成した人別帳、宗門帳、過去帳が庶民の登録簿であった。士族は、幕府・各藩が定めた。長州藩では、文政八年（一八二五）戸籍制度を創設した。時代が進み、明治四年四月戸籍法（太政官布告第一七〇号）が制定され、明治五年二月同法が施行された。ここに庶民・士族等の戸籍（「氏」・「名」等）制度が確立した。

榎本の場合、幼少期については、記録が少なく、世に名が知られるようになったのは、箱館戦争である。箱館戦争裁判に関する記録は、すべて通称名「釜次郎」が使用されている。その余の文書は、実名「武揚」、通称名「釜次郎」が使用されている。

榎本は、開拓使「四等出仕」に任用された。明治五年三月八日、開拓使任用書は「釜次郎」である（国立公文書館デジタルアーカイブ【請求番号】任Ａ０００５１００【開始コマ】１１１０）。同年五月晦日北海道出張命令は「武揚」である（国立公文書館デジタルアーカイブ【請求番号】公００６９８１００【開始コマ】０５７６）。すなわち、明治五年二月戸籍法が施行され、榎本も実名「武揚」が使用されることとなった。本書では、引用した古文書のとおり使い、箱館戦争裁判に関する記録は「釜次郎」である。

第九、結　語

ここに、箱館戦争旧幕府軍首脳榎本釜次郎外九名に対する戦争責任を内容とする刑事裁判の概要を記述した。著作にあたっては、判決評論の方式で構成する計画であった。しかし、主要史料である「吟味詰り之口書」・「裁判記録」を見つけ出す事ができず断念した。そこで、判決書に相当する「陸軍裁判所記」を中心に箱館戦争裁判を法的視点から検討を進めたものである。史料は、デジタル検索による史料を多く利用した。新しい史料も発見し、それにより本書を構成した。

榎本釜次郎外数名糺問弁所置事件

第一章　概　説

「榎本釜次郎外数名糺問弁所置事件」は、箱館戦争における旧幕府軍首脳榎本釜次郎外一〇名に対する脱走等刑事々件である。「陸軍裁判所記」には、「判決書」および「犯罪事実認定書」が編綴され、国立公文書館に所蔵されている。本書は、その「陸軍裁判所記」を中心に榎本釜次郎等の刑事裁判の実体を解明しようとするものである。

明治二年五月一八日、旧幕府軍は新政府軍に降伏した。明治二年六月一二日、旧幕府軍降伏人の処置は軍務官の権限とされた（沙汰第五二六号）。明治二年六月三〇日榎本釜次郎・松平太郎・荒井郁之助・永井玄蕃・大鳥圭介・松岡磐吉・相馬主計の七名、明治二年七月五日澤太郎左衛門・渋澤誠一郎・佐藤雄之助・仙石丹次郎の四名は、軍務官糺問所辰之口揚屋に勾留された。明治二年七月八日、軍務官は兵部省に組織変更された。明治五年一月六日糺問正は、以下のとおり所置（判決）を言渡した。

区分	犯罪者	罪名	犯罪事実認定	判決
第一区分	海陸軍総裁 榎本 釜次郎	脱走 抗敵	吟味詰り之口書	親類預─赦免
	同 副総裁 松平 太郎 海軍奉行 荒井 郁之助 箱館奉行 永井 玄蕃 開拓奉行 澤 太郎左衛門 彰義隊々長 渋澤 誠一郎	脱走 抗敵	吟味詰り之口書	赦免
第二区分	陸軍奉行 大鳥 圭介	脱走 抗敵	申口（供述）	
第三区分	元仙臺見国隊参謀 佐藤 雄之助 同会計方 仙石 丹次郎	脱走	申口（供述）	

蟠龍艦長松岡磐吉（第一区分）は、裁判中死亡したが「赦免」とされた。相馬主計は、土方歳三のあと新撰組隊長に選ばれ、榎本等とともに明治二年六月三〇日辰之口揚屋に勾留されたが、明治三年二月二二日別件（坂本竜馬殺人関連事件）で刑部省伝馬町揚屋に移監された。同年一〇月一〇日、刑部省において終身流罪に処された。明治五年一

○月一三日放免。

現行刑事訴訟法では、有罪判決書の記載事項として「刑の内容」（主文）、「罪となるべき事実」、「証拠の標目」および「法令の適用」を定める（第三三三・三三五条第一項）。しかし、江戸―明治期は、刑の内容（主文）のみが記載された。

第二章「判　決　書」

明治五年一月六日、兵部省糺問所において榎本釜次郎等に対し以下のとおり所置（「判決」）が言渡された。

榎　本　　釜次郎

其方儀、悔悟伏罪ニ付揚リ屋入被仰付置候処、特命ヲ以テ親類江御預ヶ被仰付候事。

壬申正月六日

右

糺問正　　黒川通軌　奉行

（国立公文書館デジタルアーカイブ【請求番号】165—0111）

（陸軍裁判所記）

（太政官日誌明治五年第二巻）

松　平　　太　郎

荒　井　　郁之助

永井　玄蕃
大鳥　圭介
澤　太郎左衛門
渋澤　誠一郎
佐藤　雄之助
仙石　丹次郎

其方共儀、悔悟伏罪ニ付揚リ屋入被仰付置候処、特命ヲ以テ赦免被仰付候事。

壬申正月六日

右

糺問正　黒川通軌　奉行

（陸軍裁判所記）

（太政官日誌明治五年第二巻）

松岡磐吉儀悔悟伏罪ニ付、揚リ屋入被仰付置候処、特命ヲ以テ赦免被仰付候。此旨相達シ候事。

壬申正月六日

右

糺問正　黒川通軌　奉行

（陸軍裁判所記）

榎本釜次郎に対する判決は、以下のとおり変更された。

榎本　釜次郎

親族預ヶ被仰付候処、以特命被免候事。

壬申三月七日　太　政　官

榎本釜次郎儀親族預ヶ被仰付置候処、以特命被免候條、此旨相違候事

壬申三月七日

正　院

陸軍省

（国立公文書館デジタルアーカイブ　【請求番号】公００６６３１００　【開始コマ】０５５４）

榎本釜次郎に対する明治五年一月六日「親類江御預ケ」の判決は、同年三月七日「被免」に変更された。「被免」は「赦免」である。そして、翌三月八日「開拓使四等出仕」に任命されたものである（諸官進退状第五巻・国立公文書館デジタルア

ーカイブ【請求番号】人A00005100【開始コマ】1110）。「開拓使四等」は、奏任官であって勅任官（大臣）に次ぐ高官である。

第三章　「犯罪事実認定書」

榎本釜次郎等の犯罪事実は、以下のとおりである。犯罪は、「脱走」・「官軍ニ抗敵」である。以下「犯罪事実認定書」という。

元徳川慶喜家来　海陸軍総裁　榎本釜次郎
同　同　副総裁　松平太郎
同　海軍奉行　荒井郁之助
同　開拓奉行　澤太郎左衛門
同　函館奉行　永井玄蕃
同　彰義隊々長　渋澤誠一郎

軍艦数艘ヲ以奥州ヘ脱走、官軍ニ抗敵仕、遂ニ省悟服罪之顛末御糺問ニ御座候。

此段旧主徳川慶喜恭順之後、軍艦兵器等尽ク御取上ニ相成候趣承知仕候ニ付、此上主家之興廃如何可相成ト焦慮ノ余リ、順逆ヲ不弁蝦夷地江割拠仕恢復可致所存ニテ、明治元辰年八月十九日夜、開陽・回天・蟠龍・千代田・神速・長鯨・美加保・咸臨等之八艦ニ、人数二千人余乗組ノ儘品川沖出帆脱走。同月廿一日銚子沖ニ而風雨ノ為ニ諸艦大半破損ニ及ヒ、咸臨・美加保ハ破損仕、残ル六艘奥州仙台東名港ニ着修復中、春来会津表ヘ脱走致居候大鳥圭介始兵卒引率、奥羽ノ同盟謝罪相成候由ニテ、仙台表ヘ引キ上ケ来リ。右人数并ニ元仙台二藩等脱走之者共併セテ千人余私共人数ニ加リ、更ニ大江・鳳凰ノ二艦相増都合八艦、乗組人数千三百人許ニテ十月九日仙台出帆。同十六日南部鍬ヶ崎へ着、薪水用意仕、同十六日同所出帆。同十八日蝦夷嶋ノ内鷲ノ木浦着。元箱館府知事清水谷殿江蝦夷地ノ儀ハ徳川家ヨリ兼而朝廷江願出ノ趣モ有之候ニ付、暫ク同家ニ御預ヶ被下置度、自然御許容無之候後ハ不得止官軍へ抗敵可仕云々出願ノ為、部下ノ士人見勝太郎江人数一小隊差添五稜郭へ向ヶ出立為致、同廿一日峠下村止宿罷在候処、同夜箱館出張之官軍ヨリ夜襲ヲ被リ、是ヨリ戦争相始マリ、官軍御引上ヶニ相成候ニ付、同廿五日箱館幷ニ五稜郭ニ一同転居仕、十一月二日元松前藩ト戦争、同十八九日頃迄ニ松前人数尽ク津軽領江引上ゲニ相成申候。其頃、英仏二国軍艦箱館ニ入港、右二国船将ヨリ天朝へ嘆願之筋有之候得共、取次可致旨申聞候ニ付、不取敢前文清水谷殿江出願ノ願意ヲ認メ、奏問書一通相頼ミ、伏而奉待朝命居候処、巳年三月中旬英仏両国軍艦入港、右船将ヨリ、兼テ差上候奏問書之儀ハ御直ニ脱走之者江御沙汰有之候趣ニ付、左様相心得候様申聞候。然ルニ其節御追討之風聞モ有之候ニ付、機ニ先ンシ可申心得ニテ、回天・蟠龍・アシロット三艦ニテ南部鍬ヶ崎江罷越候途中、大風雨ニ逢ヒ蟠龍・アシロットヲ失ヒ、同廿五日朝回天艦一艘ニテ御軍艦ノ碇泊所江乗入及、戦争遂ニ敗衂箱館港江乗回シ、夫ヨリ四月十日官軍江差在乙部村エ御上陸、引続キ抗戦、五月十三日薩州藩田嶋敬蔵殿五稜郭江被相越、謝罪ノ儀御説得有之、同十七日榎本釜次郎・松平太郎両人御陣所へ罷越、両人儀是迄魁主魁主トシテ抗敵仕候段、今更悔悟伏罪仕、甘ンジテ侍斧鉞之誅候。就而ハ自余ノ者共都而、御寛典之御所置ヲ被仰付度、奉嘆願候処、参謀黒田了助　増田虎之助殿御聞届ニ相成候。尤其節海軍ハ荒井郁之助、陸軍ハ大島圭介専務ニ取扱居候ニ付、両人モ同様伏罪ノ席江相列候様被仰聞候ニ付、翌十八日右四人軍門ニ降伏謝罪仕、箱館表ニ於テ謹慎ヲ仰付ラレ候。先之永井玄蕃儀ハ箱館帰リ候節、同所弁天岬台場ニ罷在候処、田島敬蔵殿罷越謝罪之儀説得有之、同十五日ニ悔悟伏罪仕、同廿二日参謀所与ノ御差図ニテ前四名方へ同居謹慎ヲ仰付、同日五人之者共東京ニ於テ可奉仰朝裁旨御達有之、翌日箱館表出立、元熊本藩兵隊護衛ニテ、六月二十九日陸行東京着、即日当御司監倉入牢仰付候。後又澤太郎左衛門儀ハ同年正月ヨリ東蝦夷地内モロラン江開拓ニ罷越候処、五稜郭之者共一同伏罪之旨御使申置候ニ付、部下之者共ヲ説得仕、五月廿二日一同伏罪仕、六月十一日箱館表江罷越、同月廿八日同所出帆、七月四日品川着船、翌五日当御司監倉入牢仰付候。渋澤誠一郎儀ハ湯ノ川ト申所江出張致シ居、六月十八日伏罪仕、澤太郎左衛門同船ニテ東京着、当御司ニ於テ同様被仰付候。

右之通相違無御座候事
辛未十二月
（陸軍裁判所記）

（註）「元熊本藩兵隊護衛ニテ　六月二十九日陸行東京着、即日当御司監倉入牢仰付候」とあるが東京着・入牢は「六月三〇日」である（復古記第十四冊復古外記蝦夷戦記第十七三四頁　大鳥慶喜・南柯紀行九八頁）。

元徳川慶喜家来
陸軍奉行　大鳥　圭　介
申　口

兵隊ヲ引率奥州江脱走、官軍ニ抗敵仕、遂ニ省悟伏罪之顛末御糺問ニ候。

此段旧主徳川慶喜恭順之後、兵器等盡ク御取上ニ相成候趣承知仕候ニ付、此上主家ノ荒廃如何相成ヘクト焦慮之余リ順逆ヲ不辨。明治元年辰四月十一日兼テ指揮致居候兵隊引率東京脱走、同十七日野州小山ニテ戦争、其後日光江罷越、夫ヨリ一旦元会津領田嶋村江趣キ、閏四月下旬再ヒ野州藤原村江出張七月下旬迄同所滞陣、八月初旬会津若松城下江引上ケ、其後猪苗代江出張、会津藩之形勢ヲ熟考仕候ニ官軍追々御繰込、其勢難當若松迚モ頼ニ不相成ト見斗リ卒イニ、九月初旬同所出立同中旬仙臺城下江着。榎本釜次郎・松平太郎ト申談、引卒之兵隊共一同軍艦江乗込、其後総テ右二名ト倶ニ進退五稜郭江罷在候処、五月十三日薩州藩田嶋啓蔵殿ヨリ榎本釜次郎江謝罪ノ儀説得有之候ニ付、同十八日軍門ニ降伏謝罪仕、箱館表ニ於テ謹慎被仰付、同廿二日東京ニ

於テ可奉仰、朝裁旨御達有之、翌日出立元熊本藩兵隊護衛ニテ六月廿九日陸行東京着、即日當御司監倉入被仰付候。

右之通相違無御座候事

（陸軍裁判所記）

元仙臺見国隊参謀　佐藤雄之助

同　会計方　仙石丹次郎

申口

仙臺ヲ脱走仕追テ悔悟服罪ノ始末御糺問ニ候。

此段御一新ノ秋ニ方リ遠僻ノ土地ニ罷在、騒擾之際一時方向ヲ失ヒ候ヨリ順逆ヲ誤リ、明治二年四月八日仙臺表脱走、気仙郡唐桑浜出帆、同月十四日蝦夷嶋砂原へ着、翌十五日五稜郭江罷越、榎本釜次郎・松平太郎江附属仕。五月十三日箱館表ニ於テ伏罪仕同所ニテ謹慎被仰付、六月廿八日澤太郎左衛門　渋澤誠一郎同様乗船仕、七月四日品川着、翌五日当御司揚屋入被仰付候。右之通相違無御座候。

（陸軍裁判所記）

第四章　「陸軍裁判所記」

「陸軍裁判所記」は、国立公文書館所蔵にかかるものである。旧幕府軍首脳に対する「判決書」および「犯罪事実認定書」が編綴されている。

第一節　概　説

「陸軍裁判所記」は、国立公文書館特定歴史公文書等利用制度を利用し交付を受けた。表紙は、「陸軍裁判所記　榎本釜次郎外数名糺問弁所置事件（朱記）全」と筆で書かれ、「内閣文庫　番号　31411　全冊1」とする印刷物が貼付されている。大きさは、二三×一六である。全二〇枚。一枚目は表紙。二枚目は白紙。三枚目には、「榎本釜次郎外数名糺問弁所置事件（朱記）　陸軍裁判所記　陸軍第一号（朱記）」と筆書され「日本政府図書」、「歴史課図書之印」の朱印が押されている。四枚目から一七枚目までは、「陸軍裁判所」罫紙であって、犯罪事実と所置が筆書されている。一八枚目は、「陸軍裁判所」罫紙で白紙、一九枚目は白紙である。二〇枚目は白紙で裏紙となっている。

「犯罪事実認定書」は、四枚目から一四枚目まで書かれている。犯罪事実は、三区分されている。第一区分は、元徳川慶喜家来海陸軍総裁榎本釜次郎・同副総裁松平太郎・同海軍奉行荒井郁之助・同開拓奉行澤太郎左衛門・同函館奉行永井玄蕃・同彰義隊々長渋澤誠一郎である。最高幹部・品川脱走組である。第二区分は、元徳川慶喜家来陸軍奉行大鳥圭介である。最高幹部・仙台合流組である。第三区分は、元仙臺見国隊参謀佐藤雄之助・同会計方仙石丹次郎である。仙台で見国隊を組織し、旧幕府軍加勢に参じた同組幹部である。

作成日は、第一区分「辛未十二月」（明治四年）、第二、三区分には日付はない。

「判決書」は、一五枚目から一七枚目まで書かれている。第一区分は、榎本釜次郎である。第二区分は、松平太郎・荒井郁之助・永井玄蕃・大鳥圭介・澤太郎左衛門・渋澤誠一郎・佐藤雄之助・仙石丹次郎である。第三区分は、松岡磐吉である。松岡は、勾留中死亡したので死者に対する判決である。作成日は、「壬申正月六日」（明治五年）で同日言渡しがなされた。

すなわち、「犯罪事実認定書」は明治四年一二月作成され、明治五年一月六日「判決書」による判決言渡がなされたものである。

第二節　作成・保存者

明治元年閏四月二一日、軍務官（太政官布告第三三一号）が設置され、翌二年六月一二日箱館戦争旧幕府軍降伏人の処置を軍務官の権限とした（沙汰第五二六号）。同二年七月八日兵部省が置かれ（太政官布告第六二二号）、軍務官は、兵部省に組織変更された。

明治二年一〇月一日糺問司入牢人ノ取扱方ヲ定ム（京都兵部省）（太政官布告第一〇二九号）が定められた。

> 諸罪人吟味済口書詰印之上ハ凡罰見込ヲ付或ハ謹慎何日又複籍ト記シ罰文之草案雛形之通相認口書ニ相添本省江可差出事。

本指令によると「吟味済口書」および「罰文之草案雛形」は、兵部省に提出しなければならない。「犯罪事実認定書」

が「吟味済口書」、「判決書」が「罰文之草案雛形」に相当する。本件では兵部省は、糺問司から提出された「吟味詰り之口述書」を明治二年一一月一五日太政官に提出した。

「陸軍裁判所記」は、その用紙が「陸軍裁判所」罫紙であり、陸軍裁判所により作成されたものである。陸軍裁判所は、明治五年四月九日兵部省糺問司が廃止され設置された（太政官布告第六〇号）。したがって、「陸軍裁判所記」編綴の「犯罪事実認定書」、「判決書」は、陸軍裁判所が設置された以降に原本を写したものである。

「陸軍裁判所記」は、明治一五年九月二二日陸軍裁判所の廃止に伴い陸軍省において保存され、内閣文庫の設置に伴い移管され、次いで国立公文書館に保存されたものとみられる。

第五章　裁判文書における諸問題

本件の「判決書」、「犯罪事実認定書」、「裁判記録」に関し諸問題を摘示する。

第一節　「判決書」

榎本釜次郎に対する判決は、「其方儀、悔悟伏罪ニ付揚リ屋入被仰付置候処、特命ヲ以テ親類江御預ケ被仰付候事」とした。松平太郎外八名に対する判決は「其方儀、悔悟伏罪ニ付揚リ屋入被仰付置候処、特命ヲ以テ赦免被仰付候事」とした。そこで「判決書」の記載に照らすと以下のとおり問題点が指摘される。

（一）本件の罪名は、「犯罪事実認定書」の冒頭記載に照らし、「脱走」・「抗敵」である。

（二）判決は、「親類江御預ケ」（榎本）、「赦免」（松平等）であって「恩赦」である。

（三）明治四年一一月九日太政官正院において恩赦が決定された。恩赦事由は、明治天皇即位大嘗祭である。恩赦理由は、岩倉使節団の明治四年一一月一二日アメリカ出発、木戸等厳罰派の恩赦同意が主たるものである。

（四）木戸孝允（長州藩）派の厳罰論、黒田清隆（薩摩藩）派の寛典論が対立していた。アメリカは、榎本等の赦免を求めていた。そこで木戸は、岩倉使節団の派遣を進めるため寛典論に同意した。

（五）判決は「特命」により「赦免」とした。特命権者は、太政院正院である。

（六）榎本等の「犯罪事実認定書」は、「吟味詰り之口書」によるものである。大鳥等の「犯罪事実認定書」は、「申口」である。「申口」は、「供述調書」である。

（七）榎本釜次郎に対して「親類江御預ケ」の判決がなされた。しかし、太政官が「親族預ケ被仰付候處、以特命被免候事」に変更した。

本論において、箱館戦争裁判を検討するなかで論点として研究を進める。

第二節 「犯罪事実認定書」

「犯罪事実認定書」は、第一乃至第三に区分した。各区分の冒頭記載は次のとおりである。

第一区分

元徳川慶喜家来 海陸軍総裁 榎本釜次郎
同 同副総裁 松平太郎
同 海軍奉行 荒井郁之助
同 開拓奉行 澤太郎左衛門
同 函館奉行 永井玄蕃
同 彰義隊々長 渋澤誠一郎

軍艦数艘ヲ以奥州ヘ脱走、官軍ニ抗敵仕、遂ニ省悟服罪之顚末御糺問ニ御座候。

第二区分

元徳川慶喜家来　陸軍奉行　大鳥圭介

申口

兵隊ヲ引率奥州江脱走、官軍ニ抗敵仕、遂ニ省悟伏罪之顛末御糺問ニ候。

第三区分

元仙臺見国隊参謀　佐藤雄之助

同　会計方　仙石丹次郎

申口

仙臺ヲ脱走仕、追テ悔悟服罪ノ始末御糺問ニ候。

そこで、問題点を順次検討する。

（一）「犯罪事実認定書」の冒頭記載

第一・二区分の犯罪は、「脱走」・「抗敵」であり、第三区分の犯罪は「脱走」である。すなわち、「罪名」を冒頭記載したものである。

（二）「犯罪事実認定書」（第一区分）の作成

「犯罪事実認定書」には、「省悟伏罪之顛末御糺問ニ御座候。」（第一区分）、「省悟伏罪之顛末御糺問ニ候。」（第二区分）「悔悟伏罪ノ始末御糺問ニ候。」（第三区分）とあり、榎本等の「御糺問」の結果を記載したものである。

「東北征討始末八　品海脱走軍艦征討」には、以下の記載がある。

榎本武揚等口供ニ云　旧主徳川慶喜恭順之後、軍艦兵器等尽ク御取上ニ相成候趣承知仕候ニ付、此上主家之興廃如何可相成ト焦慮ノ余リ、順逆ヲ不弁蝦夷地江割拠仕恢復可致所存ニテ、明治元辰年八月十九日夜、開陽・回天・蟠龍・千代田・神速・長鯨・美加保・咸臨等之八艦ニ、人数二千人余乗組ノ儘品川沖出帆脱走。

（国立公文書館デジタルアーカイブ【請求番号】太００２１８１００【開始コマ】００２７（N07）

すなわち、「榎本武揚等口供ニ云」以下の「旧主徳川慶喜」―「脱走」は、榎本釜次郎等の「犯罪事実認定書」第一区分と同文である。さらに本文には、「元仙台会津二藩等脱走之者モ併セテ千人余私共数ニ加リ」、「参謀黒田了介・増田虎之助殿御聞届ニ相成候」とあって文体が供述形態である。すなわち、第一区分は「吟味詰り之口書」により作成されたものである。

（三）「犯罪事実認定書」（第二、三区分）の作成

第二、三区分「犯罪事実認定書」には、「大鳥圭介　申口」、「佐藤雄之助　仙石丹次郎　申口」の記載がある。「申口」は、幕府法においては証人の供述（「証言」の語はない。）である（『近世刑事訴訟法の研究』七七五頁）。したがって、「犯罪事実認定書」第二、三区分は、「吟味詰り之口書」によるものではなく、「口書」（供述調書）によるである。

（四）「犯罪事実認定書」の作成日

第一区分の「犯罪事実認定書」には、作成日付として「辛未十二月」（明治四年一二月）が記載されている。第二、

三区分「犯罪事実認定書」には記載されていない。第一区分は「吟味詰り之口書」、第二、三区分は「犯罪事実認定書」は「申口」（供述調書）によるものである。すなわち、「吟味詰り之口書」は「犯罪事実認定書」であり作成日付が必要である。「申口」（供述調書）は、犯罪関与者・犯罪日時・犯罪場所・被害状況等取調の結果が記載されるが、最終的には「吟味詰り之口書」に纏められるので作成日付まで入れなかったものとみられる。しかし、疑問が残り研究を深めることが必要である。

第三節　裁判記録等の保存

「陸軍裁判所記」を国立公文書館から交付を受けることができた。国立公文書館における保存記録は、以下のとおりである。

書名	陸軍裁判所記
請求番号	１６５―０１１１
階層	内閣文庫・和書・和書（多聞櫓文書を除く）
関連事項	榎本釜次郎外数名糺問並所置事件
数量	一冊
書誌事項	写本　明治
言語	日本語
旧蔵者	太政官正院歴史課・修史局・修史館・内閣臨時修史局

そこでさらに国立公文書館に対し、榎本釜次郎等口述書の所蔵について照会した。レファレンス担当官（公文書）

から、「明治六年以前の文書は火災で焼失しており、後に資料を収集して記録を補い、現在に伝えられております。」と説明された。

国立国会図書館、東京大学史料編纂所、宮内公文書館、法務省図書館、防衛研究所、北海道大学附属図書館および京都府立総合資料館に対しても調査を依頼した。しかし、所蔵の確認はできなかった。特に国立国会図書館では、詳細を調査していただいた。

榎本釜次郎獄中書簡

第一章　概　説

旧幕府軍は新政府軍に対し、明治二年五月一八日降伏した。旧幕府軍首脳榎本釜次郎は、兵部省糺問司において糺問・所置（判決）がなされた。

旧幕府軍首脳榎本釜次郎、荒井郁之助、永井玄蕃、大島圭介、松岡磐助、相馬主計は、肥後細川藩により箱館から東京に護送された。箱館から青森に汽船で送られ、次いで唐丸駕籠（唐丸／鶏の一種を入れて飼う円筒形の竹籠。江戸時代から罪人護送のために使われていた。）で秋田を経て明治二年六月三〇日東京に護送された。東京では、軍務官糺問所辰之口揚屋（千代田区丸の内所在　監倉・拘置所）に勾留された。次いで、澤太郎左衛門、渋澤誠一郎、佐藤雄之助、仙石丹次郎は、明治二年七月五日同じ辰之口揚屋に収監された。

榎本は、獄中から母こと（見松院）・兄勇之助（武與）・姉らく（観月院）・妻たつ・知人に対し、牢内状況・糺問状況・所置（判決）予測、および科学的知見等について多くの書簡を送った。

国立国会図書館憲政資料室は、「榎本武揚関係文書」を所蔵している。国立国会図書館は、書簡を差出し先から集

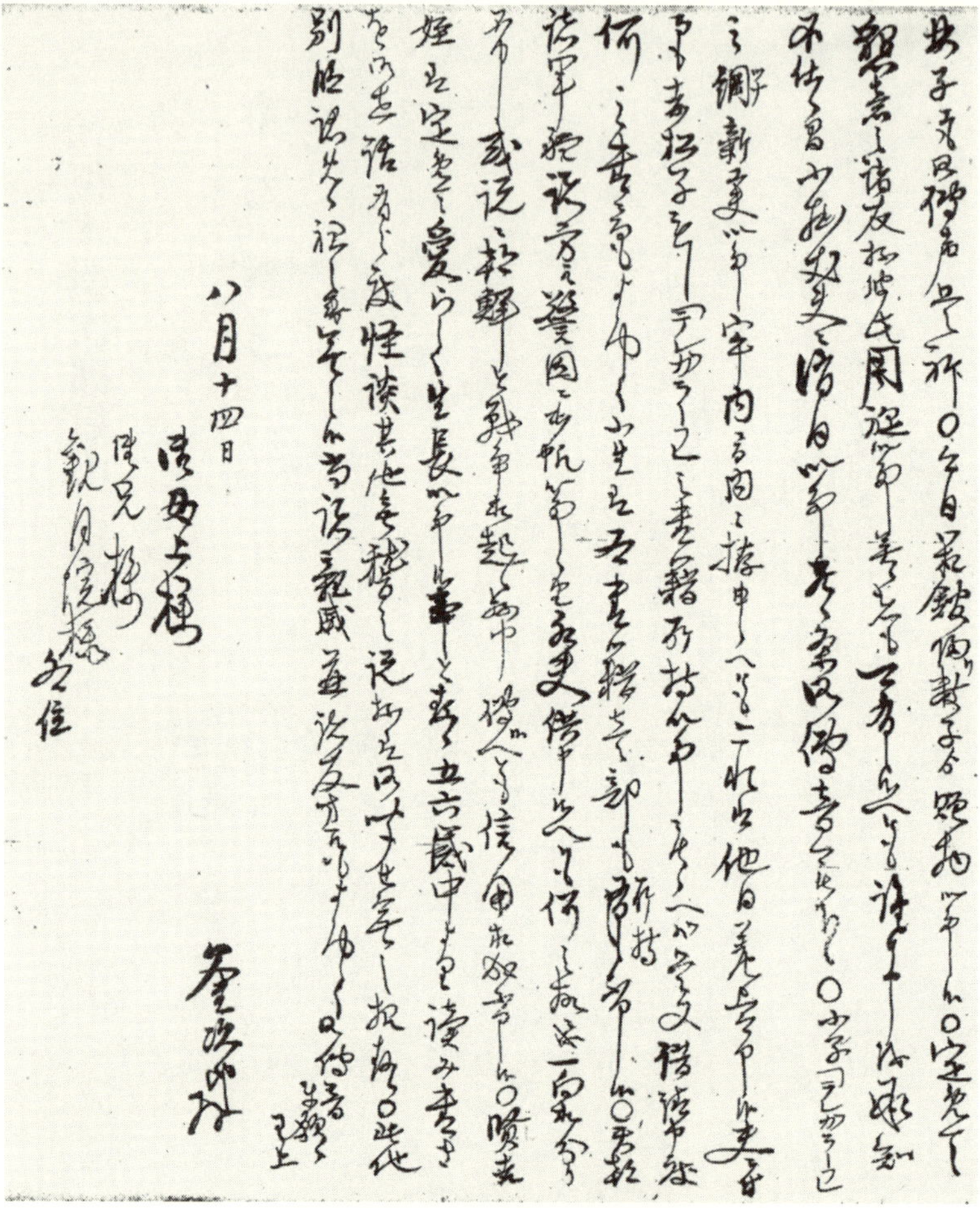

榎本釜次郎獄中よりの書簡
(明治３年８月14日付　No.5)

めたとされる。その中には、獄中からの書簡三〇通が含まれ「獄中よりの御書翰」として箱に入れ保存されている。又榎本隆充・「榎本武揚未公開書簡集」には、獄中よりの書簡二七通が収録されている。内一七通が重複している。

榎本家は、西新宿に邸宅があったが戦災で焼失し、そのため同家に伝わった文書は残されていない。「榎本武揚未公開書簡集」の手紙は、榎本武揚の曾孫榎本隆充が国立国会図書館から入手し、古文書研究家伊藤栄子により解読され発刊された。

憲政資料室所蔵書簡、「榎本武揚未公開書簡集」、「資料榎本武揚」を時系列的に対比し整理した。裁判に関係する書簡は、一二通である。

このような書簡を踏まえ揚屋内の状況、所置（判決）時期予測、糺問状況、所置について概観する。

憲政資料室・書簡集対比表

No.	作成年月日	宛先	憲政資料（No.二）	書簡集（頁）	資料集（頁）	裁判関係情報等
二、六、三〇　軍務官糺問司揚屋収監						
一	二、一一、六	姉		三六		
二	二、一一、二七	姉	一	三八	二七一	揚屋内等状況
三	三、一、一四	母・姉	二			
四	三、三、一六	母・姉	七	三九	二七二	揚屋内等状況　所置時期はわからない
五	三、八、一四	母・兄・姉	三	四〇	二七三	揚屋内等状況　役人親切　所置時期はわからない
六	三、九、二四	姉	五			
七	三、九、二四	妻	六			
八	三、一□、八	母・兄	四			
九	三、一〇、一五	姉	八	四三	二七六	
一〇	三、一〇、一五	妻	九	四四		

No.	作成年月日	宛先	憲政資料（No.二）	書簡集（頁）	資料集（頁）	裁判関係情報等
一一	三、孟冬一〇、一六	根津・川村・兄	一五	四五		糺問等状況 糺問内容 仏国軍人との関係 脱走と徳川家の関係 箱館土地の貸付理由
一二	三、一〇、一七	兄	二六	四八		
一三	三、閏一〇、一八	兄	二七	四九		
一四	三、一〇、二五	兄	二八	五〇		
一五	三、一〇、二六	兄	二九	五二		
一六	三、一〇、二九	姉	一〇			
一七	三、一一、六	姉	一一			
一八	三、一一、二一	姉・妻	一二			
一九	三、一二、一	姉	一三			
二〇	三、一二、一	妻	一四			
二一	三、一二、二三	姉		五三		
二二	三、嘉平一二、二三	姉	二〇			
二三	三、一二、二四	姉・妻	一六	五四		糺問等状況 白州・始末書確認 吟味詰り之口書作成 所置時期近い
二四	三、暮	兄		五五		
二五	三、極月一二、二七	姉	一七	五七		所置時期・内容 年内なし 道は開けた
二六	三、一二、二七	追白	一九	五七		
二七	三、一二、二八	姉	一八	五八	二七八	
二八		不明	二一			

二九	四、一、九	兄・姉	二四	五九		
三〇	四、夏端午後四、一	姉・兄	二五			
三一	四、五、一	姉・兄		六〇		
四、七、二九　太政官制改定　四、八、二六　母こと（見松院）死亡						
三二	四、九、二四	姉		六一		
三三	四、九、二四	妻		六三		
三四	四、一〇、二九	姉		六五		所置は来月
四、一一、九　正院決定　四、一一、一二岩倉使節団出発						
三五	四、一一、二一	姉・妻		六六		所置時期決まらず
三六	四、一二、朔日	姉		六七		出所近し　黒田が尽くしている
三七	四、一二、朔日	妻		六八		出所近し
三八	五、一、二	姉	二二	六九		揚屋内最後の手紙
三九	五、一、二	妻	二三	七〇		揚屋内最後の手紙
四〇		不明	三〇			

第二章　榎本釜次郎

（一）経歴の概要

天保七年（一八三六）幕臣榎本円兵衛武規の次男として江戸下谷三味線堀にて生まれる。幼名・釜次郎。号・梁川。

安政三年（一八五六）幕府・長崎の海軍伝習所入所。

文久二年（一八六二）オランダ留学。

慶応三年（一八六七）帰朝。軍艦奉行。

明治元年（一八六八）旧幕府軍とともに開陽丸等を率い蝦夷地に脱走。箱館に共和国樹立。

明治二年（一八六九）旧幕府軍降伏。軍務省糺問所辰之口揚屋勾留。

明治五年（一八七二）兵務省糺問司において「親類江御預ケ」の所置。開拓使出仕。

明治八年（一八七五）特命全権公使として千島・樺太交換条約を締結。

明治一一年（一八七八）帰朝。海軍・逓信・外務・文部・農商務大臣。駐支全権公使等歴任。

明治四一年（一九〇八）一〇月二六日　東京において没。七三歳。


（「北方の空白」二一〇頁以下）

（二）「榎本武揚」

加茂儀一は、東京工業大学教授を経て小樽商科大学学長に就任してから、昭和三五年「榎本武揚」を著作した。加茂学長は、榎本を以下のとおり評価する。

榎本は、陸海軍の将師であり、外交官であり、政治家であるとともに、機械工学者、鉱物学者、地質学者、地理学者、気象学者、化学者、冶金学者、植物学者、各種産業の技術者として自然科学的、技術家的識見をもち、さらに民俗学、人種学にも関心をもち、言語学にも通じていて蘭、露、英、独、佛、漢の各語をよくし、蒙古語さえ知っていた。また経済的事情に対しても理解をもっていたということである。すなわち、榎本は、幕末と明治という日本にとっての大きい試練の時代が生んだ一種の万能人であったといってよい。変革期には、この種の万能人が出現することは、世界史においてはよくあることだが、日本の歴史の中ではやはり珍しい型の人間の一人である。

（「榎本釜次郎」昭和六三年版　九頁）

加茂学長は、史料が整備されていない時代にあって「榎本武揚」を著作した。そこでの史料に対する評価は、極めて鋭い。しかし、それがまた名著を生んだものである。

明治時代においては、すべての日本史の資料がそうであったように、維新史料もすべて王政復古の精神にもとづいて取扱われ、解釈され、旧幕府政権の立場から見た資料の解釈はことごとく抹殺された。そのために徳川幕府側から見て当然重要視されるべき事件も人物も、明治時代の精神に都合のよいように解釈された。その結果、維新の功臣の業績は当然大きく取りあげられ、賞揚されたが、幕府側の功臣は、たとえ大人物であっても、国賊の名の下にけなされるか、無視された。榎本の場合にしてもそれは同じであって、彼は箱館戦争で朝廷に弓をひいた謀叛人として宣伝され、歴史的にはそれだけの解釈ですまされたのである。その結果、華やかでないが実質的には大いに活躍した彼に、世人は全く注意を払わなかった。このことはまた従来榎本武揚をもっと深く掘りさげて研究する機運の生まれることを妨げた。

（「榎本釜次郎」昭和六三年版　一八頁以下）

したがって、加茂学長の「榎本武揚」は、維新の歴史を客観的に評価し、これまでにない視点から著作されたものである。

「戦争」は、「勝者」がその後の歴史を支配する。したがって、「勝者」が高く評価され、「敗者」の客観的評価には日時を要する。

第三章　揚屋内等状況

榎本は、明治二年一一月二七日（№2）姉、同三年三月一六日（№4）母・姉、同三年八月一四日（№5）母、姉、兄に対し、揚屋の状況等を知らせた。牢内は、狭く環境も劣悪である。しかし、看守にあたる役人は極めて親切であり、榎本は牢名主となったので未決囚人もやさしい。所置（判決）の時期等はまだわからない。

№2　明治二年一一月二七日　釜次郎→観月院（姉）　（憲政資料二―一　書簡集三八頁　資料二七一頁）

前略度々御贈物等下され有難く御礼申し上げ候。御母上よりの御諭し慥かに相分り可申候。御姉様過日は、態々横浜迄御足労是又有難く御礼申上げ奉り候。且つ過日の御細査にて万事委敷く相分り、御面話仕り候も同様大慰之に過ぎず候。

七八日前箱館表より一友人、当揚り屋江入り候者の話に御兄様御事彼表にての至って御すこやかにて、徳川仙台の藩士併せて六百人位同居いづれも当時学問試業いたし、追々蝦夷地江開拓に遣わし候由、佐藤陶三郎其の外四五人御兄様と同居の由に候。佐藤は少年に付謹慎差し免され候処、同人申し候には、惣督榎本始め未だ落着き相済み申さず上は、彼壱人のみ謹慎差し免され候理これなくとて相断り候由感心の心掛けに候。彼地謹慎所は台場の中にて日々湯も相立ち、庭抔歩行もいたし至って手厚の取扱の由、諸人一同其の恩に服し候様子、且つ蝦夷地開拓を一同悦び居り候由、私幷びに松平等においては最初官軍と掛合候通り、万事相成り先々安心仕り候右等は、いづれも薩州人の周旋により候趣、薩州人は至って我々を親切にいたし呉れ候故、前は申し上げず候得共、余程親切人これあり候に付、多分其の中御面会も相叶ひ申すべくと心待ちいたし居り候。

偖て皆様江よろしく御傳声願ひ奉り候。　已上

十一月二十七日　榎本　釜次郎

観月院様

尚々別紙壱通伊東玄伯様江御届け下され候様相願ひ申し候

鈴木観月院様　釜次郎

（榎本武揚未公開書簡集）

（註）伊東玄伯は、医師でオランダ留学時武揚と一緒であった。以下（註）は書簡集の註記である。

No.4　明治三年三月一六日　釜次郎→母・姉　（憲政資料二―七　書簡集三九頁　資料集二七二頁）

春暖の砌、御母様御始め御姉様其の他御一同様相替らず御壮健に渡らせられ御事と祝し奉り候。度々御贈物御配慮下されし置かれ一方ならず御礼申し上げ奉り候。さて私事は爾後彌壮健罷り在り候間決て御心配下され間敷く候。何事も不自由これなく、揚り屋内諸人も皆弟子の如家来の如く、所謂牢頭様にて消光罷り在り候もおかしく存ぜられ候。天朝役人衆共親切にいたし呉れ、既に正月中まで両人の会津家来を私手元に遣し置かれ、日々の事供も彼等にいたさせ置き、将又病気中は日夜医師を賜り、私容体毎日軍務局江注進いたし候程にこれあり、御手厚の事にて感涙仕り居り候。松平・永井・荒井・澤・大鳥・松岡一同も相替り候事これなく、時々会面仕り候。箱館表にて、私写真像盛に売れ、外国人争ひて買求め候由、近来箱館寄り参り候人中聞き一笑仕り候。私義是迄の艱難配意等は、とても御面会仕らず候はでは紙筆に尽し難く候。去り乍ら一語にて申し上げ候へば、衆に代し生命を棄て候段、士道に背き候事これなく候間、此の事御安心下さるべく候、御赦免等の事はいつころやら此の方にては相分かり申さず。尤も其の事をさまで嘆き候理にもこれなく只々天命に任せ申し候。…（略）

三月十六日　　　　　　　　　　　釜次郎拝

御母様

御観月院様

御序の節肥田、福沢、伊東等江小生無事の段御傳声下さるべく候。いづれ目出度く拜顔の時もこれあるべくと待上げ申し候

（榎本武揚未公開書簡集）

（註）肥田＝肥田浜五郎、海軍伝習所二期生。福沢＝福沢諭吉。伊東＝伊東玄伯。内田＝内田恒二郎、オランダ留学時武揚と同行。

No.5　明治三年八月一四日　釜次郎→母・兄・姉

（憲政資料二一—三　書簡集四〇頁　資料集二七三頁）

残暑未だ退く兼ね候処、御母様始め御一同御安全御座有らせられ安心仕り居り候。次に小拙相替らず壮健に罷り在り候間、御省慮下さるべく候。さて毎度々々御贈物等下され御気の毒の至り、併乍ら終始御厚志の段有難く御礼奉り候。私共一同の義に付、過日云々仰せ下され候後、当局大祐（役名）岩村と申す土州藩極めて尽力いたし呉れ、既にそれがために退職いたし候程の義にこれあり、誠に忝き人物と一同感じ居り申し候。いづれ其の中には何かと御所置もこれあるべく、私共においては箱館の者一同御赦に相成り候事、此の上なき義と存じ居り、自身事はいつまで方附申さず候とも、いさゝか残念杯と申す義はこれなく、只、御一同様御しんぱいの程のみ心にかかり候のみに候。併し当局役人一同小遣供に至る迄、甚だ親切にていささかも粗暴の振舞これなく、牢内にては会津、仙台藩の子弟等江西洋学を教授いたし、又以前開陽其の外御船にて召し遣い候水夫共、先頃より入牢いたし居り候に付、万事すべて気儘次第にこれあり候間、決して御心配下され間敷く候。…（略）

○此の外別段認め候程の義これなく候。尚御親戚並びに諸友方江もよろしく御傳音願ひ奉り候。　已上

八月十四日　　　　釜次郎拝
御母上様
御兄様
観月院様
　各位

（榎本武揚未公開書簡集）

これまでの書簡では、榎本に対する糺問がなく、所置（判決）時期についても記述されていない。

第四章　糺問等状況

旧幕府軍は、明治二年五月一八日新政府軍に降伏した。榎本等旧幕府軍首脳は、箱館において身柄を拘束され東京に護送され、翌六月三〇日辰之口揚屋に勾留された。榎本等の糺問は、翌七月一〇日頃から同年一一月一五日までなされ、「吟味詰り之口書」が作成された。榎本書簡により明らかな糺問は、

第一回糺問　明治三年一〇月一六日（No.11）
第二回糺問　明治三年一二月二四日（No.23）

である。書簡No.11では重要事項の糺問がなされ、No.23書簡では、所置近しの状況にあったが、明治三年一二月二七日（No.25）書簡では、その状況が急に崩れた。

No.11　明治三年一〇月一六日　釜次郎→友人諸氏　（憲政資料二―一五　書簡集四五頁）

今般事使ひこれあり候に付、極密にて御一書を呈し諸君御起居相伺ひ申し候。窃に参り候へば、諸君には小子始め一同の儀に付東走西馳種々御周旋下され候趣、御厚情の程拝謝奉り候

小生始め一同、下獄後匹夫下郎の徒穿窬《せんゆ》悪党の輩と比肩雑居致し居り候へども、貴賤名分の犯すべからざるに哉、将天人向背の争ふべからざる故か、此輩に至る迄同然服徒朝夕の末事に至る迄、皆我輩の指揮を奉する事猿の狙公に使るゝ如きに付、我輩は袖手坐含儼乎乎として一国一州の城主の如く、俚歌に云う牢ジャ無名の旗頭とは正に我輩の謂うに似たり。獄夫等内々読書を許し候に付、漢

書洋籍雑然満座間共に談じべき者ある時は、呫嗶《ちょふひつ》に教へ抔して既に四五月頃は、弟子三千迄はこれなく候得共、八九名の生徒団欒呼唔《いご》浪々の声尽日耳に断へず、先生食に肴魚無ければ面に菜色有りと雖も、其従容自得の有様殆ど魯叟の陳蔡間に阨せる時乃如しを以是鹿の如し。既二葛裘《くずころも》を閲す人生前途の思議すべからざる事、御一笑下さるべく候。抑我輩下獄以来別に糺問なし。只一次兵部省より権判事に二員来たり佛人の我党に入りたる事を頻に尋ね候に付、彼を雇ひしは奥州列藩にても彼を招き我も亦奥軍を張らしめんが為めなる処、会候降伏無拠渠《よんどころなく》も出館に赴きて同盟中に入りたるのみと判然告げるに実を以てせし処、彼疑稍解けしの如し。蓋し在廷の人或いは佛国政府、我と同意して穏に日本を窺んと款するの深謀ありしも測るべからざる杯と考へしなるべし。然れども我曹に取ては此考して或情よりも猶則がたかりき。又我曹脱走の挙は徳川家の意に出しならんの疑問あり。予輙ち曰く、始め官軍の東下する徳川軍に在ては、函館の峡岨を棄て、江城の金陽をも退き、御恭順これ有たるに何ぞ苦に数ヶ月を経て後、区々たる四五隻の軍艦を持って以て会稽の恥を雪めんと款する者あらんや。我曹の脱走は素より我輩各自の意に出たる事天地に誓て詐を容ずと答ふ。我意是に於て始めて釈然是実に思ひもよらぬ事なりき。又他の獄夫我輩蝦夷地の内を外国人に貸しりたる趣意を尋ぬ。予曰く、此れ土地を開拓するの捷法にて至当の策と心得るなりと答へリ。此件も亦これにて熄む。此の外糺問なし。此等の間も重に小生並びに松平子に問ひしなり。二人答る処素より期せずして同じ。

○獄中に一士あり岩村某と云う土藩なり。年齢二十六七厳然たる一丈夫にて我輩の事に尽力し、言用ひられずして退職せりと聞き、実に辱なき人物にて世に鬼ばかりはなきものと一同其の義に感じ申し候。

○昨年は此の地極めて沍寒の由、然る処諸君には今日迄御恙なく、実に真鑒とは申し乍ら実に御察し申し度々御噂致し申し候。此方は去暮小生及び松岡病臥いたし候処、当月七日より全快、今日一同無異只頃日澤氏微恙に係り臥辱致し居り候へとも、これも遂日快気におもむき申し候。

○永井翁の钁鑠《かくしゃく》には驚入り申し候。

○当節は獄中私曹八人並びに見国隊士官弐人の外水夫両三人のみにて甚だ静閑にして極めて読書に宜敷く候御折柄、諸君コンパニーシカップ御詰の御一助にも相成るべき様と存じ、極内にて禿筆を呵し物産取出しの件に随考隋記寓稿を起し始め申し候間、出来次第追々差上げ申すべく候。夜間は燈火なしと雖も午間戸を出る能はざるを以て存外捗取申すべく候。
○佛国の敗衂《はいじく》は慷慨骨に徹し申し候。国本固からされば富強彼か如く如しと雖も、当然可嘆々々。佛帝の末路第一世翁に似たるも人事か天事か姑々論ぜん。人生の栄枯盛衰夢の如し泡の如し。真に藁目者の驚き前知すべきにあらずと今更浅間敷く存ぜられ候。
○さて同盟諸氏多くは、沼津其の外各処転移或は当表にて就職候者もこれある由安心、此の事去乍ら諸君には私曹落着迄当表に御出張これあり風声参込み実に以て、御厚意の程忝く存じ候へとも、右等の御媒酌これあり候ては、却て痛心の至り却って負心の至りに候。
○同盟諸氏並びに田邉氏、肥田氏、伊東、林、末松、福沢、妻木、関口氏其の他也に枚挙すべからずと雖も、御面会の節宜敷く御致声願ひ奉り候。　以上　梁川拝

　　孟冬十有六日

根津君　川村君　対州君　高栄君　高嶋君　掘覚君　高橋君（根津君令弟）吉田君　大川君　家兄　各位

二白　吉川克己子事源太郎方に同居の趣承り候。同子並に上田子源太郎母義□輩いづれも信義鉄の如く、今に至るも衰えざる段一同感心いたし居り候。又竹栄は箱館の一町人僅かに数ヶ月間の知合いの処、度々此の方を尋ね呉れ候段稀成る心底に一同噂致し居り候。右等御序の節然るべく、御伝音相願ひ度く候。尚々一同より宜敷く申上げ候。
○追啓一　箱館表「ハーブル」蔵中に対州君を以て預置き候。小生所持の「テレガラーフ」機械入りの箱二ツ、織物器具一箱、外に一二箱何分紛失致さぬ様御周旋相願い度く候。右箱には小生姓名相記しこれあり候間左様御承知下されるべく候。もし御取寄せも相叶ひ候事に候はゞ、入費は何程成る共私方に相辨じ申すべく、別に其れ好き工夫心当たりもこれあり候へばなり

（榎本武揚未公開書簡集）

明治三年一〇月一六日（No.11）は、根津等友人宛の書簡である。書簡内容は、はじめて糺問がなされたというもの

である。糺問官は、兵部省権大丞曽我祐準、同少丞増田虎之助である。箱館戦争においては、曽我・増田は海軍参謀である。糺問事項は、①仏国士官が旧幕府軍に参加した理由。特に仏国政府の関与の有無。②脱走に対する徳川家の関与。③ガルトネルに対し箱館土地を貸した理由である。榎本は、①仏国士官の参加はその意思によるもので仏国政府は関係していない。士官は、奥州諸藩にも雇われていた。②脱走は、徳川家の意思によるものではない。③ガルトネルに土地を貸したのは、蝦夷地の開拓を進めるためである。

兵部省において箱館戦争裁判を所管していた曽我・増田元海軍参謀が「糺問長」として糺問にあたったものである。

No.23　明治三年一二月二四日　釜次郎→姉・妻

（憲政資料二―一六　書簡集五四頁）

口上

一、長印より一寸承り候処、過日相願ひ置き候書籍類、一両日の内御差入れ下さるべく趣、然る処昨日役人あらためて申し聞候には、太政官よりの命令にて私共一同脱走の始めより降伏迄の始末急速取調べ差出すべき旨、兵部省江申参り候に付、右下書早速相認め候様申聞き候。尤も、右始末はざっとしたる事にて宜敷き旨申し聞き候。之に依り早速其の始末書差出し候処。今日一同呼出しに相成り、糺問の正黒川始め列座にて一通り表向き同様の事問尋ね候に付、昨日差出し候通り相答え候処、黒川申し聞き候には、口上の趣早速本省江差出し申すべき旨申渡し候。察するに右始末書只今頃は、太政官江相出し候にて相違これある間敷く候。就ては一同勘考仕り候に是迄種々邪魔論の起りし節、太政官にて御聞流しに相成られ、作今に至て急に脱走始末書御調べに相成り候。上からは、多分此の度は御所置相付け申すべく、右御所置日限は素よりきめがたく候へ共、品により候はゞ、遠からぬ内に相済むべく歟も相知れ申さず。又小役人共内々申聞き候には、当年内に御放免に相成り申しべく考へられ候間、相変らず御懇意に相願ひ度く杯申し候。勿論太政官の御沙汰ゆえ御所置振り並に日限等は、当糺問司役人等にはとても相分かり申さざる訳には候へども、一体諸役人のネンゴロなる様子とい丶、且つは太政官重役人衆当今有名の人物とい丶、いづれにしても厳敷き御沙汰はこれある間敷く存ぜられ候。
右様の次第に候間、前文書籍御差入れは今四五日の間御見合わせ下さるべく候。将昨日の写真拝見相すみ候間、返上仕り候。誠に一日にてながめ、大なぐさみに相成り申し候。殊に蟠龍丸にて官軍軍艦沈めの写真は尚更の儀に御座候。
一、長印儀今日も罷り越し候趣申し候間、取敢えず作今の模様申上げ度く斯くの如くに御座候。　已上

十二月二十四日　　釜次郎拝

鈴木御姉様

御たつとのへ

追白　一リキ弁びにボンス早速一同にて頂戴仕り候にけっこふに出来申し候

（榎本武揚未公開書簡集）

明治三年一二月二四日（№23）は、姉・妻宛ての書簡である。書簡内容は、第二回の糺問がなされたことである。すなわち、明治三年一二月二三日、脱走から降伏までの経過を書いた始末書を提出し、翌二四日黒川首席糺問司はじめ糺問官等の列座により始末書に基づき糺問された。黒川首席糺問司、糺問官等列座の糺問であるから「吟味詰り之口書」が作成されたものである。したがって、近く所置がなされる状況にある。役人からも同様の情報があり、書物などの差し入れを待つよう書かれている。

又、本糺問は、「太政官よりの命令にて私共一同脱走の始めより降伏迄の始末、急速取調べ差出すべき旨、兵部省江申参り候。」、「作今に至て急に脱走始末書御調べに相成り候。」。したがって、明治二年一一月一五日までですでに「吟味詰り之口書」が作成されていたが、ここで日時が経過したので再び「吟味詰り之口書」が作成された。所置近いと誰しも思う状況にある。

しかし、明三年一二月の段階では、いまだ厳罰派木戸の承認がないので所置決定はできない状況にある。厳罰派木戸が西郷参議に対して所置同意をしたのは、明治四年一一月八日であり、太政官正院の恩赦決定は、翌九日である。さらに、明治天皇即位大嘗祭の日程の決定は、一一月七日である。

No.25　明治三年一二月二七日　釜次郎→姉　（憲政資料二—一七　書簡集五七頁）

前略　就いては御所置の儀もまだ相知れ申さじ候間、福沢よりも書籍明日御差し入れ下され候様願い上げ奉り候。且つ又同人よりの手紙は長印に御渡し下さる候様願い奉り候。将昨日に引続き種々の御差入有難く頂戴仕り候。膚着は十分にこれあり候間此の後御心配下され間敷候。

一、御所置の儀は、年内に方付申さず候ても、もはやその道相開け候に付只々御気永に御待ち下され候はゞ、却て意外にも早く拝顔も相叶ひ申すべくと存じ奉り候。

已上

極月二十七日　釜次郎拝

観月院様

（榎本武揚未公開書簡集）

明治三年一二月二七日（No.25）姉・妻宛ての書簡である。書簡内容は、前便で所置が近いと思われるので書籍の差入れを待ってもらったが、まだ動きがないので差入れをしてもらいたい。しかし、この時期において「もはやその道相開け候。」と早期に所置がなされ、所置内容は「拝顔」（釈放）であると予測している。

第五章　所置（判決）予測

明治四年一一月九日、太政官正院は榎本釜次郎等の恩赦決定をした。恩赦事由は、明治天皇即位大嘗祭である。太政官正院においては、厳罰論の木戸参議も同意した。岩倉使節団は、明治四年一一月一二日出発が予定され、それまでに榎本等の所置（判決）決定が必要であった。

明治四年一〇月二九日（No.34）姉宛て書簡は、来月には赦免の所置がなされることの情報があり、薩長役人も同じである。明治四年一一月二一日（No.35）姉・妻宛て書簡は、岩倉使節団が訪米するにあたり、榎本等の罪科を指摘された場合の対応が議論されていたという。明治四年一二月朔日（No.36）姉宛て書簡は、近く赦免処置決定がなされるとの情報が諸方で一致している。明治四年一二月朔日（No.37）妻宛の書簡は、年内赦免の所置が決定されるとするものである。このような状況の中で、年末年始には赦免されたと同じ待遇がなされ、翌年一月六日赦免等の所置がなされた。

No.34　明治四年一〇月二九日釜次郎→姉　　（書簡集　六五頁）

十月廿六日御認めの御書慥かに落手拝誦仕り候。当年早寒の処御碍りも有らせられず候。御事何寄りの御慶びと存じ奉り候。然れば少生始め一同御所置振りも、品により来月中には相すみ申すべき段仰せ下され、且薩長役人云々の御議論此の方一同も同じ見込みにこれあり、大鳥、松平輩数子も御議論の如くこれあるべしと感服仕り候。其の外、洋行の人数等も委敷く仰せ下され候に付、荒井子も安藤の洋行始めて承知仕り大悦に御座候。将又其外の新聞就中喰代子の親切并びに高栄始、加藤部義等横須賀住居の段より古川庄八開拓局江召出され候事、逐一相聞き一同にも相知らせ申し候。将黒田了介は洋行留守中と存じ候処、御手紙の様子に早や帰国致し居り候様に存じ候。もし左様にも御座候はゞ大いに一同の力に相成り候と一同打詰申居り候。
○（略）
末乍ら御せいさん江宜敷く相願ひ候。多々不乙
十月二十九日　釜次郎拝
鈴木御姉様
（榎本武揚未公開書簡集）

No.35　明治四年一一月二一日　釜次郎→姉・妻　（書簡集　六六頁）

寒気次第に相増し候得とも御替りのふ有らせられ候御義と存じ奉り候。次に小子事も相変わらず壮健罷り在り候間御安意下さるべく候。然らば兼ねて御持ち遊ばされ候期限も既に打過ぎ候に定て御心配有らせられ候半かと、却って手前方にて御あんじ申上候。去乍ら兼ねても申上げ候通り、壱年や半年の遅早はあへて論ずるとこれこれなく、只々諸方に周旋いたし呉れ候人物数多くこれあり候間、いづれ其の中には何とかおだやかの御所置これありはればれと、拝顔仕るべく時節も参り申しべきは、必然の理に付気長に御待ち下さるべく候。昨今或る役人の話に、木戸参議等西洋に参り候序に西洋と我輩の如き罪科をさばき候所置を問合せ、其上にて御所置振り相定め申す由内々申聞き候。右はあまり奇々なる右様の場合に立ち至り候も斗り難く候。左候へばとにかく今壱年位の中には有無の御沙汰これあるべく義と存じ奉り候。
○さて右に付き来春より私始め両三子天下の為に有用の書を著述致し度く儀此の頃周旋人を以て申立て置き候処、多分行われ申すべき由役人申し聞き候。　左候へば今壱年位はなんでもなく相くらし却て著述の為には当節の住居の方はかどり候義に御座候。右

著述一件は、たとへ公然に差許これなくとも、是非とも内々にてもいたし候積りに付、研海君に相願ひ書籍類拝借致し候ため別紙壱封御同氏江差上げ候儀に御座候、御届け下さるべく候。右著述はいづれ日本国金銀山の開き方より蝦夷嶋開拓の必用の事柄を主として相認め候積りに御座候。

○（略）

宜敷く御傳言願ひ奉り候。已上

十一月廿一日　　釜次郎拝

鈴木御姉様

おたつ殿

二白　憚り乍ら御返事下さるべく候。且此の手紙御請取の印に半紙の代わりに駿河半紙壱丁御差入れ下さるべく候。

（註）木戸参議が訪欧の折、西洋では榎本等の罪科をどのように裁くのか、調べている様子。世の中の為と書いているが、いずれ日本の金銀山の開発、蝦夷地開拓に必要になる。自分の幸いだけで無く、天下の幸いに為る物である。

（榎本武揚未公開書簡集）

No.36　明治四年一二月朔日　釜次郎→姉

（書簡集　六七頁）

去月廿五日附の御書たしかに落手拝見仕り候。まづまづ御前様御寒さの御障りのふ有らせられ候事、小子にとり尤も安心の至りに御座候。

さて又、先頃より一同御所置振りに付諸方御気配り下され大謝奉り候。まづまづ諸方好説のみ多くこれあり候間、期限は定めかたく候とも、いづれ其の中には遅かれ早かれ拝眉仕り候事相叶ひ申すべく、此の段あらかじめ楽しみ居り候処に御座候。
○（略）
○少生等著述一件も願ひの如く相成る様評議一決致し候由、或る役人内々申通じ呉れ申し候併し乍ら未だ表向き申渡しはこれなく候へとも、いづれ近日に内と存じ奉り候。此の儀相叶い候上は、著述の書も上聞に相達し申すべく候間、出牢の大助けに相成り申しべくは勿論の義と存じ候。其故は天下の人、小生輩の名のみを聞き候のみにて未だ何技に長じ候を存じ申さず候へばなり。黒田氏彼此周旋いたし呉れ候由、相替らず忝き人物と一同感じ居り候。山下、吉川等江も、御序の節彼此尽力且親切にいたし呉れ候。何分宜敷く御申通じ下さるべく候。
○（略）
別に新説等もこれなく候はゞ、態々御返事には相及び申さず候。以上

十二月朔日　　　　　　梁川拝

観月院様

（榎本武揚未公開書簡集）

一、尚々すべて是迄相届き候御書類は、拝見後悉く細に引き相棄て申し候間、御心おきなきよふ存じ奉り候。御書落手致し候へば実に御目にかゝり候心地仕り御嬉敷く存じ候。末乍ら御一同江宜敷申し上げ奉り候。

（書簡集　六八頁）

No.37　明治四年一二月朔日　釜次郎→妻

去月廿五日御認めの書たしかに落手いたし候。（略）

又諸方ともよきともは多く候間、品に寄り候へば年内に御めもじも相叶ひ申しべくも斗りかたく、何も何もわづらわぬよふに御待ち成らるべく候。末乍ら林御両親様始め其外江もよろしく御傳言下され候。已上

十二月朔日　　釜次郎

御田都とのへ

（榎本武揚未公開書簡集）

第六章　揚屋内最後の手紙

明治五年一月二日（№38）姉、明治五年一月二日（№39）妻宛書簡は、一月六日赦免を前に榎本等の牢内における喜びを知らせるものである。

№38　明治五年一月二日　釜次郎→姉　（憲政資料二二　書簡集六九頁）

御同様に迎春御安康の段、何寄り御目出度く存じ上げ奉り候。
然れば、大晦日の好新聞元日早朝に長印より請取り一同大悦。今年こそ誠に快よく春をむかへ申し、且つ又麦酒御恵投下され、只今晩飯にたっぷり相用ひ誠にうきうきしたし申し候。永井老人は極々酒ずきにて頂戴仕り候。
一、いづれ其の中御目出たく拝顔の時を待ち申上げ奉り候。新之助君江壱封差上げ種々御礼申し上ぐべく、兼て存じ居り候得ども、今日も長印出がけに好便の由申し聞き候に付、宜敷く御風声願ひ奉り候。御せいさん御同様相願ひ候。　已上

新正初二

御姉上様

少々ドロンケンに付乱筆御海容下さるべく候
○肥、福、二子の心情御紙面にて諒諸申され候

（榎本武揚未公開書簡集）

No.39　明治五年一月二日釜次郎→妻　（憲政資料二三　書簡集七〇頁）

大晦日の新聞元旦早朝拝見大悦びいたし申し候。

且つ麦酒沢山に御贈り下され昨日も今日もたっぷり相用ひ、うきうきと春を迎へ申し候。御まえにも相変わらず御丈夫の由、手前も寒さの障りもこれなく、罷り在り御同様同慶の至りに存じ候。いづれ此度こそは多分近々に壱ツ所に朝夕をくらし候様、相成り申すべく御待ち受け下さるべく候。

末乍ら林御両親様並びに研海兄江も御まえよりよろしく御申し上げ下さるべく候。　以上

正月初二　　釜次郎

御たつとのへ

「榎本武揚未公開書簡集」は、書簡に関する解説として、以下のようにまとめた。　（榎本武揚未公開書簡集）

明治五年一月六日出牢。明治四年後半の書簡には、近い内に放免の可能性を示しているが、実際は木戸孝允その他の長州は、斬首派、黒田清隆その他の薩州は、赦免派であった。最終的には、西郷隆盛が赦免を強く主張し廟堂の会議で出獄が決まった。明治四年一一月岩倉具視訪米視察団が、出発前に、米国で榎本の所置を聞かれた時に、斬首と答えたら日本の恥である、という説もあった様だ。

（榎本武揚未公開書簡集　七一頁）

曽我祐準箱館戦争史談

第一章　概　　説

箱館戦争の史談を語るのは、新政府海軍参謀曽我祐準である。陸軍参謀黒田清隆、海軍参謀増田虎之助とともに新政府軍を指揮した。曽我・増田参謀は、その後軍務官―兵部省に配置され、箱館戦争裁判を所管・指揮した。

「史談速記録」は、幕末維新に関する実歴談を集めて史料としたものである。明治二五年九月九日から昭和一三年四月一五日に至るまで、幕末の動乱の体験者たちの貴重な談話が載せられている。

曽我祐準は、明治四二年一二月一一日午後三時から史談会において、箱館戦争に関し講演した。本速記録は、その史談である。史談は、箱館戦争の開戦から旧幕府軍降伏、榎本釜次郎等の糺問に及んでいる。本史談録は、史談会・史談速記録第二〇四編である。北海道大学附属図書館に所蔵されている。

本編においては、本史談において注目すべき降伏経過、降伏条件を中心に記述を進める。

第二章　箱館戦争降伏記

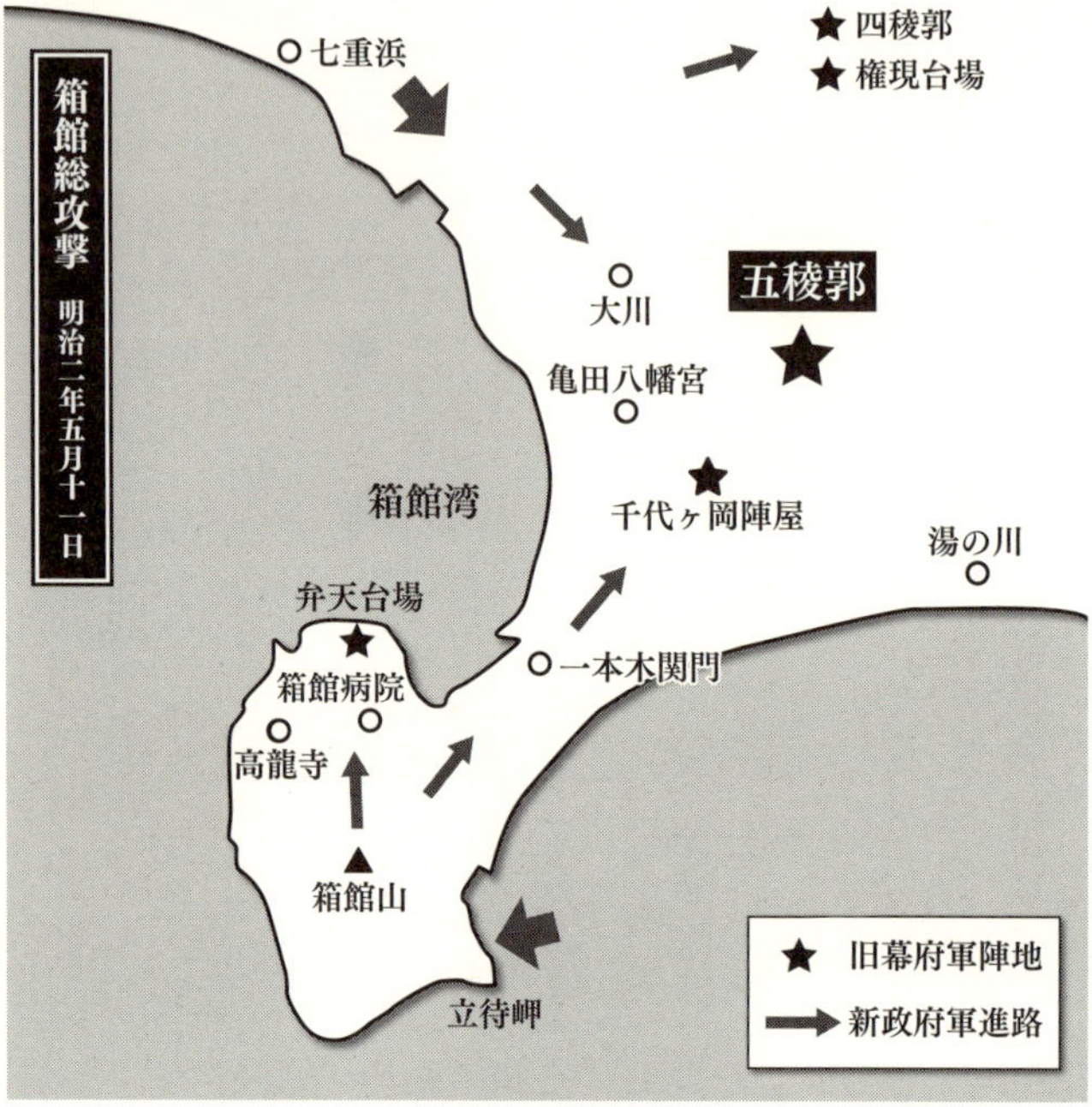

箱館戦争総攻撃地図

明治二年五月一一日午前三時、新政府軍は旧幕府軍に対する海陸総攻撃を開始した。そのため、同月一五日弁天台場・上湯川兵営は降伏、翌一六日千代ヶ岡陣屋は陥落した。五月一七日旧幕府軍は、新政府軍に対し降伏条項を提示し認容された。翌一八日、旧幕府軍榎本釜次郎等は亀田会議所において、新政府軍に対し降伏した。詳細は、「箱館戦争降伏人者に対する処置」において論述する。

箱館戦争降伏経過調（明治二年）

月　日	経　過
二月二五日	朝廷から箱館を占拠する旧幕府軍の追討命令。
四月二二日	諏訪常吉（元会津遊撃隊長）は、新政府軍に対し降伏の意思を表明した書簡を送った。
五月九日	新政府軍曽我・黒田・増田参謀は、旧幕府軍に対する降伏条件として、首脳陣の生命を救うことを決めた。
五月一一日	新政府軍は旧幕府軍に対し総攻撃を開始。攻撃目標。 五稜郭陣屋　函館市五稜郭町五稜郭公園 弁天台場　函館市弁天町入船児童公園 上湯川兵営　函館市湯川町 千代ヶ岡陣屋（元弘前藩陣屋）　函館市千代台町千代台公園
五月一二日	薩摩藩士池田次郎兵衛等陸軍士官四、五名は、箱館病院に入院中の元会津遊撃隊長諏訪常吉に対し、四月二二日付書簡（降伏）確認と旧幕府軍首脳に対する降伏の勧告を依頼した。
五月一三日	箱館病院高松凌雲（箱館病院院長）・小野権之丞（同事務長）は、重傷の諏訪に代わり榎本釜次郎・松平太郎に対し降伏勧告の書簡を送った。
五月一四日	榎本釜次郎・松平太郎は高松凌雲・小野権之丞に対し「同盟一同枕を共に潔く天戮《てんたく》に附可申候」とする書簡（回答）を送った。「万国海律全書」同封。
五月一五日	弁天台場・上湯川兵営降伏。
五月一六日	海陸軍参謀は、榎本釜次郎に対し「万国海律全書」の謝礼書簡、酒五樽を送る。千代ヶ岡陣屋陥落。
五月一七日	榎本・松平・大鳥・荒井は亀田村三軒家農業中村家において午前九時頃から午後三時頃まで増田虎之助・前田雅楽・黒田清隆・村橋直衛・岸彦七・有地静馬と会見し服罪恭順の旨を告げた。旧幕府軍は、午後一一時降伏三条項を提示した。 一　明十八日朝六字（時）ヨリ七字（時）迄ノ間首謀榎本釜次郎松平太郎大鳥圭介荒井郁之助軍門ニ降伏ノ事 一　午後一字（時）ヨリ二字（時）迄ノ間兵隊以下不残出郭降伏ノ事 一　午後四字（時）ヨリ五字（時）迄ノ間兵器悉皆差出五稜郭ヲ差上可申事 場所　亀田村三軒家農業中村家（函館市八幡町亀田八幡宮側教育正門前大学正門前）

月日	経過
五月一八日	朝七時、榎本・大鳥・松平・荒井は、亀田会議所（亀田八幡宮）において新政府軍に対し降伏した。
六月八日	曽我参謀は、太政官から処罰の意見を求められ「榎本等ノ罪一致ヲ減ジ　各藩脱走巨魁ハ榎本等ニ一等ヲ減ジ」とする意見書を提出した。

（註）復古外記蝦夷戦記・蝦地追討記巻四・函館市史通説編第二巻・函館市史史料編第二巻・函館戦争史跡紀行

第三章　黒田等降伏条件協議

明治二年五月九日、陸軍参謀黒田清隆は海軍参謀増田虎之助・曽我祐準と旧幕府軍に対する降伏条件を提示し協議した。曽田参謀は、その状況を明らかにした。史談一二頁。

九日に有川といふ所に居りました時、黒田（了介）後の清隆伯爵これは陸軍の方の参謀でありますが、黒田君と私と増田氏の三人が相会して黒田の発議で此処で一つの蜜議をしました。夫れは若し賊将等にして降伏したならば、其の生命は如何す可き哉といふ問題です。賊将等が降伏したら其生命は我々が必ず救ふ。即ち生かすことに尽力するといふ約束をしました。最早年月がたったから、此席で言ふても差支えあるまえと思ひます。（是迄誰にも言ったことが無いことです）

「有川」は、現在の函館市港町の有川埠頭—有川跨線軅であり、場所的には海軍と陸軍の合流地点である。黒田は、曽我・増田海軍参謀との合意を「黒田清隆履歴書案」において書いている。

軍務官曽我祐準、増田虎之助等ニ説テ曰ク、己ニ降ルヲ殺スハ不祥ナリ、賊降伏ノ日公等誓テ之ヲ殺サザレバ、我能ク之ヲ降サントス、皆曰ク諾トス。

（北海道郷土研究資料　第一一　五頁）

黒田は、曽我・増田に対し「己ニ降ルヲ殺スハ不祥ナリ」と意見を述べ、曽我・増田もこれに同意した。その後黒田は、榎本降伏に努めた。

曽我は増田と共に、明治二年六月軍務官権判官事任命され、さらに海軍参謀を兼務していた。曽我は、明治二年六月八日太政官から榎本釜次郎等の処罰について意見を求められ、同趣旨の意見書を提出した。

第四章　榎本釜次郎交換書簡

明治二年五月一一日から新政府軍の旧幕府軍に対する総攻撃が開始され、戦争が厳しさを加え同月一三日から新政府―旧幕府軍間において降伏交渉が始まった。ここで、曽我史談の理解を深めるため経緯をまとめておきたい。

箱館戦争で新政府・旧幕府軍負傷者の救護にあたったのが「箱館病院」である。病院長高松凌雲（旧幕府奥詰医）、医師蓮沼誠造（会津藩医）、医師伊藤貞賢（仙台藩医）、医師赤城信一（会津藩医）、事務長小野権之丞（会津公用人）である。会津藩諏訪常吉は仙台から旧幕府軍に参加、会津遊撃隊を組織しその隊長となった。四月二九日新政府軍の攻撃により重傷を負い箱館病院に運び込まれた。五月一二日夜薩摩藩士池田次郎兵衛等陸軍士官四、五名がやってきた。その目的は、諏訪が新政府軍に宛て送った四月二二日付書簡である。

遠路の御出場、御苦労に存じ奉り候。然るは小子儀、素より戦を好まずに候間、早々に引き揚げ申す。已むを得ざる際に立ち至り候はば、御容赦を蒙り候儀も御座あるべく候。　以上

四月二十二日　諏訪常吉

官軍　御人数諸君　度下

（箱館戦争全史　二〇六頁）

池田次郎兵衛等は、諏訪に対し降伏の意思を確認するためやってきた。しかし、諏訪は重傷を負っていた。そこで池田等は、病院長高松、事務長小野に対し諏訪に代わって榎本等に降伏勧告することを依頼した。高松・小野は、五

月一三日付書簡を榎本・松平に送った。

寸翰をもって一大事を申し上げます。昨日夜半頃、薩摩藩池田次郎兵衛と申す方ほか四、五名、諏訪常吉方へ参上し、交渉がありました。海軍こそ破れましたが、五稜郭と弁天台場で実に奮戦しており、武士の道として感服の至りです。しかし、たくさんの人民は苦しみ、朝廷にそむき、人心にそむいております。…どこまでも必死に防戦するのかどうか、御回答くださいますよう私どもより申し上げるよう、諏訪常吉から申し聞きました。以上

五月十三日

小野　権之丞

高松　凌　雲

榎本釜次郎様

松平　太郎様

（箱館戦争全史　二一一頁以下）

ここから、曽我史談を読む。箱館戦争降伏の最も重要な経過である。史談一五頁以下。

愈々降伏勧告といふことになりました。是は主に陸軍の方でされたことで、私は詳しくは存じませぬ。一五日になって榎本・松平氏から手紙が来ました。…此の事は、皆様御承知か知りませぬけれども若し漏れておっては何でありますから、手紙だけ読みます。

五月十四日　賊将書翰

来書致拝見候然者、薩州家池田次郎兵衛より諏常常吉御談し之義に付、御申し越之件委曲承知いたし候因而、衆評を尽くし篤と塾案

いたし候處、今更別段申迄も無之、我輩一同桑梓を去り君親を辞し遠く北地に来たり候訳は、先般再三再四朝廷へ嘆願致し候通り、蝦夷地之一分を賜り凍餓に迫る頑民之活計相立、加之北門之守禦いたし度、志願より他意無之候處、…今日に至り過ちを悔み兵を休め、朝命に従ひ可申旨寛大之御処置不知所謝候。…罪は如何様之厳罰たり共甘して可奉従朝裁候。前文之次第彌以御諒怒無之候はゞ、五稜郭幷に弁天台場其外他所出張の同盟一同枕を共に潔く天戳《てんたく》に附可申候。右之段池田氏江可然御申通有之度奉願候。　已上

五月十四日　　　　　　　　松　平　太　郎

　　　　　　　　　　　　　榎　本　釜次郎

高　松　凌　雲様

小　野　権之丞様

猶々病院罷在候者共、篤き取扱有之趣承知厚意之談、「ドクトル」より宜敷御致声可被下候、且又別紙貳本釜次郎阿蘭陀留学中苦学致候海律皇国無二之書に付、兵火に付し烏有と相成候段痛惜いたし候間、「ドクトル」より海軍「アドミラアル」え御贈可被下候。已上

右の書簡と海軍の書物を官軍のアドミラル（海軍大将　提督）へ贈るといふことでありますから、我々の方でも返答するのが至当といふので之に対して左の返答書を差出しました。

賊将への返答

昨年来長々の御在陣如何にも御苦労存候。然は以医師貴下蘭国留学中御傳習之海律二冊我邦無二之珍書烏有に附し候段、痛惜に被存為、皇国御差贈りに相成深感佩致候。何れ他日以訳書天下に公布可致候。先は御厚意之段、拙子共より相謝度乍、軽微鹿酒五樽令進之候。傍郭中一統へも御振し被成度存此段申述候也。

五月十六日　　　　　　　　　　　　　　　海陸参謀

榎　本　釜次郎様

是は、前回の林伯（薫）のお話に因れば、意外にも籠城の士気を破って一も二も無く降伏に傾いた様でありますが、こちらでは其の時一向気が附きませんでした。最早戦も少しは文明的にやれ、日本の昔流…、書物を送って呉れたから其の礼に酒肴を送るといふことにしました。此の文章は私が作って野田君がお書き下さったと覚えて居ります。

明治四年五月一三日付高松凌雲・小野権之丞の書簡に対し榎本釜次郎・松平太郎は翌一四日付書簡をもって回答した。「同盟一同枕を共に潔く天戳《てんたく》に附可申候」として、強い戦継続の意思を回答した。榎本は、貴重な「万国海律全書」を新政府軍首脳に贈った。この贈書は、戦において自らの死を決意していることを示すものとみられる。しかし、一五日旧幕府軍の弁天台場から降伏の申し入れがあり、事態は旧幕府軍降伏の方向に急変した。

第五章　箱館戦争終結

明治二年五月一五日夜になり弁天台場が降伏を表明した。これが契機となり旧幕府軍は大きく降伏に動いた。榎本釜次郎、松平太郎も翻意し、五月一七日榎本、松平は亀田村三軒家（民家三軒）農業中村家で黒田・増田参謀等と会見し服罪恭順の意を告げ、夜になって降伏条項に合意した。翌一八日午前七時、榎本・大鳥・松平・荒井等は亀田会議所に出頭し正式の降伏をなした。亀田会議所は、現在の「亀田八幡宮」（函館市八幡町）である。曽我史談は続く。史談一八頁。

丁度其の時分に亦一面弁天岬から恭順といふことが起って来ました、弁天島は大きな一つの台場でありまして、勿論陸のほうに向かって大砲が打てる所で無く、海の方へ時々打つ大砲が幾つも据つて居まして、内港の官軍艦を打っている、随分面倒であり危なくもある。其の時恭順を請ふて来た恭順の箇条がありました、

恭順實効ヶ条左之通り

一、長官之者陣門へ罷出可申事

一、願之通り台場内へ恭順罷出追而朝裁を相待可申事

一、帯刀外兵器者悉皆取出可申事

右之通り可申達候条可得其意者也

五月　　　　海　陸　参　謀

斯ふ云ふこととて、此方の戦は先つ済んで仕舞ひました。それから十五六日頃から鋼鉄艦が内港へ這入りました、…十七日に降伏の約が済んで、十八日は城受取といふことなり、それから十八日に降伏に付ての箇条があります。(略)

それから城請取には参謀附属の者を遣りまして、私共は翌日行きましたが、五稜郭の中は綺麗に掃除して、広間の床には花瓶の代わりに官軍から打った大砲弾の発せぬのをエグッて松の何か生けてありました。…五月二十一日になりまして榎本氏其他重だった人七人といふ者は東京に護送されました。降伏人員は二千九百二人。史談二〇頁

箱館戦争降伏により、黒田陸軍参謀、増田・曽我海軍参謀は、東京に帰還した。そこで、太政官からの榎本等の処分に付き意見を求められた。曽我史談は続く。

…其の後、東京で六月の八日に太政官から出て来いといふことでありますから行きました。榎本以下の処分に付いて御下問がありました。封書を以て差出せといふので、降将等を殺すか、生かすか入札する訳であります。其の時私は前に申しました、五月九日の蜜議に基ずきまして、左の如き封書を差出しました、

昨年来会仙ノ御所置振リト御照シ合セ、函館脱走モ御所置相成度就テハ、榎本等ノ罪一等ヲ減ジ遠嶋ニ流刑シテハ如何。各藩脱走巨魁ハ榎本等ニ一等ヲ減ジ可然哉

亦此年の七月東京に着きまして則ういふ辞令書を頂戴しました、

永々遠彊出張苦心尽力苦労被思召、速カニ平定御満足ニ候。

此時分榎本氏初め重立つた人は辰ノ口の兵営の中の陸軍の糺問所に拘留されて居たのでありますが、糺問所に二遍か三遍か呼出しまして、仏蘭西教師の脱走に與みした者と、何か契約様の事は無いかといふことを尋問したので、糺問長は私と増田氏でありましたが、参議の板垣君と誰かでありましたか、今一人障子の外から聞きに来て居られました。此時の書類は一切今持って居りませぬから、これより以上の申し上られませぬ。先つ大略斯様であります。…四十年の後に於て此の話が出来ましたのは史談会の御蔭であると思います一言御礼旁附言して置きます、史談二三頁。

（一同座禮）

ここで重要なことは、海軍参謀・曽我祐準、陸軍参謀・増田虎之助が軍務官・兵部省本省において箱館戦争裁判を所管し、「糺問長」として糺問（捜査・裁判）にあたったことが確認されたことである。

箱館戦争裁判と明治維新
―政治・司法制度　箱館戦争の要因―

第一章　概　説

明治維新は、徳川時代から明治時代の狭間において起こった。戊辰戦争―箱館戦争は、徳川時代に足場を置く旧幕府軍と明治時代に足場を置く新政府軍の戦争である。わが国、政治権力を争う最大の国内戦争である。したがって箱館戦争裁判は、政治制度に関する裁判でもある。

箱館戦争においては、新政府軍が勝利して明治時代に移行し、旧幕府軍は戦争責任を追及されることとなった。

元北海道大学教授田中彰は『幕末維新史の研究』において、明治維新の原因について「国内的矛盾」と「国際的契機」をあげる。

第一は、近世中期以降、徐々に拡大・深化してきた幕藩体制の内部矛盾が、少なくとも天保期にはあらゆる面で顕在化し、幕藩体制の再編成が不可避になりつつあったこと、第二には、こうした状況のなかで外圧がしだいに現実の力関係として日本を規定し、それに対応せざるをえなくなってきたことである。

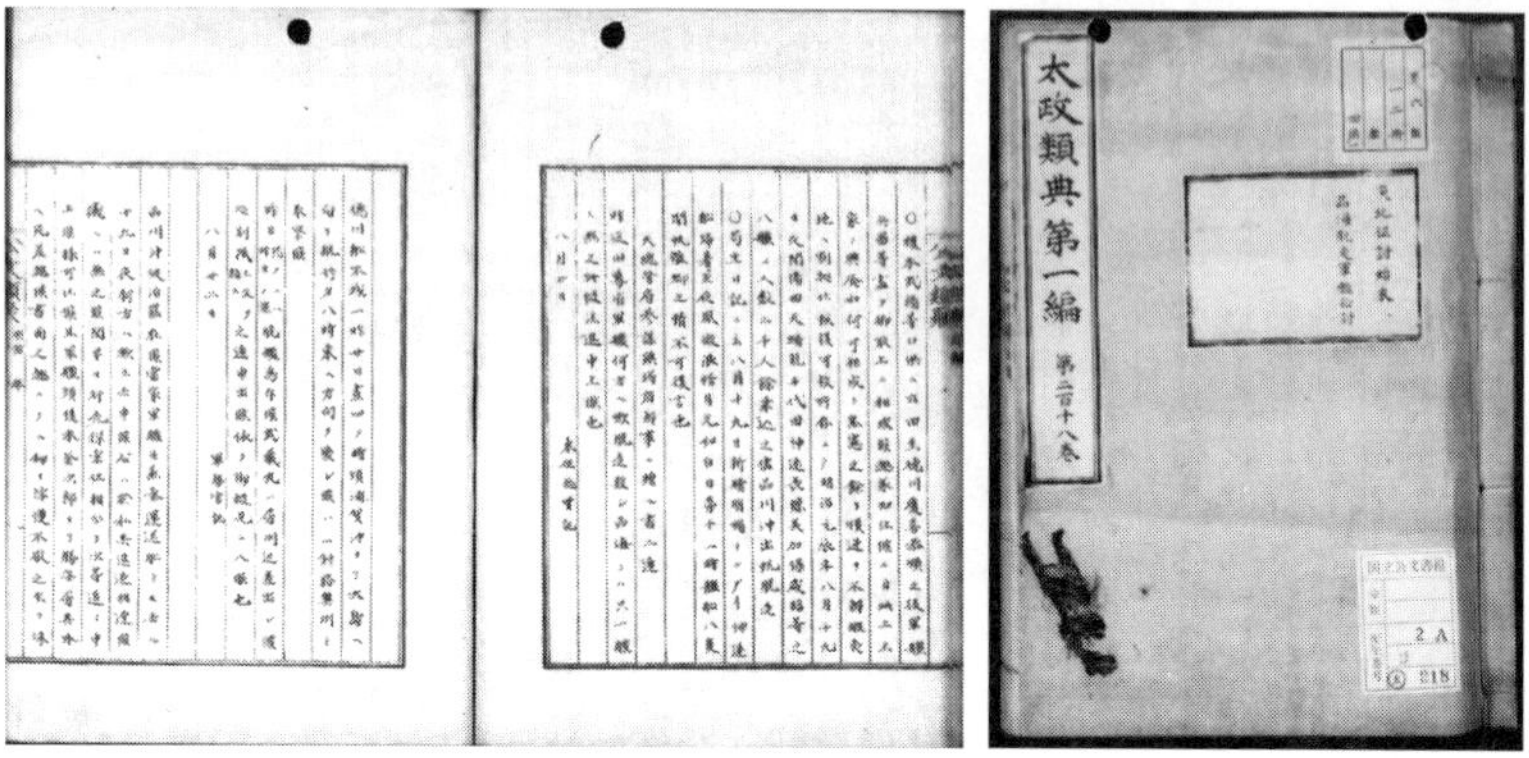

太政類典第一編

明治時代の司法制度は、大政奉還から司法職務定制布達までを黎明期と位置づけられる。そこにおける政治制度と司法制度の変革を概観する。

慶応三年一〇月一四日　大政奉還（布告第一号）
慶応三年一二月　九日　王政復古（布告第一三、一七号）
　　三職　総裁・議定・参与
明治元年　一月　七日　徳川慶喜　征討令（大号令・布告第一一号）
明治元年　一月一七日　三職七総督制（布告第三六・三七号）
明治元年　二月　三日　三職八局制（布告第七三号）
明治元年　四月一一日　江戸城明渡（国立公文書館デジタルアーカイブ【請求番号】太００２１１１００【開始コマ】０１１９）
明治元年閏四月二一日　政体（太政官布告第三三一号）
明治元年　八月一九日　榎本釜次郎等品川沖脱走（国立公文書館デジタルアーカイブ【請求番号】太００２１８１００【開始コマ】００２７）
明治二年　五月一八日　旧幕府軍降伏　箱館戦争終結
明治二年　六月一七日　版籍奉還（太政官布告第五四三，五四四号）
明治二年　六月三〇日　榎本釜次郎等辰之口揚屋収監
明治二年　七月　八日　職員令（太政官布告第六二二号）
明治三年　五月二五日　獄庭規則（刑部省定第三六九号）

明治三年一二月二〇日　新律綱領（太政官第九四四号）
明治四年　七月一四日　廃藩置県（太政官布告第三五三号）
明治四年　七月二九日　太政官職制（太政官布告第三八五号）
　　　　　　　　　　太政官職制并事務規程（太政官布告第三八六号）
明治四年一〇月二八日　府県官制（太政官布告第五六〇号）
明治五年　一月　六日　榎本釜次郎外九名所置（判決）
明治五年　八月　三日　司法職務定制（太政官達無号）

政治制度の変革は進んだが司法制度の変革は進んでいない。司法制度の改革は、概ね司法職務定制が施行されてからである。

第二章　明治維新

第一節　概　説

明治維新の重要な課題は、「大政奉還」・「王政復古」・「版籍奉還」・「廃藩置県」である。本課題については、多くの歴史書・郷土史等がある。本書では、「法令全書」を中心にして本課題の記述を進める。

私は、これまで「開拓使時代の司法」・「明治期における北海道裁判所代言人弁護士史録」を著作した。最初に調べたのが「法令全書」である。国立国会図書館の「日本法令索引［明治前期編］」は、これまで最も多く利用している。その法令全書を中心に「大政奉還」等の記述を進める。

「日本法令索引［明治前期編］」は、慶応三年（一八六七）一〇月大政奉還から明治一九年（一八八六）二月公文式施行に至るまで制定された法令の情報が検索できる。又「日本法令索引」は、明治一九年二月の公文式から現在までに制定された法令の改廃経過等の情報が索引できる。極めて有益な全書である。

「日本法令索引［明治前期編］」の「編纂例」のうち、主な事項は以下のとおりである。

一　本書ハ慶応三年十月十五日ニ起シ明治十七年十二月ニ迄ル其間発布ノ法令ヲ編録ス…

一　本書ノ纂輯ハ編年ノ體ヲ用ヘ概ネ一年ヲ以テ一冊ト為ス

一　明治五年以前諸法令ニ番号ナキ間ハ仮ニ符号ヲ施シ以テ索閲ニ便シ五年正月以後ハ法令ニ番号アルヲ以テ復タ符号ヲ附セシ

一　明治七年以降ノ太政官布告達各省布達ハ各別ノ番号アルヲ以テ之ヲ別チ且ツ各省布達ニ甲乙等ノ別アル者ハ仍ホ之ヲ別ツ

本書においては、明治元年閏四月二一日太政官が置かれてからは、他法令と区別するため「太政官布告」、それ以前は「布告」と表示した。

明治維新は、「大政奉還」に始まり「王政復古」により確定した。そして武士社会の基本である藩の廃止は、「版籍奉還」に始まり「廃藩置県」により確定した。したがって、明治維新は、大政奉還により始まり廃藩置県により終結した。

第二節　大政奉還

慶応三年一〇月一三日、徳川慶喜は二条城に上洛中の四〇藩の重臣を召集し、大政奉還を諮問した。翌一四日、慶喜は朝廷に対し「大政奉還上表」（「参照」欄）を提出し上表の受理を求めた。次いで一五日、朝議が開かれ慶喜に対し大政奉還勅許の沙汰書が交付された。

法令全書の記載内容は、以下のとおりである。諸藩に対する通告と「大政奉還上表」である。

第　一　十月十五日　諸藩へ

別紙之通被　仰出候ニ付テハ被為在御用候間早々上京可有之旨　御沙汰候事

（別紙）

祖宗以来　御委任厚御依頼被為在候得共方今宇内之形勢ヲ考察シ　建白之旨趣充ニ被　思食候間被　聞食候　尚天下ト共ニ同心盡力

ヲ致シ　皇国ヲ維持シ可奉安宸襟御沙汰候事
大事件外夷一條ハ盡衆議其外諸大名伺被　仰出等者　朝廷於両役取扱自餘之儀ハ召之諸侯上京之上御決定可有之夫迄之處支配地市中取締等ハ先是迄之通ニテ追テ可及　御沙汰候事

（参照）〇十月十四日徳川慶喜奏聞

臣慶喜謹而皇国時運之沿革ヲ考候ニ昔　王綱紐ヲ解キ相家権ヲ執リ保平之亂政権武門ニ移テヨリ祖宗ニ至リ更ニ　寵（めぐみ）眷（かえり）ヲ蒙リ二百余年子孫相承臣其職ヲ奉スト雖モ政刑當ヲ失フコト不少今日之形勢ニ至候モ畢竟薄徳之所致不湛慚懼（く）候況ヤ當今外国之交際日ニ盛ナルニヨリ愈　朝権一途ニ出不申候而ハ綱紀難立候間従来之舊習ヲ改メ政権ヲ　朝廷ニ奉帰廣ク天下之公議ヲ盡シ　聖断ヲ仰キ同心協力共ニ　皇国ヲ保護仕候得ハ必ス海外萬国ト可並立候臣慶喜国家ニ所盡　是ニ不過ト奉存候乍去猶見込之儀モ有之候得ハ可申聞旨諸侯ヘ相達置候依之此段謹而奏聞仕候　以上

（参照要旨）臣慶喜、皇国の沿革を考えたところ、朝廷の権力が衰え相家（藤原家）が政権をとり保平の亂（保元の乱・平治の乱）で政権は武家に移った。祖家（徳川家）に至り二百余年となる。今日の形勢をみると、政治、司法が乱れ湛慚に堪えないところである。加えて外国との交際が始まり、愈々朝廷に権力を一にすることが必要である。そこで、慶喜は政権を朝廷に返還をするものである。

本文は、大政奉還に伴う朝廷の諸藩に対する布告である。朝廷は諸藩に対し大政奉還があったことを告知し、諸侯の意見を聞くため早々上京すべきことを指示した。その決定があるまでは、これまでどおり支配地の取締をすべきことを指示した。

一〇月一七日、大政奉還について「徳川慶喜奏聞」がなされた。

第二　十月十九日

本文略

（参照）〇十月十七日徳川慶喜奏聞

此度　王政御決定被為在悦ニ付テハ召之諸侯　参著之上篤ト衆議ヲ被為尽　御綱紀御確定可相成候儀ニ候得共　外国御取扱之儀ハ　尤御至重之儀ニテ時ヲ不計各国ヨリ申立候事件無之共難申候　其砌相当之御取扱振相立居不申候テハ　自然不都合之儀モ可之有　其他件々御評決相成不申候而ハ　御差支之儀モ御座候間　差向詰合之諸侯諸藩士被召集　被為盡衆議候ハ、可然哉ト奉存候　尤御沙汰次第私儀モ参内可仕奉存候　此段奉申上候　以上

（参照要旨）天皇の政策決定にあたっては、諸侯等衆議を尽くして決定すべきものである。外国との議も同様である。慶喜に沙汰があった場合は、参内することとする。

すなわち慶喜は、大政奉還が勅許された場合においても、自らも「御沙汰次第私儀モ参内可仕奉存候」とし朝議に参与することを考えていた。しかし、すでに大政奉還の動きと並行して慶応三年一〇月一三日朝廷（岩倉具視）から薩摩・長州藩に対し「討幕の密勅」が下されていた。

第三節　王政復古

慶応三年一二月九日、王政復古の宣言がなされ明治政府が成立し、総裁・議定・参与が置かれた（布告第一三、一七

号）。明治元年一月七日、徳川慶喜征討大号令（大号令・布告第一一号）がなされた。次いで明治元年一月一七日、三職七総督制（布告第三六・三七号）となり三職として総裁・議定・参与、七総督として神祇・内国・外国・海陸軍・会計・刑法事務総督、制度寮総督が置かれた。明治元年二月三日、三職八局制（布告第七三号）に改革された。同年四月一一日新政府軍は、江戸城に入城した。同年閏四月二一日、政体（太政官布告第三三一号）が公布され、太政官に「太政官分為七官」として議政官・行政官・神祇官・会計官・軍務官・外国官・刑法官が置かれた。政体書の政治体制は、大宝・養老律令を倣ったものである。地方は、府（知事）・藩（諸侯）・県（知事）とされた。藩は、藩主がそのまま諸侯となり支配した。

王政復古および徳川慶喜征討大号令は、以下のとおりである。

（一）王政復古（第一三号）

慶応三年一二月九日朝廷から王政復古の宣言がなされた（布告第一三号）。王政復古の大号令は、①大政返上・将軍職辞退、②摂政・関白の廃止、③幕府廃絶、④総裁・議定・参与の三職設置を内容とするものである。そして検討事項として、①太政官制の設置、②朝廷禮式の改正、③物価対策、④和宮（第一四代将軍徳川家茂正室）の還京を摘示した。

第十三　十二月九日　宮堂上へ諭告

徳川内府従前御委任大政返上　将軍職辞退之両條　今般断然被聞食候

抑癸丑（嘉永六年＝黒船来航）以来未曾有之国難　先帝（孝明天皇）頻年被悩　宸襟候御次第　衆庶之所知候　依之被決　叡慮

王政復古　国威挽回ノ御基被為立候間　自今　摂關幕府等（摂政・関白・幕府等）廃絶　即今先假ニ総裁・議定・参與之三職被置
万機可被為　行諸事　神武創業之始ニ原キ　縉紳・武辨・堂上・地下之無別至當之公議ヲ竭シ　天下ト休戚ヲ同ク可被遊叡慮ニ付
各勉励　舊来驕情（きょうじょう）之汚習ヲ洗ヒ　盡忠報国之誠ヲ以テ可致奉　公候事
一　内覧　勅問御人数国事御用掛議奏武家傳奏守護職所司代総テ被廃候事
一　三職人躰　総裁　議定　参與
　総裁　有栖川帥宮
　議定　仁和寺宮　山階宮　中山前大納言　正親町三條前納言　中御門中納言　尾張大納言　越前宰相　安藝少将　土佐前
　　少将　薩摩少将
　参与　大原宰相　萬里小路右大辨宰相　長谷三位　岩倉前中条　橋本少将　尾藩三人　越藩三人　藝藩三人　土藩三人
　　薩藩三人
一　太政官始追々可被為興候間　其旨可心得居候事
一　朝廷禮式追々御改正可被為在候得共　先摂籙門流（せつもんりゅう＝摂関家）之儀被止候事
一　旧弊御一洗ニ付　言語之道被洞開候間　見込有之向ハ不拘貴賤　無忌憚可致献言　且人材登庸第一之御急務ニ候　故心當之
仁有之候　者早々有言上候事
一　近年物価格別騰貴如何共不可為　勢富者ハ益留ヲ累ネ　貧者ハ益窘急ニ至リ候趣　畢竟政令不正ヨリ所致民ハ王者之大寶百
事御一新之折柄傍被脳　宸哀候　智謀遠識救弊之策有之候者　無誰彼可申出候事
一　和宮御方先年関東ヘ降嫁被為在候得共　其後将軍薨去　且先帝蝦夷成功之叡願ヨリ被為許候處　始終奸吏ノ詐謀ニ出御無詮
之上ハ旁一日モ早ク　御帰京被為促度近日御迎公卿被差立候事
右之通御確定以一紙被仰出候事

参与について補足する。尾張藩士三人（丹羽賢、田中不二磨、荒川甚作）、越前藩士三人（中根雪江、酒井十之丞、毛受洪）、藝州藩士三人（辻将曹、桜井与四郎、久保田平司）、土佐藩士三人（後藤象二郎、神山左多江、福岡孝弟）、薩摩藩士三人（西郷隆盛、大久保利通、岩下方平）である。

ここで問題は、幕藩体制にあって幕府が廃止されたが、藩の廃止は、徳川慶喜征討令―戊辰・箱館戦争―版籍奉還―廃藩置県を経過しなければならなかったことである。

（二）徳川慶喜征討大号令（大号令・布告第一一号）

明治元年一月七日「徳川慶喜征討ノ大号令ヲ発シ諸侯ヲシテ去就ヲ決セシム」が布告された。総裁有栖川熾仁親王が諸侯を小御所に招き大号令を布告したものである。

第十一　正月七日（大号令）

徳川慶喜天下之形勢不得已ヲ察シ　大政返上将軍辞退相願候ニ付　朝議之上断然被聞食候處　唯大政返上ト中而已ニテ　於朝廷土地人民御保チ不被遊候テハ　御聖業難被為立候ニ付　尾越二藩ヲ以其實効御糺問被遊候節　於慶喜ハ奉畏入候得共　麾下幷会桑之者共承服不仕　萬一暴挙可仕哉モ難計ニ付　只管鎮撫ニ盡力仕居候旨　尾越ヨリ及言上候間　朝廷ニハ慶喜真ニ恭順ヲ盡シ候様被思食既往之罪不被為問寛大之御処置可被仰付候處　豈圖《あにはから》ンヤ大坂城ヘ引取候ハ素ヨリノ詐謀ニテ　去ル三日麾下ノ者ヲ引率シ　剰ヘ前ニ御暇被遣候　会桑等ヲ先鋒トシ闕下ヲ奉犯候　勢現在彼ヨリ兵站ヲ開候上ハ　慶喜反状明白　始終奉欺朝廷候段　大逆無道　最早於朝廷御有恕ノ道モ絶果　不被為得已追討被仰付候　兵端既ニ相開候上ハ　速ニ賊徒御平治萬民塗炭苦之苦ヲ被為救叡ニ候間　今般

仁和寺宮征討将軍ニ被任候ニ付テハ　是迄偸安怠惰ニ打過、或ハ両端ヲ抱キ候者ハ勿論　假令賊徒ニ従ヒ譜代臣下之者タリトモ　悔悟憤発為国家盡忠之志有之候輩ハ　寛大之思食ニテ御採用可被為在候　依戦功此行末徳川家之儀ニ付嘆願之儀モ候得ハ　其筋ニヨリ御許容可有之候　然ルニ此御時節ニ至リ不辨大義賊ト謀ヲ通シ　或ハ潜居為致候者ハ　朝敵同様厳刑ニ可被處候間　心得違無之様可致候事

明治元年四月四日、天皇から徳川慶喜に対し以下のとおり御沙汰書が発せられた。本御沙汰書は、同日江戸城に勅使が入城し大広間において、勅使橋本・柳原両卿から田安中納言に対し渡された。翌四月五日、第二一八号として布告された。

第一箇条

慶喜去十二月以来奉欺　天朝剰兵力ヲ以犯　皇都連日錦旗ニ発砲シ　重罪タルニ依リ　為追討官軍差向候處　段々真実恭順謹慎ノ意ヲ表シ　謝罪申出ニ付テハ　祖宗以来二百余年治国ノ功績不少　殊ニ水戸贈大納言勤王ノ志業不浅　傍以格別ノ思召被為　在左ノ条件実行相立候上ハ　被處寛典　徳川家名被立下　慶喜死罪一等被有之間水戸表ヘ退キ　謹慎可罷在ノ事

第二箇条

城明渡シ尾張藩ヘ可相渡之事

第三箇条

軍艦　銃砲引渡可申　追而相当可被差返事

第四箇条

城内住居ノ家臣共　城外ヘ引退キ　謹慎罷在事

第五箇条

慶喜叛謀相助候者　重罪タルニ依リ　可被處厳刑之處　格別之寛典ヲ以、死一等可被宥之間　相当之處置致シ可言上事
但万石以上ハ　以朝裁御處置被為在ノ之事

榎本釜次郎等は、明治元年八月一九日夜開陽丸等八鑑に二千余人を統率し品川沖を脱走した。

第四節　版籍奉還

明治二年五月一八日、旧幕府軍の降伏により箱館戦争は終結した。箱館戦争の終結は、戊辰戦争の終結である。明治維新により新政府が成立し、その支配は全国に及んだ。そしてその体制を構築するため、三職―三職七総督―三職八局制―政体による支配体制をとった。しかし、二五〇年に及ぶ旧幕府による支配体制が直ちに変革出来るものではない。従前の藩による統治が多くの地で続いた。その藩体制を天皇―新政府の支配に統一しようとしたのが、版籍奉還―廃藩置県である。

明治二年六月一七日版籍奉還（太政官布告第五四三、五四四号）が実施された。版籍奉還は、諸大名から天皇に対し領地（版図）と領民（戸籍）の返還である。版籍奉還により、旧藩主の諸侯二八五家、公卿一四二家は同時に華族に列せられ華族制度が創設された。明治二年七月八日職員令（太政官布告第六二二号）が布告され、二官六省制となった。二官として神祇官・太政官（左大臣　右大臣　大納言　参議）、六省として民部省・大蔵省・兵部省・刑部省・宮内省・外務省、開拓使（令外官）、地方に府・藩・県が置かれ知事に統一された。

版籍奉還に関する規定は、以下のとおりである。

第五百四十三　六月十七日（沙）

版籍奉還願出候面々

今般版籍奉還之儀ニ付　深ク時勢ヲ被為察　廣ク公議ヲ被為採　政令歸一之思食ヲ以テ　言上之通被聞食候事

第五百四十四　六月十七日（沙）

版籍奉還不願出候面々

今般版籍奉還之儀　列藩及建言候ニ付　深ク時勢ヲ被為察　廣ク公議ヲ被為採　政令歸一之思食ヲ以テ　言上之通被聞食候　依之於其藩モ封土藩籍返上被仰付候事

明治二年七月八日職員令（太政官布告第六二二号）が公布され、地方を府・藩・県とし知事を置いた。知事の権限は、府と県は、同一である。藩は、若干異なる。

○府

知事　一名

掌知藩内社祠。戸口戸籍。字養百姓。布教化。敦風俗。収租税。督賦役。判賞刑。知僧尼名籍。但府内有互市場。則兼知貿易事務。

○藩

知事一名

掌知藩内社祠。戸口戸籍。字養士民。布教化。敦風俗。収租税。督賦役。判賞刑。兼管藩兵。

○県

知事　一名
掌知藩内社祠。戸口戸籍。字養百姓。布教化。敦風俗。収租税。督賦役。判賞刑。知僧尼名籍。但府内有互市場。則兼知貿易事務。

第五節　廃藩置県

明治四年七月一四日廃藩置県（太政官布告第三五三号）の布告により、藩が廃止され県が置かれた。明治維新は、わが国を朝廷のもとに統一支配しようとするものであり、廃藩置県はその最終課題であった。そして明治四年七月二九日太政官制職制（太政官布告第三八五）、太政官職制並事務規程（太政官布告第三八六号）が布告された。太政官は、正院・左院・右院をもって構成した。明治四年一〇月二八日府県官制（太政官布告第五六〇号）、同年一一月二七日県治条例（太政官布告第六二三号）等が布告され廃藩後の地方行政機関が整備された

廃藩置県は、明治四年七月一四日勅書および同日布告（太政官布告第三五三号）をもって施行された。

第三百五十　七月十四日

詔　書

朕惟フニ　更始ノ時ニ際シ　内以テ億兆ヲ保安シ　外ヲ以テ萬国ト対峙セント欲セハ　宜ク名實相副ヒ政令一ニ帰セシムヘシ　朕曩ニ諸藩版籍奉還ノ議ヲ聴納シ　新ニ知藩事ヲ命シ　各其職ヲ奉セシム　然ルニ數百年因襲ノ久キ或ハ其名アリテ　其實挙ラサル者アリ　何ヲ以テ億兆ヲ保安シ　萬国ト対峙スルヲ得ンヤ　朕深ク之ヲ慨ス　依テ今更ニ藩ヲ廃シ県ト為ス　是務テ冗ヲ去リ簡ニ就キ有

名無実ノ弊ヲ除キ　政令多岐ノ憂無ラシメントス　汝群臣其レ朕カ意ヲ體セヨ

本詔書は、「(此日在京知藩事ヲ召　御前ニ於テ免官ノ御達アリ　翌十五日在藩ノ知事名代トシテ在京ノ参事ヲ召　同様御達アリ)」たるものである。次いで、太政官布告がなされた。

第三百五十三　七月十四日（布）

藩ヲ廃止シ県ヲ被置候事

廃藩により二六一の藩が県となり、それまでの府県と併せ三府三〇二県となった。知藩事は、すべて解任され、東京府貫属とされた。同年一一月二日、各県には県令が置かれた（太政官布告第五六三号）。

第三章　明治維新と政治制度

第一節　概　説

慶応三年一〇月一四日江戸幕府一五代将軍徳川慶喜は、朝廷に対し大政奉還をなした。これにより朝廷は、同年一二月九日王政復古を宣言し、ここに明治政府が成立した。明治元年一月、京都付近において薩摩・長州藩兵を中心とする新政府軍と旧幕臣、会津・桑名藩兵を中心とする旧幕府軍との間で武力衝突が起こった（鳥羽・伏見の戦）。これに勝利した新政府軍は、徳川慶喜を朝敵として追討し江戸へ軍を進めた。ここで新政府軍代表西郷隆盛と旧幕府軍代表勝海舟が交渉し、同年四月一一日江戸は戦火を交えることなく新政府軍により占領された。東北諸藩も奥羽越列藩同盟を結成して会津藩をたすけたが新政府軍に敗れ、遂に同年九月二二日会津藩も降伏した。明治二年五月一八日には、旧幕府軍は、箱館戦争で降伏した。

本章は、明治維新における政治制度の概要をまとめた。

第二節　政治制度の変遷

三職制—太政官制—太政官制改定—内閣制と変遷した。政治制度の変遷は、司法・裁判制度にも大きな影響を及ぼした。

（一）三職制

慶応三年一二月　九日　王政復古（布告第一三・一七号）
三職　総裁・議定・参与
明治元年　一月一七日　三職七総督制（布告第三六・三七号）
三職　総裁・議定・参与
七総督　神祇事務総督・内国事務総督・外国事務総督・海陸軍事務総督・会計事務総督・刑法事務総督・制度寮総督
明治元年　二月　三日　三職八局制（布告第七三号）

（二）太政官制

明治元年閏四月二一日　政体（太政官布告第三三一号）
「太政官分為七官」
議政官・行政官・神祇官・会計官・軍務官・外国官・刑法官
明治二年　六月一七日　版籍奉還（太政官布告第五四三，五四四号）
明治二年　七月　八日　職員令（太政官布告第六二二号）
二官　神祇官・太政官（左大臣　右大臣　大納言　参議）
六省　民部省・大蔵省・兵部省・刑部省・宮内省・外務省、（令外官）開拓使、（地方）府・藩・県
→養老律令が原型

（三）太政官制改定

明治四年　七月一四日　廃藩置県（太政官布告第三五三号）

明治四年　七月二九日　太政官制改定　（太政官布告第三八五号）

左右大臣・大納言廃止

太政官

正院　太政大臣　納言　参事

左院　議長

右院　諸省長官次官

九省　神祇省・外務省・大蔵省・兵部省・文部省・工部省・司法省・宮内省・開拓使

明治四年　七月二九日　太政官職制幷事務章程（太政官布告第三八六号）

正院ハ天皇臨御シテ萬機ヲ総判シ　大臣納言之ヲ輔弼シ　参議之ニ参與シテ庶政ヲ奨励督スル所ナリ

明治四年　八月一〇日　官制等改定（太政官布告第四〇〇号）

三職　太政大臣　左右大臣　参議

（四）大阪会議

明治八年二月一一日　明治政府の要人である大久保利通・木戸孝允・板垣退助等が大府に集い、立憲政治の樹立・

参議の選任・今後の政府方針について協議がなされた。征韓論をめぐり政府首脳の意見が分裂し、参議西郷隆盛・江藤新平・板垣退助等が政府を去った。

明治八年　四月一四日　太政官制改定（太政官布告第五八号）

明治八年　四月一四日　元老院大審院ヲ置キ左右院ヲ廃ス（太政官布告第五九号）

（五）内閣制

明治一八年一二月二二日　太政官制廃止。「内閣総理大臣及宮内外務内務大蔵陸軍海軍司法文部農商務逓信ノ諸大臣ヲ置ク」「諸大臣ヲ以テ内閣ヲ組織ス」（太政官布告第六九号）。

明治二二年　二月一一日　大日本帝国憲法発布

第三節　明治政府沿革史

明治政府の主な沿革と構成員は、資料編「明治政府沿革史」のとおりである。箱館戦争裁判の背景である政府の人事構成を記録した。

第四章　明治維新と司法制度

第一節　概　説

明治前期の司法制度を検討する場合、慶応三年王政復古から明治五年司法職務定制布達までを黎明期として位置づけられる。

政治制度の変革は激しいが司法制度の変革は進んでいない。司法制度の改革は、概ね司法職務定制が施行されてからであるからである。

第二節　司法制度の変遷

明治元年四月五日、東征大総督府による江戸城明け渡しに関する布告がなされた（布告第二一八号）。大総督府は、同年四月二一日江戸町奉行石川河内守、佐久間五郎に対し「市中取締」を命じ（布告第二五四号）、さらに閏四月二日田安中納言、大久保一翁、勝安房に対し江戸「鎮撫萬端取締」を命じた（布告第二七八号）。明治元年四月二一日江戸町奉行から町触が布達された。

江戸市中取締之議　町奉行所ヘ御任セ被遊候旨　大総督宮様ヨリ被仰出候間一同勉励可致旨　田安中納言殿ヨリ被仰渡候ニ付、取扱振之儀相伺置候品モ　有之候得共　右ハ追テ御沙汰有之候迄、前々之通リ相心得可申旨猶被仰出候ニ付　公事訴訟筋之儀ハ勿論、都テ民情ニ於テ不安儀有之候ハ無懸念　月番奉行所ヘ可訴出　右ハ御時節柄ヲ憚リ　差控居候哉ニモ相聞候間、改テ相触候事

（明治元年四月二一日布告第二五四号（参照）欄）

町触の要旨。江戸市中の取締は、追って沙汰あるまでこれまでどおり町奉行所が所管する。公事訴訟は勿論、不安なことがある場合は何の懸念もないので月番奉行所に訴え出るべし。

明治元年閏四月二一日政体が公布され、明治政府の官制が定められた。同日旧幕府諸奉行は、総て被免された（太政官達第三三六号）。同年五月一九日、江戸鎮台府を設置し、そのもとに寺社・町・勘定奉行所を廃止して、寺社、市政、民政裁判所を置いた（布告第四〇二号）。江戸鎮台府は、同月二〇日旧寺社、町、勘定奉行の諸記録の引き渡しを受けた（同月一九日布告第四〇三号）。同月二七日鎮台府は、旧町奉行所与力、同心については、これまでと同じ職務を命じ、禄高、扶持米を支給することとした（太政官布告第四二三号）。これにより、江戸の政治、司法、警察の接収が終わり、奉行所実務者をそのまま江戸の民政、治安等にあたらせた。

明治元年七月二〇日、寺社裁判所の職務は府藩県に移管した（太政官布告第五七二号）。同年八月八日、民政裁判所の職務は鎮将府会計局の所管（太政官第六一四号）に改められた。同年八月一七日東京府が開庁した。明治元年一〇月一八日鎮将府は廃止された（行政官布告第八六〇号）。同月一九日、議政、行政、会計、軍務、刑法官の出張所が東京に置かれた（太政官達第八六四号）。鎮将府会計局は会計官、評定所は刑法官に引継された（太政官布告第八六一号）。

このようにして、寺社裁判所（寺社奉行）は府藩県（明治元年七月二〇日太政官第五七二号）、勘定裁判所（勘定奉行）は会計官（明治元年一〇月一八日太政官布告第八六一号）、市政裁判所（町奉行）は東京府（明治元年七月一七日太政官布告第五五八号）、評定所は刑法官（明治元年一〇月一八日太政官布告第八六一号）に引き継がれたものである。

明治元年閏四月二一日政体が布告された。中央政府機関として太政官、議政官、行政官、神祇官、会計官、軍務官、外国官、刑法官、地方行政機関として府・藩・県を置いた。

明治二年七月八日職員令（太政官布告第六二二号）が公布された。太政官のもとに民部省、大蔵省、兵部省、刑部省、宮内省、外務省の六省が置かれ、ほかに海軍、陸軍、令外官が置かれた。地方は府、藩、県制が継続し、藩は、「諸侯」から「知事」に変った。

明治四年七月九日司法省が置かれた（太政官布告第三三六号）。刑部省・民部省・弾正台は廃止され、司法は司法省に一元化された。翌五年八月三日、司法職務定制（太政官達無号）が布告された。本定制は、司法裁判所、裁判官・検事・代言人、民・刑事訴訟法、司法官庁を整備したものであって、わが国の司法制度を整備・確立したものである。

明治政府は、明治元年二月刑法事務局の発足の頃から刑法事務局総督細川護久を中心に刑法典の策定を進め仮刑律を作成した。しかし、仮刑律は布告されることなく執務上の準則にとどまった。その後、新律綱領、改定律令、刑法の制定に進んだ。旧藩では、その多くは廃藩置県までは藩法が施行されていた。

このような司法制度の変遷は、箱館戦争裁判にも少なからず影響をもたらした。

第三節　法令の制定

刑事訴訟・実体法に関する一般・特別法令を整理すると以下のとおりである。

慶応三年一〇月一九日　刑法之儀ハ召之諸侯上京ノ上御取決可相成ト存候得共夫迄ノ処ハ仕来通ニテ宜儀哉（布告第二号「参照」欄）
慶応三年一〇月二二日　刑法当分旧幕ノ法ニ依ラシム（布告第三号）
　　　　　　　　　　―公事方御定書
明治二年　四月　一日　軍律（太政官布告第四一一号）
明治二年　六月　一日　断刑伺書式ヲ定ム（太政官指令）
明治二年一〇月二〇日　糺問司入牢人ノ取扱方ヲ定ム（兵部省達第一、〇二九号）
明治三年　五月二五日　獄庭規則（刑部省定第三六九号）
明治三年一二月二〇日　新律綱領（太政官布告第九四四号）
明治四年　八月一九日　官員士族糺問ノ取扱方ヲ候ス（兵部省指令）
明治四年　八月　一日　糺問司罰文ノ記載方ヲ伺定ス（兵部省指令）
明治四年　八月二八日　海陸軍刑律（詔勅）

法令の整備が進められた。主要な法令は、獄庭規則・新律綱領である。

第五章　箱館戦争の要因

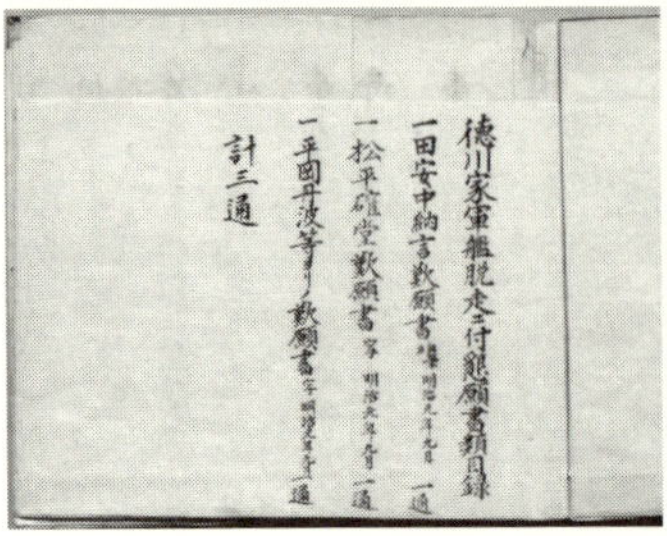

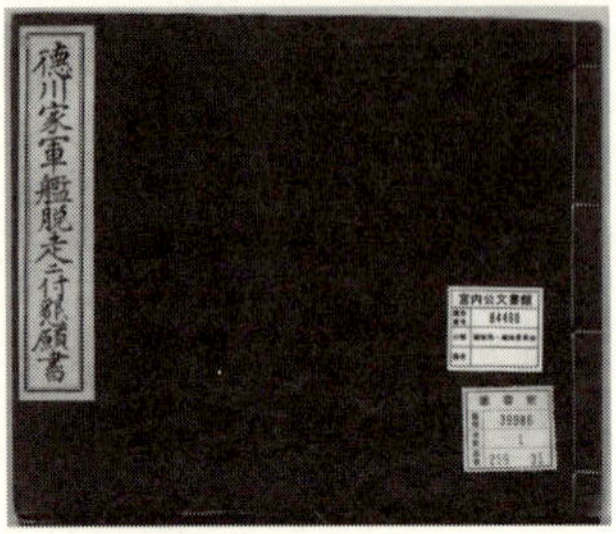

徳川家軍艦脱走ニ付懇願書

第一節　概　説

慶応三年一〇月江戸幕府一五代将軍徳川慶喜は、朝廷に対し大政奉還をなした。これにより朝廷は、同年一二月九日王政復古を宣言し、ここに明治政府が成立した。明治元年一月、京都付近において薩摩・長州藩兵を中心とする新政府軍と旧幕臣、会津・桑名藩兵を中心とする旧幕府軍との間で武力衝突が起こった（鳥羽・伏見の戦）。これに勝利した新政府軍は、徳川慶喜を朝敵として追討し江戸へ軍を進めた。同年四月四日江戸は戦火を交えることなく新政府軍に対し江戸城明渡しがなされた。東北諸藩も奥羽越列藩同盟を結成して会津藩をたすけたが新政府軍に敗れ、遂に同年九月二二日会津藩も降伏した。続いて、明治二年五月一八日、旧幕府軍は新政府軍に降伏し、戊辰戦争は終結した。

箱館戦争については、戦争の要因・参加者・戦死者等各分野において研究が進められている。本章においては、政治・司法制度を背景とする箱館戦争の要因を究明する。

第二節　榎本釜次郎書簡

国立公文書館に箱館戦争の戦記断面として、「太政類典・第一編　東北征討始末八・品海脱走軍艦征討」に関する文書が所蔵されている（国立公文書館デジタルアーカイブ【請求番号】太００２１８１００）。構成は、「榎本武揚勝義邦等ニ遺ル書」、「榎本釜次郎書簡」、「大総督府参謀鎮将府辨事ニ贈ル書二通」である。以下においては、「榎本釜次郎書簡」をとりあげる。

謹而奉拝復御直言一通慥ニ雑賀子ヨリ落手拝読仕候。然ハ弊藩海軍一同ノ者、不倶載天ノ賊徒ヲ誅伐可仕ハ勿論ノ素志ニテ、且奥羽越御列藩義兵ノ盛擧乍微力一日モ早ク御助力仕度存候ヘ共、主家成行ノ段見届ル後ナラテハ、臣子ノ職掌如何ト決心仕居候処、前月既ニ封邑モ相定候ヨリ直ニ移封ノ手立ニ取掛リ弥、當月中ニハ寡君亀之助始随従ノ家来共、駿府表迄軍船或ハ運送船ニテ護送イタシ終リ、此一段後遅クモ来月廿日頃迄ニハ、野拙自盡諸船ヲ引率シテ仙臺迄罷越、同所ニテ奥羽ヲ防禦進撃ノ相談仕、夫ヨリ所々ヘ相廻リ可申候間、左様御承知可被下候、尚書外委細ノ義ハ雑賀子拝謁ノ上可奉申上、野拙拝謁之期在近伏而願、三公閣下臨時御保護可被遊候。謹言。

七月廿一日　　　　　　榎本釜次郎
　　　　　　　　　　　　和泉事改名

松平祐堂様
徳山四郎左衛門様
山中寛助様

（国立公文書館デジタルアーカイブ【請求番号】太００２１８１００【開始コマ】００２７）

本書簡は、明治元年七月二一日付である。品川沖脱走の直前である。「諸船ヲ引率シテ仙臺迄罷越、同所ニテ奥羽ヲ防禦進撃ノ相談仕、夫ヨリ所々ヘ相廻リ可申候」としている。続いて、「吟味詰り之口書」が引用され、脱走の動機が記述されている。

榎本釜次郎は、なぜこの段階で松平祐堂・徳山四郎左衛門・山中寛助に対し書簡を送ったか。松平祐堂は、松平容保の別名である。松平容保は、陸奥会津藩藩主で京都守護職に就任した。容保は、鳥羽伏見戦―戊辰戦争―会津若松城戦に敗れた。降伏して死罪の声もあったが、謹慎処分・鳥取藩預けとなった。旧幕府の代表的藩主である。徳山四郎左衛門は、板倉勝静の変名である。板倉勝静は、備中松山藩藩主で幕末の江戸幕府の奏者番・寺社奉行・老中首座である。旧幕府軍として五稜郭まで従った。しかし、明治二年五月二五日松山藩に連れ戻され、新政府軍に自首した。同年八月一五日終身禁固家刑に処せられたが、明治五年一月六日赦免された。

第三節　箱館戦争の要因関係文書

箱館戦争要因に関する文書を摘示する。

第一、「蝦夷地ヲ乞ノ書」

「維新奏議集」（明治一〇年刊　上・中・下）の中巻に榎本の「蝦夷地ヲ乞ノ書」があり、蝦夷地占拠の具体的経過・理由が説明されている。「本編ハ所見ニ従テ採録スルヲ以テ、或ハ原文ト異ナルモノアリ、榎本武楊公ノ上書ノ如キ」（上巻凡例）である。

蝦夷地ヲ乞ノ書

榎本武揚

徳川脱籍ノ微臣…夫レ徳川氏祖先以来士ヲ養フヿ二百有余年、其士凡ソ三十万人ニ下ラズ七十万ノ封ヲ以テ三十万人ノ士ヲ養フ固ヨリ能ハス。然リト雖モ累世ノ士ヲ以テ俄カニ商売ト伍ヲナスヿ、仮令飢餓一死ニ低《イタ》ルトモ亦為スニ忍ギザル所ナリ。是ヲ以テ険ヲ犯シ険ヲ冒シ相率キテ東西ニ遁逃シ南北ニ奔走シ、或ハ東京附近ノ地ニ潜居スル者枚挙スベカラズ。此輩ヲシテ蝦夷ノ地ニ移シ、終古不開ノ〇〇ヲ開拓セシメ無益ノ人ヲ以テ有益ノ人業ヲ興サンヿ、是微臣等ノ素志ナリ。嚮キニ旧主亀之助ヲシテ其事ヲ請ハシムルトイヘトモ、朝允ヲ得ズ。然ル時ハ彼ノ三十万人ノ者復タ生ヲ得ズ、是ニ於テ微臣等議《ハカ》リテ、其衆十ノ一二ヲ船隻ニ載セ、厳ニ妄動ヲ戒シメ品海ヲ発シテ仙台ニ至ル。會奥平定シ同藩中王師ニ抗スル輩身ヲ天地ノ間ニ容ル、所ナシ。微臣等同藩ノ好ヲ思ヒ其ヲシテ船ヲ共ニセシメ、以テ事ヲ四條ニ告ケ、強寒風雪ノ中ヲ厭ハス目前一躳ノ句ヲ顧ミズ、以テ後来北門ノ衛ヲナサントス。十月遂ニ鷲木港ニ著シ、微臣等カ素旨ヲ以テ箱館ノ知府事清水氏ニ告ゲ以テ、勅命待ツ豈〇ランヤ俄カニ賊徒ノ汚名ヲ蒙リ、尋《ツイ》テ官軍ニ夜襲セラル、因テ已ムヲ得ズ兵器ヲ執テ自ヲ衛ル。敢テ朝廷ニ向ッテ寸兵ヲ動カスニアラズ。…今ヤ箱館及ヒ松前ノ地全然平定シ、農商業ニ就キ人心既ニ帰ス。微臣等已ニ山澤開墾ノ方ヲ立テ、以テ北門警衛ノ策ヲナス。伏テ希クハ此地ヲ以テ永ク舊主徳川氏ニ賜ハランコトヲ。…朝命ヲ以テ舊主家ノ血統中ニ於テ其人ヲ撰ミ、之ヲシテ主長タラシムル時ハ、衆人一層ノ感激ヲナシ力ヲ盡シテ、土地ヲ開拓シ不毛ノ僻地變シテ富饒ノ良郷トナリ。北門金湯ノ固トナラン。…皇朝全国ノ為メニシ、一ハ以テ旧主徳川氏ノ為メニス。固ヨリ天神地祇ニ誓ヒ、鉄心石腸天日ヲ貫クニ足ル、惟聖慈ヲ〇レンヿヲ。誠恐誠惶泣血味死百拝。

（維新奏議集　中）

「蝦夷地ヲ乞ノ書」の趣旨は、①徳川家約四〇〇万石（総石高約八〇〇万石）は、七〇万石に減じられた。②したがって、約三〇万人（武士総数約一八〇万人）の家臣を抱えることはできない。③そこで榎本は、徳川家の窮状を打開するため蝦夷地を開拓し、この地を徳川家の占拠地とすることを請願した。④このことは、北門防衛ともなるものである。⑤したがって榎本等の脱走・抗敵行為は、第一次的には主家徳川家を護るものである。⑥そして、第二次的には蝦夷地の開拓、北門防衛をするものである。⑦そこで蝦夷地には、朝廷のもとに徳川家血筋の者を大提督とし、総裁以下は選挙により選定するというものである。

明治元年一月七日、徳川氏に対し「征討大号令」が宣布され、続いて明治元年四月五日、天皇から徳川慶喜に対し御沙汰書が発せられた。慶喜は、明治元年四月七日勅旨を承諾し、徳川家の秩録は七〇万石となった。御沙汰書は、本編第二章において記述した。

第二、外国公使に対する通達書

旧幕府軍は、品川沖を脱走して蝦夷地に向かい、明治元年一一月朔日箱館を占拠した。旧幕府軍は、同年一二月一四日、外国公使に対し通達書を送付した。

我等兼而希望致し候通り、軍務俗務に至る迄悉く規則を正しく知るに至れり。函館、松前、並びにオルカノレベルより北方に連り候土地は悉く鎮定し、土地の悪弊を除き、ポリチーキの邪を退け、以て此地に善業を顕はし、土民を説諭して安業せしめ候處、土民に至るまで能く此議を諭り知り、旅行なし得べきの季節に至らば、必ず来たりて我等に対面いたし度旨、土人の長より申越候。是れ全く我等の化に服し、人々自ら業に安んずるの一証と被存候。我等已に同藩中より人選し、要用なる場所々々には鎮台を任じたり。此全島中に来れる我が同藩中、入札を以て尤達才なる者を選挙し、総裁となし、君等に報告せんとす。我等已に我が皇帝陛下に請し、徳川家血胤の内、一人の君を此全島中の大総督に奉らん事、我等が待つ所也。我等此全島を平定し、デ・フアクトと被致候を以て、西洋第一月廿七日當港砲台に於て祝大砲一百一撥を為さんと取極めたり。我等已に當港住居の日本商民には、右発砲之事は告知致候間、君等配下之商民にも此義可然報告せられん事を願ふ。

十二月十四日

海軍総裁　榎本　釜次郎
陸軍総裁　松平　太　郎

（維新正観　一九四頁）

明治元年一二月一五日、旧幕府軍は各国領事および市民優良者数百人を招き蝦夷平定の祝宴を開き、百一発の祝砲を発した。「蝦夷嶋政府」が創設された。その日、英仏領事から公使代理として英仏艦長面会の申し入れがあり、榎本・永井が会見した。公使代理から「榎本軍をもって、交戦団体と認め、一時の政府と看做す。」というものである。しかし榎本は、「交戦は不得已して行ったこと。」とし、「我等は天皇陛下の臣民なり。蝦夷は天皇陛下の領土なり。我等は陛下に背き、陛下の領土に於いて新政府を建設することは夢想だもせざる所なり。」と答えた。

第三、蝦夷地占拠の理由上奏文

榎本は、英仏公使代理に対し天皇・新政府宛て蝦夷地占拠の理由を書いた上奏文を託した。

徳川脱籍ノ微臣、不顕恐懼、懊脳悲歎ノ余リ味死奉奏聞候。抑々私共一同、此地ニ罷越候趣旨ハ、当夏主家徳川ノ御處置ニ付、家臣末々迄凍餒無之様可被遊、叡旨ノ趣奉拝承、皇帝陛下無量ノ御仁徳凡有、生ノ類威載不仕者無之候得共、如何セン徳川家ニテハ、二百余年養ヒ来リ候者共、三十万ニ余リ候間、賜封ノ七十万石ニテハ難養。去トテ聊カ士道心得居候者商売ト伍ヲ為ス能ハズ、仮令窮餓抵死候共、三河以来之士風ヲ汚ス間敷トノ決心ニテ、険難ヲ経、萬死ヲ冒シ、東西ニ遁逃致シ候者、又ハ江戸付近ノ地ニ潜居致シ候者、枚挙スベカラザル程ノ義ニ付、右ノ者共ヲ鎮撫仕リ、終古不開ノ蝦夷地ニ移住為仕、蓁莽ヲ開拓シテ永ク、皇国ノ為メ無益ノ人ヲ以テ有益ノ業ヲ為サシメントノ徴旨ニテ、其旨旧主亀之助ヨリ奉嘆願候処、乍ラ充准ヲ蒙ル能ハザルノ詔ヲ奉ゼリ。…是即チ一ニハ皇国ノ為、二ニハ徳川ノ為、所同盡ノ丹心石腸、皇慈偏ニ御垂憐、願意御聞届被成下候様、誠惶誠恐泣、血歎願仕候。味死百拝

（回天艦長甲賀源吾傳　附函館戦記　一七七頁以下）

「蝦夷地ヲ乞ノ書」と同様にして箱館戦争要因が最も明確にされている。

第四節　蝦夷共和国創立

明治二年一月、旧幕府軍は、仕官以上の者を投票権者として諸役の投票を実施し、蝦夷共和国を創立した。結果は、次のとおりである。

総裁	榎本　釜次郎
副総裁	松平　太郎
海軍奉行	荒井　郁之助
陸軍奉行	大鳥　圭介
同並	土方　歳三
函館奉行	永井　玄蕃守
同並	中島　三郎助
松前奉行	人見　勝太郎
江差奉行	松岡四郎次郎

同並　　　　小杉　雅之進
開拓奉行　　澤太郎左衛門
会計奉行　　榎本　対馬守

蝦夷共和国は、五稜郭を本拠地とし、室蘭・松前・江差に鎮台を置いた。開拓奉行澤太郎左衛門は、部下二五〇名を率いて室蘭に駐屯した。小樽・歌棄にも成兵を配置し、要所々々には砲台や胸壁を築いた。蝦夷地の支配体制が築かれた。

北海道大学附属図書館には、ガルトネルとの開墾契約を認証した文書も残されているが、同書には、「蝦夷嶋総裁榎本釜次郎（北夷島総督印）」の署名がなされている。

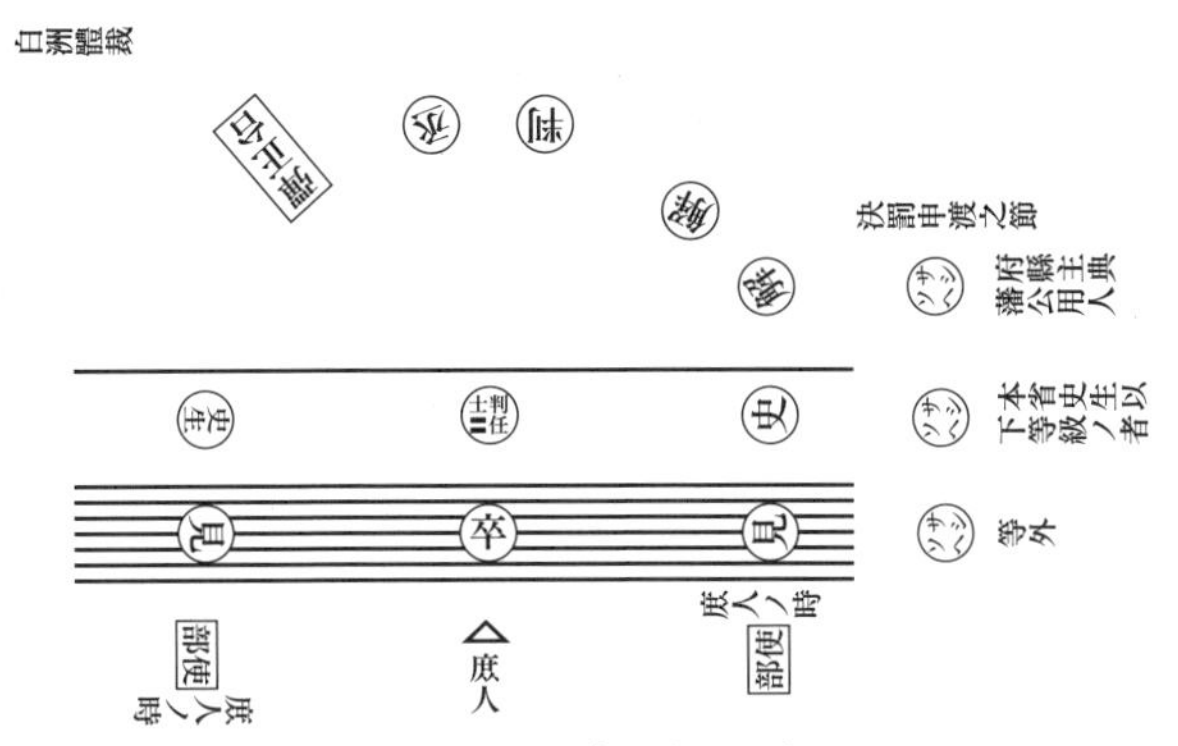

白州体裁図（獄庭規則）

箱館戦争裁判と刑事裁判制度

—刑事裁判の構造—

第一章　概　説

箱館戦争は、これまで政治・経済・社会等多くの視点からの解明がなされている。本書は、箱館戦争を司法の視点から解明するものである。

徳川時代から明治時代に続く刑事関係法令は、慶応三年一〇月二二日「刑法当分旧幕ノ法ニ依ラシム」（布告第三号）、明治元年一〇月晦日「新律御布令迄ハ故幕府へ御委任之刑律ニ依リ…尤死刑ハ勅裁ヲ経候」（行政官布達九一六号）によるものである（以下「幕府継続法」という）。明治時代となり刑事訴訟法は、「獄庭規則」（明治三年五月二五日刑部省定第三六九号）、刑事実体法は、「新律綱領」（明治三年一二月二〇日太政官布告第九四四号）と展開した。

箱館戦争と一般法、特別法（軍関係法令）の関係は、「箱館戦争と法令対比表」のとおりである。

箱館戦争と法令対比表

箱館戦争	慶応三年一〇月一四日 大政奉還 慶応三年一二月九日 王政復古 明治元年八月一九日 旧幕府軍開陽を旗艦として八隻からなる旧幕府艦隊品川沖を脱走し仙台に向かう 明治元年一〇月九日 旧幕府軍蝦夷地に向け仙台を出港 明治元年一〇月一八日 旧幕府軍蝦夷地鷲ノ木に到着約三、〇〇〇名上陸
軍関係法令	明治元年一月一七日 海陸軍事務総督を置く 明治元年二月三日 軍防事務職を置く 明治元年閏四月二一日 軍務官を置く（政体）
一般法令	慶応三年一〇月二二日「刑法当分旧幕ノ法ニ依ラシム」（布告第三号） 明治元年一月一七日 刑法事務総督を置く 明治元年二月三日 刑法事務局を置く 明治元年閏四月二一日 刑法官を置く（政体）

明治元年一〇月二五日 旧幕府軍五稜郭に入城		
明治元年一二月一五日 榎本釜次郎を総裁とする蝦夷嶋政府を樹立		
	明治二年四月一日 軍律　公布	
明治二年五月一八日 旧幕府軍降伏		
	明治二年六月一二日 箱館降伏人処置ヲ軍務官委任ス	
明治二年六月三〇日 兵部省糺問所揚屋に収監		
	明治二年七月八日 兵部省を置く（職員令）	明治二年七月八日 刑部省を置く（職員令）
明治二年八月二五日 降伏人（二、三〇〇人）は東京に移した上「生国」に帰籍させる　静岡仙台藩を除く		
明治三年四月五日 元徳川慶喜家来、元伊達慶邦家来一同赦免		
		明治三年五月二五日 獄庭規則公布
		明治三年一二月二〇日 新律綱領公布

箱館戦争	軍関係法令	一般法令
明治四年一二月一日 兵部省糺問司は榎本釜次郎等に対し「脱走」「抗敵」の事実を認定 **明治五年一月六日** 兵部省糺問正は榎本釜次郎に対し「親類江御預ケ」、松平太郎等に対し「赦免」の処置を言渡	**明治四年八月二八日** 海陸軍刑律公布	**明治四年七月九日** 司法省を置く

ここで関係法令の沿革から箱館戦争裁判の位置を考察する。

第二章　刑事裁判の構造

第一節　概　説

刑事裁判の方式は、時代により異なる。第一は、糺問主義・弾劾主義に区別される。糺問主義においては、捜査官・裁判官職は一体である。弾劾主義は、捜査官職と裁判官職は、区別される。第二は、刑事裁判における「罪となるべき事実」の認定である。「罪となるべき事実」は、証拠に経験則を適用し認定する。さらに本人が自白し、「糺問詰り之口書」が作成された場合、犯罪事実が確定するものである。第三は、判決書の記載である。「判決書」には、「主文」だけが記載される方式と、さらに「罪となるべき事実」、「法令の適用」を記載するものである。旧幕府および明治前期においては、糺問主義、「糺問詰り之口書」、「主文」記載方式がとられた。

刑事裁判における刑罰法令である。寛保二年（一七四二）公事方御定書が制定され、明治時代に引き継がれた。明治三年一二月二〇日新律綱領（太政官布告第九四四号）が制定された。そして本件は、軍務官、兵部省の所管とされたので特別法である軍律（明治二年四月一日太政官布告第四一一号）、海陸軍刑律（明治四年八月二八日詔勅）が適用された。

第二節　糺問・弾劾主義

糺問・弾劾主義は、刑事裁判の方式に関する概念である。歴史的には、糺問主義から弾劾主義が登場した。現代は、弾劾主義である。

糺問主義は、捜査官・裁判官が一体として犯罪の捜査、裁判をなすものである。弾劾主義は、捜査官が捜査、裁判官が裁判に専任するものである。

わが国の司法において、検事（検察官）が登場したのは、明治五年八月三日司法職務定制（太政官達無号）である。検事の権限は「各裁判所ニ出張シ聴断ノ當否ヲ監視ス」（第二二条）、「検事ハ裁判ヲ求ムルノ権アリテ裁判ヲ為スノ権ナシ」（第三一條）と定められた。その後、明治七年一月二八日検事職制章程（太政官達第一四号）、明治八年五月八日司法省検事職務章程（司法省達第一〇号）を経て、明治一一年六月一〇日司法省達丙第四号は以下のとおり定めた。

自今訟廷内ノ犯罪及ヒ審問上ヨリ發覺ノ犯罪ヲ除クノ外ハ、総テ検事ノ公訴ニ因リ處断スル義ト可相心得此旨相達候事

すなわち、わが国の刑事裁判の構造は、司法職務定制により糺問主義から弾劾主義に移行したものである。続く明治一三年七月一七日治罪法（太政官布告第三七号）は、検察官の起訴権を明定した（第一〇七条以下）。

本件は、軍務官・兵部省が所管し、糺問主義がとられた。

第三節　刑事裁判の構造の発展

第一　江戸時代

江戸時代各奉行所の吟味は、はじめに奉行が大まかな吟味をなし、その後は下役のものが吟味を引き継いだ。町奉行所なら吟味方与力、勘定奉行所なら留役、寺社奉行所は吟味物調役である。

犯罪事実の認定が吟味の目的であるが、被疑者の自白を主眼としたため、拷問をする場合もあった。吟味役人の吟

味が最終段階に達すると、「吟味詰り之口書」を作成し、口書を被疑者に読み聞かせる。これに異論がないと印もしくは爪印をさせる。「口書」は町人・百姓の場合で、武士は「口上書」とよんだ。「吟味詰り之口書」は、犯罪人が刑事責任を認めた証文である。

第二　明治時代（前期）

慶応三年一〇月二二日「刑法当分旧幕ノ法ニ依ラシム」旨布告された（布告第三号）。明治元年一〇月晦日「新律御布令迄ハ故幕府ヘ御委任之刑律ニ依リ…尤死刑ハ勅裁ヲ経候」（行政官布達第九一六号）とし、旧幕府法を継続法とした。そこで、これを起点として刑事裁判における構造の発展を概観する。

刑事裁判の構造の発展状況を図表とした。

刑事裁判の構造発展図

時代区分	刑事訴訟手続					判決書
糺問主義						
江戸時代	事件送致	直糺（奉行）	下役糺（与力）	吟味詰（奉行）	判決（奉行）	＊平松研究八八三頁以下
三年五月二五日 獄庭規則	—	直糺（判事以上）	下糺（解部）	吟味詰（判事）	判決（判事）	刑名宣告（主文）
五年八月三日 司法職務定制	事件送致（裁判所）	初席（判事・一応推問）	節次推問（解部又は判事）	判事口書（判事・検事）	罰文言渡（判事）	罰文言渡（主文） ＊ハーバー事件
弾劾主義						
一三年七月一七日 治罪法	検事・司法警察官・巡査の捜査	検事の起訴	予審 公判		刑の言渡（判事）	裁判言渡書

顧みると、明治時代にはいり僅か一〇余年にして刑事裁判制度を発展させ、法整備をしたことは、まことに驚くべきことである。

江戸時代の刑事訴訟に関しては、平松義郎『近世刑事訴訟法の研究』にしたがった。同書は、公事方御定書制定の年である寛保二年（一七四二）から大政奉還がなされた慶応三年（一八六七）までの約一世紀を対象としている。第二部「幕府刑事訴訟法」は、前・後篇にわかれ、前篇は裁判組織法、後編は裁判手続法である。

ここで、明治七年函館裁判所に係属した「ハーバー」事件の概要について記述し、刑事裁判の参考とする（『開拓使時代の司法』）。判決書・裁判記録は、現に函館地方裁判所が所蔵する。

第三　ハーバー事件

明治七年八月一一日、函館において外交官殺害事件が発生した。函館裁判所は、明治七年一月設置され（太政官達無号）同年九月二六日死刑の判決を言渡した。本件は、司法職務定制により審理・判決がなされたものであって、当時の刑事裁判の実際を理解する上で極めて重要な事件である。本書においては、判決書を中心に要点を記述する。

㈠　事件の概要

秋田県士族田崎秀親（二二歳）は、明治七年八月一一日函館において外国人殺害を目的として、所携の刀剣（一尺八寸）をもってドイツ代弁領事L・ハーバーの頭部、頚部、肩部等を切りつけ殺害した。

田崎は、第三大区邏卒屯所に自首し、同所詰大岡島芳則、少邏卒東海林雄吉により捕縛され、函館裁判所に送致された。函館裁判所は、所長権少判事井上好武、権中解部高木静三が、権中検事伊庭貞剛立会のもと断獄手続を進め、同年九月二六日斬首の判決を言渡し、即日執行された。

㈡　**事件の送致**　田崎は、明治七年八月一一日ドイツ代弁領事L・ハーバー殺害事件を起こし第三大区邏卒屯所に自首し、身柄は裁判所検事局に引き渡された。

秋田県貫属士族

田　崎　秀　親

二十三歳

右ノ者本日第一大区五小区谷地頭道ニオイテ外国人ヲ殺害致、詳細ハ別紙ノ通ニ有之赴ヲ以、書面持参自首致候ニ付、厳重取調べ及御引渡候也

明治七年八月十一日

第三大区　屯所

函館裁判所　検事局

引渡人　岡島　東海林

別紙

掛巻モ畏キ神風ノ伊関国ニ座坐ス雨宮高皇大御神鳥カ鳴東国ノ……乞願奉ラムト畏ミモ白ス

秋田県士族　田崎　秀親

別紙は、田崎の犯行理由書である。動機は神道・皇学にある。それがなぜ外国人殺害にとなるのかである。

㈢　**断獄手続**　断獄手続については、司法職務定制第九三条に規定されている。開拓使函館支庁管内で発生した断獄事件は、函館裁判所が管轄する。

田崎は、開拓使邏卒屯所に自首し捕亡され函館裁判所検事局に引き渡された（第三五条）。伊庭権中検事はこれを断獄課長に送り、同課長は井上権少判事、高木権中解部を掛として指定した。井上権少判事は、罪人田崎に対し犯罪の認否をなした（初席）。

その後、判事、解部により罪人、共犯者、参考人の取調べがなされた。田崎は、秋田県出身であるところから、秋田県参事加藤祖一、秋田県権大属により、田崎の秋田における行動を中心に取調がなされた。

高木権中解部により、田崎の犯罪を認める口書が作成された。次いで、井上権少判事、伊庭権中検事立会のもと罪人田崎に対し口書の読み聞けがなされ田崎は花押した。その結果、口書が作成された。

井上権少判事は、擬律課に対し適用法令の調査を命じた。その結果、「謀殺条ニ照シ除族斬殺」に決定した。適用した法令は、改定律令巻二・人命律である。函館裁判所は、司法職務定制第五八条に基づき司法卿に対し、「斬殺」につき伺いをなした。明治七年九月二六日罰文の言渡がなされた。

(四) 口　書　函館裁判所において、田崎の口書が作成された。口書には、司法卿の奥書がある。

権中検事　　伊　庭　貞　剛㊞

掛

権中判事　　井　上　好　武㊞

権中解部　　高　木　静　三㊞

自首　明治七年八月一一日

秋田県士族

田　崎　秀　親

二十二年四月

一、私は、元秋田藩食録百四十九石の藩士である。戊申年間から征奥まで一事をなす決意でありましたが何事もなしえず今日に至り慙愧に耐えません。そこで、寸功を立てることを決意した。明治四年一月頃から、秋田県中教院権大講義兼同社八幡宮祠官小野埼道亭等のもとで皇学の修行をし、昨六年十一月からは同社で御札の配布を手伝い、夜は神代の御典を読み神道の尊さを理解できるようになった。

本年一月、秋田県において学校を設置され士・庶民の別なく入学できるようになった。そこで、皇学は廃止され洋学が振興し、神道が後退しキリスト教が伸びる事を学んだ。そうすると外国人との親和は、わが国の衰退となる。そこで、わが国　三府五港には多くの外国人が居留しており、一、二名の外国人を殺害しても海水の一滴にもならないが一人でも殺害し、わが国に尽くすことを決意した。

二、七月二九日家を出て、八月八日函館に到着、大町旅人宿柴田伝兵衛方に止宿した。殺害は、外国人であれば誰でもよかったが三日の間市中を徘徊して外国人の挙動などをうかがった。

八月一一日午後二時頃、自首の際提出した「祝辞」を懐に刀を帯して、蓬莱町遊所小島重兵衛方を出た。午後五時頃まで酒を飲み、招魂社に行って成功を祈念し、同社を出てすぐ近くの石の階段で一人の外国人の姿を見かけた。これが好機と思い追跡を始めた。漸く追いつき一間くらいになったところで、所持していた傘を投げつけ振り向いたところで抜刀し肩先を狙って二刀ほど切りつけた。外国人は傷を負いながら逃げ、十五間ばかりしたところにあった鎌田七之助なる農家に逃げ込んだ。そこで外国人は、自分に手を合わせて助命の意を表したが、頭部を一刀切りつけたところその場に倒れた。しかし、絶命に至らなかったので、続けて何刀となく切りつけた。傷は、二十四箇所あるとのことですが、致命傷は頭部から左耳、左下顎に至る傷、左足である。

三、私は、素懐を遂げたので、直ちに邏卒屯所に出頭し殺害の始末を届け出、縛に付いた。殺害された者がドイツ国代弁領事ロード・ウエックファーハ氏であることは、この調べで知った。同氏は、この度はじめて知ったものでありまして遺恨をもって殺害したものではありません。

以上の通り相違ありません。

明治七年八月三十一日　　田崎秀親　花押

口書奥書　（朱書）

己レ頑遇、時勢ノ変換ヲ知ラズ、皇学ノ頽退ハ外国人ノ交通ニ基クト思了シ、彼ヲ殺害シ、素懐ヲ果サント欲シ、東西徘徊スルノ際隅洋人ノ過ルヲ見、追逐シテ兇殺ス。謀殺条人ヲ謀殺スルノ造意者。

除族ノ上　斬罪

殺害スルノ時、其誰タルヲ知ラズ。推鞠セラルルニ及デテ領事タルヲ知ヲ以テ、本条有罪名条ニ照シ凡人謀殺ニ擬ス。

司法卿
大木喬
任之印

なお、口書原本については、函館地方裁判所に保存され（古文書等目録番号四四）、函館市史資料編第二巻史料四六として解読文が収録されている。本稿は、その収録文中供述部分を意訳文としたものである。

(五)　判　決

明治七年九月廿六日

秋田県貫属士族

田　崎　秀　親

其方儀平日従事スル処ノ皇学頽敗ニ至ルハ、必竟外国トノ和親ニ基クト、頑遇ノ心ヨリ一国ニ存込ミ、寧ロ洋人ヲ斬害シ素志ヲ果サント郷里出奔、箱舘表ニ至リ、同所谷地頭ニ於テ独逸国領事勤方ファバー氏ニ邂逅シ、忽抜刀追逐シテ兇殺セシ段甚以不届ノ儀ニ付、破廉恥甚ヲ以テ人命律謀殺条ニ照ラシ、除族ノ上斬罪申付ル

田崎は、即日斬殺された。

第三章　刑事裁判制度

第一節　概　説

江戸時代の象徴とされる「公事方御定書」は、明治時代にはいり「幕府継続法」として適用された。

八代将軍吉宗が関与のもとで、寛保二年（一七四二）公事方御定書上下二巻が編纂された。御定書上巻八一条、下巻一〇三条から成る。下巻は、刑事法が七八・六四％で主体をなすが、民事法一七・四八％、裁判所法三・八八％で構成されている。ここでは、寛保二年から明治前期まで約一二五年に亘り刑法典として施行された下巻について論述する。

私は、『開拓使時代の司法』において項目分類をなした。その結果は、以下のとおりである。

公事方御定書下巻項目分類表

分　野	条文数（％）	区　　分
刑事法	八一（七八・六四％）	刑法総論一〇（九・七一％）　刑法各論六五（六三・一％）　刑事訴訟法六（五・八三％）
民事法	一八（一七・四八％）	民事関係法九（八・七四％）　民事訴訟関係法九（八・七三％）
裁判所法	四（三・八八％）	裁判所法四（三・八八％）
	一〇三（一〇〇％）	

公事方御定書は、刑事実体法が七五%を占めるものである。天保一三年（一八四二）の評定所評議において、刑事裁判にあたっては、第一次的に公事方御定書《くじがたおさだめしょ》、第二次的には先例、先例のうちでは近令を先に、遠例を後に適用すべきであり、かつ、徳川時代以前にまで遡らないこととした。公事方御定書は、明治三年一二月二〇日新律綱領布告まで施行された。

幕府法上、有罪判決をなすには原則として「吟味詰り之口書」が必要であった。吟味役人は、日々の吟味において事件関係者（「一件之者」）からの供述を録取して「口書」を作成する。有罪と目すべき者については、「口書」をまとめて「吟味詰り之口書」を作成する。「吟味詰」は、奉行がなし、吟味終了を意味する。したがって、「吟味詰り之口書」は、結審のための口書である。奉行が白州において被糺問者にその内容を確認し間違いないということであれば、「吟味詰り之口書」は犯罪事実認定書としての効力が発生する。そして、この「吟味詰り之口書」は、擬律、刑の決定段階においてもはや変更することはできない。

奉行等は、手限仕置権の範囲で刑罰を決定する。町奉行所で擬律を実際に担当するのが「例繰方与力」・「例繰方同心」である。例繰方与力は、回付された「吟味詰り之口書」の犯罪事実に公事方御定書、先例を適用し手限仕置権の範囲内で刑罰を擬する。その結果を奉行に報告し、奉行に異存がなければ、判決書を作成する。刑罰が中追放以上にかかる一件は、老中に対し犯罪事実、適用すべき御定書、先例、刑罰意見を報告し仕置伺いをすることとなる。寺社・勘定奉行の場合も同様である。

明治前期における刑事訴訟は、旧幕府の刑事訴訟を承継した。特に旧幕府の公事方御定書は、江戸時代から明治時代の移行期において大きな役割をなした。

第二節　旧幕府における刑事訴訟

第一　概説

江戸時代の刑事訴訟手続は、原則的には、捕縛（同心）―直糺（奉行）―下役糺（与力）―吟味詰（奉行）―判決（奉行）の構造を形成していた。

被糺問者（被疑者）が町奉行所に送致された場合、町奉行は直ちに、白州において被糺問者に対し犯罪事実の認否を行う。これは「直糺」であり、未決拘留の措置をとるか否かを決めるための尋問である。その後、与力による被糺問者・参考人訊問、証拠書類の取調べがなされ、その結果を「吟味詰り之口書」として町奉行に報告される。下役糺である。町奉行は、被糺問者に対し「吟味詰り之口書」の内容を確認する。吟味詰とよぶ。町奉行は、審理を終結し公事方御定書、先例を適用し刑罰を申渡すものである。

第二　被糺問者

吟味筋で処罰の対象になる者を「首謀之者」、「吟味之本人」等という。関連（引合）する従たる者を「重立候他之引合」「軽キ引合」という。

有罪判決をなすには、犯罪者の自白を録取した「口書」が必要である。「代人」が本人に代わって供述し、口書に押印すれば本人が刑罰を科せられる。弁護人の制度はなかった。弁護人がお上のすることに口を出すことは、とんでもないことである。しかし、江戸宿があった。裁判のため出府した者を宿泊させるとともに、訴訟活動の補佐をなすことも公認された宿屋であって、株をもち独占営業であった。訴訟に関係したので、「公事人宿」、「公事宿」ともいった。

評定所留役、御目付、奈良奉行であった小俣景徳氏は、公事師の実体について次のとおり説明している。

問「口書等書いている者はおりましたか。今日の代言人のようなものはおりませぬか。」
答「さようあれは宿屋でありました。上野の埼玉屋などであります。それを書いて遣るのであります。代言人のごとき者はおりませぬ。」
問「公事に明るい者もおりましたろうな」
答「さよう、公事師というのがおりました。それを渡世といたしておる者がいたので、書付も書いてくれたのであります。これは、宿屋の下代、手代であります。書付一本幾許ときめて差出すのであります。」
問「公事師と公事買というものがおりましたか。」
答「左様おりました。公正なものではありませぬが、公事買は公事を買って……実際千金の訴訟を三百両位で買って、公事をして取って仕舞うというのがおりました。……知れますと刑罰になるのであります……」。

（旧事諮問録（上）一五六頁以下）

第三　直糺

町奉行は、白州に臨み吟味にあたる。「直糺」である。人定尋問、罪状の概略取調（「一通糺」）および未決拘留の処置を目的とするものである。町奉行所の白州は、奉行が臨席する白州と与力が吟味する白州がある。白州は、公開しない。

江戸町奉行所の実態について、旧幕府目付・大目付・江戸町奉行、神奈川奉行・外国奉行であった山口泉処氏は、次のとおり説明している。

問「罪人の予審のようなことをしたのは与力ですか。」
答「与力です。最初は奉行です、それから与力です。盗賊が捕まってくると、直ぐ奉行が一と通り尋ねるのです、事によると、夜の十時頃に急に白州を開くことがあります。捕者が来ますと、開廷せねばならぬ、自身番で一とうり言わせてありますから、罪状を書いて同心から出してあります。何所で着物を盗んだとか、金を取ったとか書いてあるから、それをもう一度言わせて、是に相違ないかと云うと、それに相違御座いませんと云う、外にないかと云、ないと云と、吟味中入牢申し付けると云うのです。奉行が入牢申し付けると云うことを言渡さぬと、牢に入れることが出来ぬのです。湯屋で半纏一枚盗んだと云うのも、奉行が言渡さなければならぬ。冬夜など困るのです。白州まで間数も隔っており、寒い所で火鉢も何も無い所で聞くのですから。」
問「翌日に廻すことが出来ませぬのですか。」
答「廻すことはできませぬ。何所へも置所がない、仮牢に入れなければなりませぬから、…それに三度の飯を食わせなければなりませぬから、是非、奉行が入牢を申し付けると云言渡がなければ往けませぬ。…」

（旧事諮問録（上）二六三頁以下）

勘定奉行所の実態について、旧幕府評定所留役、御目付、奈良奉行であった小俣景徳氏は、次のとおり説明している。

問「しからば奉行は、自ら吟味することはありませぬか。」
答「最初の吟味は、奉行が是非するのであります。それは吟味をする仕方を留役が半紙に書いてこれだけの事をお聞きなさいと教ゆるのであります。それゆい誰にでもできるのであります。…」
問「しからば、最初の吟味を奉行がして、それが先ず儀式というようなものですか。」
答「さよう、それから留役が吟味しようというには別段呼び入れて吟味するもので、それから真剣の事をするものであります。」

問「奉行が初めて吟味をする前に下吟味がありますか。」

答「それはありませぬ。召取者であると、勘定奉行に関八州取締といふ者がある。俗に八州と申すので、それが下吟味その場所、すなわち地方地方で致して、申し立てを残らず書いて口書にし、そして奉行に持出すのでありますます。それを見て留役が吟味するということになるので、それ迄は留役は何があるか一向知らんのであります。また下から訴出たのは訴状がある。その願書は「何何がこういう不届をして私の何を殺した」とか、又は検視先の資料がちゃんとあるから、それを標準にして奉行に是丈の事を尋ねなさいと云うのであります。」

（旧事諮問録（上）一〇七頁以下）

直糺の時期は、町奉行所、勘定奉行所では組織、地理的事情からの相違があった。又、直糺は、被疑者の勾留尋問と公判手続の冒頭における被告事件に対する陳述とを一緒にしている。これは、被疑者段階と被告人の段階が明確に区別されていなかったことによるものである。

第四　未決拘留

直糺における犯罪事実の認否は、吟味の期間入牢を命じるか否かを決定するための手続であった。入牢場所は、小傳馬町牢屋である。

幕府は、牢屋に勾留することをできるだけ制限する方針であった。無宿者は別にして、有宿の者は、手鎖、過料、叱等軽い罪にかかる場合は、入牢させなかった。そのため、江戸町方では「宿預」、在方では「村預」が行われた。公事方御定書下巻第九九条では、未決中六〇日以上入牢した者が手鎖、過料等にかかるときは、刑の申渡しはするが、その執行を免じた。現行刑法第二一条の未決拘留日数の算入である。

第五　下役糺

下役糺は、評定所留役（評定所、勘定奉行所）、吟味物調役（寺社奉行所）、吟味方与力（町奉行所）による本格的吟味である。勘定奉行所の下役糺について、旧幕御勘定組頭・同吟味役・同奉行並・佐渡奉行であった鈴木重嶺氏は、次のとおり説明している。

問「留役は勘定奉行の下役位の格でしたか。」

答「さようであります。下調べをいたしたので、公事訴訟にしろ、囚人にしろ、勘定奉行の白州に初めて引き出しますと、勘定奉行が出て一通り聴いて、今日はこれにて終わる告げ、その後の審問などをして調べるのは留役であります。それから、いよいよ落着して裁判を言い渡すとき奉行が出たのであります。」

（旧事諮問録上　九七頁）

勘定奉行所の下役糺の方式は、評定所、寺社奉行所および町奉行も同様である。町奉行所では、略式の白州が設けられていた。取調は駿厳であった。

吟味筋においては、白状（自白）が重んじられ、拷問が行われた。江戸時代初期の状況は、明らかでないがその後、公事方御定書下巻第八三条に繰入れられた。御定書によると、①拷問のできる犯罪は、人殺、火附、盗賊、関所破および謀書謀判である。②犯罪の証拠があるのに白状しない場合、③共謀者が自白したのに白状しない場合および④ある犯罪の詮議中他の犯罪が発覚し、その犯罪だけでも死罪が免れない場合に限られた。⑤ほかに評定一座が評議により申し付けることもできた。

第六　吟味詰

幕府法上、有罪判決をなすには原則として「吟味詰り之口書」が必要であった。

吟味役人は、日々の吟味において事件関係者（「一件之者」）からの供述を録取して「口書」を作成し、有罪と目すべき者については、「吟味詰り之口書」を作成する。「吟味詰」は、吟味終了を意味する。したがって、「吟味詰り之口書」は、結審のための供述録取書である。奉行が白州において被糺問者にその内容を確認し、間違いないということであれば「吟味詰り之口書」は犯罪事実認定書としての効力が発生する。奉行の確認が終わって審理は終了（吟味詰）する。そして、この「吟味詰り之口書」は、擬律、刑の決定段階においてもはや変更することはできない。

第七　判　決

奉行らは、手限仕置権の範囲で刑罰を決定する。

町奉行所で擬律を実際に担当するのが「例繰方与力」、「例繰方同心」である。例繰方与力は、回付された「吟味詰り之口書」の犯罪事実に公事方御定書、先例を適用し手限仕置き権の範囲内で刑罰を擬する。その結果を奉行に報告し、奉行に異存がなければ、判決書を作成する。刑罰が中追放以上にかかる一件は、老中に対し犯罪事実、適用すべき御定書、先例、刑罰意見を報告し仕置伺いをすることとなる。寺社・勘定奉行の場合も同様である。代官は、原則として手限仕置権はない。

第三節　明治前期における刑事訴訟

第一　概　説

慶応三年一〇月一四日大政奉還（布告第一号）がなされ、同年一〇月二二日「刑法当分旧幕ノ法ニ依ラシム」と布告した（布告第三号）。慶応三年一二月九日王政復古（布告第一三、一七号）が宣言され、総裁・議定・参与が置かれ、ここに明治政府が成立した。

そこで、明治前期における刑事裁判は、旧幕府法を承継し次第に明治期としての法制を確立したものである。これにより、旧幕府直轄地は、公事方御定書を中心とする幕府法、各藩は従前藩法が引き続き施行されることとなった。次いで、旧幕府継続法を承継し、獄庭規則、司法職務定制と発展する。本件は、特別法としての軍務関係法が適用された。

第二　刑事訴訟関係法

明治元年一〇月晦日行政官は、刑法の運用につき、原則として「新律御布令迄ハ故幕府へ御委任之刑律ニ仍リ」（行政官布達第九一六号）とした。

(一)　明治三年五月二五日　獄庭規則（刑部省定）

刑事訴訟法である獄庭規則が制定された。全一三条からなる。詳細は、「榎本釜次郎等に対する刑事訴訟」第一章概説に記載した。

白州体裁図によれば、裁判長席―丞・判事、右陪席―弾正台、左陪席―解部である。本規則は、江戸時代の吟味筋の方法が踏襲され成文化されたものである。判事が奉行、解部が与力、同心が史生である。

(二)　明治五年八月三日　司法職務定制（太政官達無号）

明治四年七月九日刑部省、弾正台を廃止し、司法省が置かれた（太政官布告第三三六号）。明治五年四月二五日、江藤新平が司法卿に任命された。司法卿に就任した江藤は、司法改革の方針として

第一　司法省の全国的司法権を確立するため裁判機構を整備する。

第二　裁判システムを近代化する。

第三　司法省が法典起草と法典審査の立法権を獲得する。

ものと定めた。この方針にしたがい明治五年八月三日司法職務定制（太政官達無号）が制定された。断獄順序の概要は、以下のとおりである（第九三、六五、七五条）。

①事件の送致があった場合は、一件ごとに担当判事、解部を定める。②判事は、被疑者罪人の一応推問（弁解録取）をなす（初席）。③軽重を斟酌し、監倉（拘置所）又は囚獄（刑務所）に収監し、判事、解部は、推問をなす（未決中）。④解部は、罪人の取調をなして犯状明白口書を作成し、逐条ごとに確認する（下糺）。⑤判事、検事列席し、口書を読み聞かせ、相違ない場合は指印（爪印）をさせる（口書読聞）。⑥判事は、口書に律文を適用して流以下は専決、死罪は司法省の許可を受け検事、解部列席の上罰文（判決）を言渡す（落着）。

本定制と獄庭規則を対比すると、刑事訴訟の基本構造の変化はない。すなわち、判事による初席―未決中下糺―口書読聞・吟味詰り之口書―罰文言渡・判決である。

箱館戦争裁判と弾正台
――箱館戦争裁判の監察――

第一章　概　説

榎本釜次郎等に対する裁判に最も大きな影響を及ぼしたのは、新政府軍陸軍参謀黒田清隆である。黒田がいなければ、榎本等は直ちに極刑に処せられた。しかし、これまで議論の対象とされないが、弾正台の動きも裁判に大きな影響を及ぼした。その内容については、本書における一つの重要な課題としたい。

明治二年五月二二日、弾正台が設置された（太政官布告第四七〇号）。弾正台の設置目的は、以下のとおりである。

弾正巡察ハ、天子ノ耳目国興廃ノ所係其實挙ルトキハ、国家治マり不擧ノトキハ国家乱ル、然レハ万世不援不朽ノ基本確定セサルヘカラス、…巡察實ヲ挙ケ弾正躰ヲ不夫皇威皇張ノキ基立ヘシ（明治二年一一月太政官達「弾正台及巡察ノ事務権限ヲ候ス」）。

（国立公文書館デジタルアーカイブ【請求番号】太００２０１００【開始コマ】０２３４６）

弾正台は、天皇の耳目である。政府機関・府藩県を監察する。そして同年七月一〇日弾正台職務ヲ定ム（太政官布告第六三四号）が布告された。したがって、軍務官・兵部省の箱館戦争裁判についても監察するものである。

弾正台は、兵部省糺問所の糺問にも監察のため立会をなした。明文の規定はないが、一般法である獄庭規則（明治三年太政官布告第三六九号）には、「白州体裁図」（前記図参照）に裁判長の右陪席として「弾正台」が定められている。特別法である兵部省関係法には、特別の規定がないので一般法である獄庭規則が適用される。

弾正台は、明治二年一一月一五日太政官（辨官）に対し榎本釜次郎等口書の一覧を求めた。辨官は、それを承諾したが、その後の経過は確認できない。

弾正台は、明治四年七月九日刑部省と激しい対立・抗争等もあり廃止された。存続期間は、約二年である。

第二章　弾　正　台

第一節　弾正台の設置

明治二年五月二二日　今度弾正台被置候事（太政官布告第四七〇号）

弾正台官員　尹（一等官）　弼（二等官）　大忠（三等官）　小忠（四等官）　大疏（六等官）

小疏（七等官）　史生（八等官）　巡察弾正（六等官）

明治二年七月八日　職員令（太政官布告第六二二号）

刑部省　卿　掌鞫獄定刑名決疑讞

弾正臺　尹　掌執法守律　糾弾内外非違

わが国において弾正台が置かれたのは、養老律令である。養老律令は、養老二年（七一八）大宝律令を修正して編纂した全三〇編の法令である。第二編職員令は、全八〇条である。第五八条は、弾正台の職掌を定める。尹（いん・長官）「職掌は、風俗（官人の綱紀粛正）を粛清し、内外（京内・京外）の非違を弾奏（摘発・奏上）すること。」と定める。その余の官位は、以下のとおりである。太政官布告第四七〇号と同じである。

弾正台官員　尹（いん）　弼（ひつ）　大忠（だいちゅう）　小忠（しょうちゅう）

大疏（だいそ）　小疏（しょうそ）　史生（しせい）

第二節　弾正台の権限

弾正台設置法および職員令は、養老律を承継した。次いで明治二年七月一〇日、「弾正台職務ヲ定ム」（太政官布告第六三四号）が布告された。

一　制度布告、賞罰等其時々、弾正台へ申達候事。
一　勅授官以上幷華族ノ面々、叙爵黜陟等ノ節、弾正台立会可致事。
一　弾正台大少忠、日々太政官へ出仕可致事…。
一　諸省、待詔院、集議院、東京府等時々大少忠、大少巡察等巡察可致事。
一　刑法大獄有之候節、弾正台立会可致事。
右之通被相定候間此旨相達候事

本布告は、弾正台の監察が広く及ぶことを示すものである。第一項、政府機関が布告等した場合は弾正台に報告する。第二項、勅任官・華族等高官の叙勲・爵位等には弾正台が立ち会う。第三項、弾正台大忠・小忠は毎日太政官に出勤する。第四項、弾正台大忠・小忠は政府機関・東京府等地方行政機関を巡察する。第五項、刑事大獄事件は弾正台が立ち会う。

本令の解釈につき、諸省から照会がなされた。刑部省は、第五項「大獄」の範囲について照会した。回答は、以下のとおりである。

叛逆幷華族其余在官五位以上ニ関係致シ候ハヽ、大獄ト定メ弾正立台会候事。

（国立公文書館デジタルアーカイブ【請求番号】太草００２１４１００／【請求番号】太０００２０１００【開始コマ】０２２８）

本解釈によれば、榎本釜次郎等の「脱走」「抗敵」行為は「叛逆」に該当し、弾正台の監察対象事件である。弾正台の白州における位置は、裁判長（丞・判）席の右陪席である（明治三年五月二五日太政官布告第三六九号）。

弾正台の権限につき、各省巡察等が定められた。

弾正台諸官省へ巡察ス（明治二年九月一〇日達）

弾正台近日ヨり諸官省等へ巡察可致候間、此段為心得相達候事。

（国立公文書館デジタルアーカイブ【請求番号】太０００２０１００【開始コマ】０２３７）

弾正台諸規則抄（明治三年五月一二日）

一　二官六省二院共府藩県諸司諸察其施設ノ可否得失ヲ察シ、其官司ノ勉励怠情ヲ視スル審詳ナルヲ要ス。

一　巡察時々囚獄ヲ検校シ、獄司ノ非道ヲ糺タス。

（国立公文書館デジタルアーカイブ【請求番号】太０００２０１００【開始コマ】０２５０）

第三節　弾正台の廃止

明治四年七月九日、司法省設置と併せ刑部省・弾正台は廃止された（明治四年七月九日太政官布告第三三六号）。

第三章　弾正台と刑部省の対立

弾正台の具体的行動を明らかにするため、刑部省と弾正台が対立した横井小楠暗殺事件、大村益次郎襲撃事件の概要についてみる。

第一節　横井小楠暗殺事件

横井小楠（平四郎）は、肥後藩の開国論者である。明治政府が成立した時、政府は各藩から政府機関の要員（徴士）として人材を集めた。横井は、その一員で、議政官参与の重職についいた。明治二年一月五日帰宅の途中、攘夷派浪士六人の襲撃を受け殺害された。

刺客は、上田立夫等六名である。彼等は、いずれも尊王攘夷思想の持主である。新政府は、期待に反し開国政策を進めた。彼等は、新政府に対し強い憤懣をいだき、政府において影響力を及ぼしている人物として参与横井小楠をあげたものである。

裁判は、京都府刑法官が所管した。当時の刑法は、「新律御布令迄ハ故幕府へ御委任之刑律ニ依り」「死刑ハ勅裁ヲ経候」（明治元年一〇月晦日行政官布達第九一六号）と定められた。旧幕府刑律は、「公事方御定書」である。しかし、同年一一月一三日、刑法官は、「新律御定迄」「火付、強盗、人ヲ殺ス者、梟首」（明治元年一〇月晦日行政官布達第九一六号（参照）欄）と定めた。翌二年八月五日、「梟首」は「梟示」に改正された。したがって、殺人犯は「梟示」（死刑）を免れない。

政府内外の攘夷派から減刑運動が起こった。そして弾正台は、同二年一一月晦日太政官に対し犯人の減刑を主張した。

横井平四郎ノ蠱賊タルハ天下トモニ知ル所ナレトモ、其精細ノ事件ニ至テハ探索ヲ尽シテ初メテ明ナリ。故ニ彼ヲ残戮スルモノ著書等ノ事ニ至リ或ハ尽ク雖不知之、其国賊タルヲ知テ手ヲ下ス事疑ナカル可シ。果シテ彼等カ見ニ違ハス、平四郎ノ罪明了ナルウヘハ、彼等憂国ノ志亦明カナリ。然レトモ其状大ナレハ決シテ死ヲ宥スノ道ナシ。因テ其法ヲ正シテ其志ヲ議シ、死中ニオヒテ一、ニ等ヲ減スルヲ当レリトス。

（日本政治裁判史録　明治・前　七六頁）

刑法官は、明治三年一〇月一〇日の主犯格に対し梟示（死刑）の判決をなした。

上田立夫事　立　夫
鹿島又之充事　又之充
土屋延男事　延　男
前岡力男事　力　男

其方儀参与横井平四郎邪説ヲ唱ルトノ浮説ヲ信シ、壇ニ殺害ニ及ヒ剰ヘ其場ヲ立迯ルル條、不憚朝憲不届至極ニ付梟示申付ル。

庚午十月十日

（日本政治裁判史録　明治編・前　八五頁）

第二節　大村益次郎襲撃事件

大村益次郎は、兵部省大輔（次官）として、関西の兵学校・造兵廠を視察するため西下した。明治二年九月四日京都において、同じ長州藩の攘夷浪士を中心とする刺客に襲撃され負傷した。しかし、同年一一月五日その負傷により死亡した。大村は、フランス式装備による兵制と、士族の廃刀、徴兵の必要を主張していた。刺客は、攘夷主義に固執し大村の兵制・装備の洋式化に反対する一団であった。

刺客は、間もなく逮捕され、明治二年一二月二九日梟首（死刑）の判決が言渡された。同年一二月二〇日、死刑の執行が決まり弾正台に通知した。弾正台は、通知が遅れたことを理由に死刑執行の延期を求めた。死刑の執行は延期された。京都兵部省は、強く反発した。太政官は、京都府に対し弾正台の所為は不当であるとして直ちに死刑の執行を命じ、同月二九日処刑された。

刺客は八名であるが、主犯一名の判決（住所略）を記載する。

申　渡

団伸次郎事　伸　次　郎

其方儀大邸兵部大輔旅寓へ乱入ノ始末、憂国ノ至情及切迫候ヨり、同志八人義ヲ以テ会シ、右ノ所行ニ及ビ候旨雖申、国家興廃ノ見込相立候ハバ、言語洞開ノ御政体ニ付、幾重モ事情建言イタシ、如何様共取計方有之處無、其儀猥りニ御登庸ノ重職ヲ惨殺ノ企イタシ、終ニ当九月四日夜大邸兵部大輔ニ死ニ至候程ノ為、疵負担加之、右旅宿へ来客并同家々来等及殺害候段不憚。

朝憲致方ニテ其罪不軽候、且又国家ノ御為ト見込右ノ始末ニオヨビ候儀ニ候ハバ、速ニ其筋ニ届出可待罪ノ処、其場遁去リ終ニ被捕縛、追々吟味ノ上ニテ事実及白状候段重々不届ニ付梟首申付者也。

巳十二月

（日本政治裁判史録　明治・前　一二〇頁以下）

（国立公文書館デジタルアーカイブ【請求番号】太草００２２１００【開始コマ】１１６６）

弾正台は、刑部省所管の裁判内容、裁判の執行についてまで監察権を行使した。刑部省の反抗は、起こるべくして起こったものである。

第四章　弾正台の動向

第一節　概　説

弾正台は、政府機関、府藩県等を監察するものである。権限行使の段階で諸省と対立し、とりわけ刑部省との対立が多い。

弾正台は、明治二年一一月一五日兵部省から太政官に送付された榎本釜次郎等口書の一覧請求をなした。その目的は、明らかでない。太政官辨官は、承諾した。しかし、弾正台による一覧がされたか否かは明らかでない。

弾正台の前章までの動向に照らすと、攘夷派である。榎本等に同情する立場をとったと推測される。このようなことを念頭におき、弾正台の動きについて検討する。

第二節　弾正台の動き

弾正台の動向を検討するため、主な事実を整理する。

明治二年五月一八日　　旧幕府軍降伏
明治二年五月二二日　　弾正台設置（太政官布告第四七〇号）
明治二年六月一二日　　箱館降伏人処置ヲ軍務官ニ委任ス

明治二年六月三〇日　榎本釜次郎等辰之口揚屋収監
明治二年七月八日　職員令（太政官布告第六二二号）
刑部省　卿　掌鞫獄定刑名決疑讞
弾正台　尹　掌執法守律。糾弾内外非違。
明治二年七月一〇日頃　榎本等の糺問開始（大鳥・南柯紀行一〇〇頁。榎本書簡明治三年一〇月一六日・明治三年一二月二四日）
明治二年一一月六日　榎本から姉宛て第一回書簡
↓「吟味詰り之口述書」の作成が終わる
明治二年一一月一五日　弾正台、太政官（辨官）に対し榎本等の口書一覧請求
↓口書が存在し、判決ができる状況となる
↓榎本糺問は、明治二年七月一〇日—明二年一一月一四日がなされ、「吟味詰り之口述書」が作成された。

明治三年一〇月一六日　榎本糺問
明治三年一二月二四日　榎本糺問
明治四年七月九日　司法省設置　刑部省弾正臺廃止
明治四年一一月　九日　太政官正院　榎本等の所置決定
明治四年一一月一二日　岩倉使節団出発
明治五年一月六日　所置（判決）

①明治二年五月一八日、旧幕府軍が降伏し、僅か四日にして弾正台が置かれた。続いて翌六月一二日、箱館降伏人処置は軍務官に委任された。弾正台は、すべての政府機関を監察するものであるから、箱館戦争裁判も監察の対象である。②明治二年六月三〇日榎本釜次郎等は、辰之口揚屋に収監された。そこで軍務官は、直ちに榎本等の糾問を進めることができる状況となった。大鳥圭介は、「一〇日間位してから糾問が始まった」とし、榎本は明治三年一〇月一六日および同年一二月二四日糾問されたと説明している。③しかし明治二年一一月一五日、弾正台は太政官（辨官）に対し榎本口書の一覧請求をなした。同文書では「榎本釜次郎等ノ口書兵部省ヨリ御達申候由　右ノ口書一覧致度儀有之候處」としており、太政官もこれを認めた。したがって、口書の原本は糾問所―兵部省―辨官（太政官）に送付されたことが明確である。そうすると、遅くとも同日（一一月一五日）まで榎本等の口書が作成されたものである。このことは、榎本等が収監されて四ヵ月一五日が経過しており、経験則上適正な期間に取調べが終了したものと判断される。④加えて、榎本の姉宛て書簡は、その第一回が一一月六日付である。これは榎本の取調が終了したので外部との書簡授受が許されたものである。すなわち榎本釜次郎「吟味詰り之口書」は、明治二年七月一〇日から明治二年一一月一五日までの間に作成された。⑤このように榎本釜次郎「吟味詰り之口書」は、遅くとも明治二年一一月一五日までに作成されたものであるから、同日から兵部省糺問司により所置（判決）ができる状況になった。そこで、なぜ遅れたかが問題である。⑥その原因は、木戸孝允の厳罰論が妥協しなかったことにある。しかし、明治四年一一月一二日岩倉使節団のアメリカ出発を控え木戸は、妥協し恩赦が決定された。⑦弾正台は、明治二年一一月一五日辨官に対し榎本釜次郎口書の一覧を求めた。その職務目的は、榎本釜次郎等口書を一読・調査することにより、榎本等の糺問・所置（判決）執行を監察するものである。⑧太政官正院は、明治四年一一月九日所置決定をなし、翌五年一月六日所置（判決）がなされた。

弾正台の動きは、政府機関を監察するものであるから、本件の考察において重要である。しかし資料は少ない。

第三節　榎本等口書一覧請求

明治二年一一月一五日、弾正台は太政官（辨官）に対し榎本釜次郎口書の一覧を求めた。その経緯は、以下のとおりである。

過日榎本釜次郎等ノ口書兵部省ヨリ御達申候由、右ノ口書一覧致度儀有之候処、同省ニ扣留《ひかえ》無之ニ付御達致候。本書ナリ写ナリ早々御面シ有之度候也。

十一月十五日　　弾　正　台

辨　官　御中

口書闕

榎本釜次郎口書云々承知致候。追テ従是可申入候也。

十一月十五日　　辨　　官

過日申進候。榎本釜次郎口書早々御面有之度候也。

十一月十九日　　弾　正　台

辨　官　御中

榎本釜次郎口書一紙ヨリ外無之ニ付、跡（後）ヨリ御面可申入、依テ御回答申入候也。

十一月十九日　　辨　　官

弾正台

（国立公文書館デジタルアーカイブ【請求番号】公00078100【開始コマ】0115）

弾正台は明治二年一一月一五日、辨官（太政官）に対し兵部省から辨官に提出された榎本釜次郎等の口書の提出を求めた。本口書は、勾留期間が四ヵ月半経過している状況に照らすと「吟味詰り之口書」である。辨官は同日、弾正台に対し承諾した旨回答した。弾正台は同月一九日、辨官に対し口書の早期提出を求めた。辨官は同日、弾正台に対し口書は一冊よりないため提出が遅れている旨回答した。しかし、同月一九日の辨官から弾正台に対する回答のあと、いつその提出がなされたか確認できる文書がない。

ここで重要なことは、①榎本釜次郎口書は、明治二年一一月一五日の段階で兵部省糺問司により作成された。②弾正台がこれを知ったのは、糺問の立会いをしていたからである。③その原本が兵部省から太政官・辨官のもとに送付・保存された。④兵部省では、口書の原本送付にあたり、写を作成していなかった。⑤これは、本調書は極めて重要なもので口書内容の秘密保持にあった。⑥しかし、弾正台が榎本釜次郎口書を一読したか否かは明らかでない。

榎本釜次郎等に対する刑事訴訟

第一章　概　説

――獄庭規則――

刑事裁判の構造は、事実を確定しそれに対し刑罰法令を適用して犯罪の成否を決定するものである。そこで刑事裁判法は、刑事手続法（刑事訴訟法）、刑事実体法（刑法等刑罰法）に区分される。本編においては、刑事手続法―箱館戦争裁判の刑事訴訟を論述し、次編において刑事実体法―箱館戦争裁判と刑事判決を論述するものである。

刑事裁判の方式は、糺問主義・弾劾主義に区別される。旧幕府および明治前期においては、糺問主義方式がとられた。明治維新により、およそ二五〇年続いた徳川幕府が崩壊し明治政府が成立した。そこで、旧幕府―明治前期における刑事手続法を順次検討する。

刑事訴訟は、刑事裁判の主体である裁判機関、刑事裁判の訴訟手続により構成される。箱館戦争裁判の基準として適用される法令は、獄庭規則（明治三年五月二五日刑部省定第三六九号）である。

獄庭規則

一　糺問之節、有位士庶人等之座席、不致混雑可取扱事。
一　判事以上出席吟味之節ハ、事件掛リ之解部並史生両人見座、白州ニ相詰可申事。
一　大獄・難獄ハ卿・輔出座ノ事。
一　罪人最初吟味之節ハ、判事出座ノ事。
一　下糺之節ハ、解部鞠問シ史生聞書可致、尤時宜ニヨリ丞出座ス。
一　拷問ハ、判事以上相議取計事。
一　口書・糺書トモ解部訂正之上丞出シ、然ル後浄書可致事。
一　吟味済之上、口書、書判爪印、実印為致候節ハ判事□
一　刑名宣告ハ、判事為読聞候事。

裁判の方式を以下のとおり定める。①最初の吟味は、判事があたる。—②重大事件、困難な事件は、刑部卿、大・少輔が出座する。—③判事以上の者が吟味を進める時は、事件掛解部、史生が立会い白州にてなす。—④取調は、解部が罪状を聴き、史生が調書を作成する。事件の内容により丞があたる。—⑤拷問をするか否かは、判事以上の者が協議して決める。—⑥吟味が終了した場合は、調書に爪印又は実印をとる。—⑦判決の宣告は、判事がする。

獄庭規則は、刑部省の法令で裁判方式を定める一般法である。兵部省所管の裁判方式を定める特別法は制定されていない。したがって、箱館戦争裁判については、一般法である獄庭規則が適用される。

刑事裁判の基本構造は、①最初の吟味は、判事があたる（初席）。—②取調は解部があたる（下糺）。—③吟味が終了したら本人の爪印等を押した調書を作成する（吟味詰）。—判決は判事がなすものである（判決・落着）。この基本構造は、江戸時代の公事方御定書から明治時代の獄庭規則—司法職務定制（明治五年八月三日太政官達無号）に承継されたものである（拙書『開拓使時代の司法』）。

第二章　裁判機関

第一節　概説

明治元年閏四月二一日、政体（太政官布告第三三一号）により軍務官が置かれた。明治二年五月一八日、旧幕府軍は降伏した。同年六月一二日、旧幕府軍降伏人の処置を軍務官の権限とした（沙汰第五二六号）。箱館戦争裁判は、特別の定めなき限り通常裁判所でなされるべきところ、軍務官の権限としたものである。明治二年七月八日軍務官は、兵部省に組織変更がなされた（太政官布告第六二二号）。そこで、箱館戦争裁判の権限は兵部省に移行した。

軍務官・兵部省における裁判機関の体制は、以下のとおりである。なお「糺問司史」（資料編）を参照されたい。

第二節　軍務官

第一、設置・権限

明治元年閏四月二一日、政体が布告され軍務官が置かれた。軍務官には、海軍局・陸軍局、築造司・兵船司・兵器司・馬政司が置かれ、知官事・副知官事・判官事・権判官事が職務を所管した。糺問は、判官事・権判官事が分掌した。

明治元年閏四月二一日　政体（太政官布告第三三一号）

軍務官　管二局四司、海軍局・陸軍局、築造司・兵船司・兵器司・馬政司

知官事　一人

掌総判海陸軍郷兵招募守備軍備

副知官事　一人

判官事　四人

権判官事

明治元年閏四月二一日　軍務官設置の伴い職制・人事が定められた。糺問は、判官事・権判官事の権限とした。

知官事

副知官事

判官事　四人　掌糺判官事

権判官事　掌同判官事

（官令類輯第一号）

明治二年六月八日、「糺問方」として豊永寛一郎・山岡小造が任命された。

明治二年六月一二日、軍務官に対し箱館降伏人の処置が委任された（沙汰第五二六号）。

箱館降伏人御処置之儀、其官へ御委任被仰付候事。

軍　務　官

（国立公文書館デジタルアーカイブ【請求番号】太００２１８１００【開始コマ】０２３０）

第二、所在地

軍務官の所在地は、兵部省と共に説明する。

第三節　兵部省

第一、設置・権限

明治二年七月八日、職員令（太政官布告第六二二号）が布告され、兵部省が設置された。

神祇官　太政官　民部省　大蔵省　兵部省　刑部省　宮内省　外務省　開拓使

兵部省

卿　一人

掌総判海陸軍。郷兵。招募。守衛軍備兵学校等事。

大輔　一人　少輔　一人

大丞　二人　権大丞

少丞　三人　権少丞

大録　権大録　少録　権少録

史生　省掌　使部

司　正（権少丞）　権正　大祐　権大祐　小佑　権少佑　大令史　小令史

明治二年八月一日、糺問司が置かれた（兵部省達第八三七号）。職員令・官位相当表における「司」は、省の一部局・附属機関である。

第二、組織・変更

明治四年七月八日、兵部省職員令（兵部省第五七号）が告示され、兵部省の組織が法令において定められた。関係事項をあげる。

兵部省職員令

卿　一人　本官少将以上
海陸軍、賦・壮兵、海防守備、征討発遣兵学、操練等ノ事ヲ総判ス。

大輔　一人　本官大佐以上

陸軍軍務局

海軍軍務局

海陸軍糺問司

海陸軍ノ罪犯糺覈《かく》（調べる）処決等ノ事ヲ掌ル。

明治四年七月一日兵部省陸軍部内條例書（兵部省第五七号）

兵部省陸軍条例

事務ノ分局

秘史局（第一局）

軍務局（第ニ局）

各局分課

第一局

糺問掛、招魂掛、刑場掛

→糺問司　徒刑掛（明治四年九月太政管布告第一一三号により改正）

第二乃至五局（略）

兵部省職員令は、明治四年七月八日公布され、同日施行された。しかし、糺問司は、翌五年四月九日「其省中糺問司被廃陸軍裁判所被置候事」（太政官布告第六〇号）として、組織変更が遅れた。兵部省糺問司には、箱館戦争裁判が係属しており、その終結を考慮したものである。箱館戦争裁判は、明治五年一月六日所置（判決）がなされ、同年四月九日組織変更された。

第三、兵部省・刑部省

職員令による兵部省と刑部省の機構を比較すると以下のとおりである。

比較表に照らすと兵部省における判事職は「丞」である。

兵部省・刑部省官職概略表

官庁	官位 勅任官 長官	官位 勅任官 次官	官位 奏任官 判官	官位 判任官 主典
兵部省	卿	大輔　少輔	大丞　権大丞　少丞　権少丞	大録　権大録　少録　権少録
司			正	権正　大祐　権大祐　少祐 権少祐　権大令史　権大令史　中令史　権中令史　少令史　権少令史
刑部省	卿	大輔　少輔	大丞　権大丞　少丞　権少丞 大判事　中判事　少判事	大録　権大録　少録　権少録 大解部　中解部　少解部　捕部長

糺問司における官員の配置状況は、「糺問司史」のとおりである。糺問方が置かれたのは明治二年六月、糺問司は明治二年八月設置された。

第四、曽我祐準・増田虎之助・黒川通軌

箱館戦争裁判において糺問長等として指揮にあたったのは、海軍参謀曽我祐準・増田虎之助（明道）である。所置（判決）の糺問正は、黒川通軌である。略歴は、以下のとおりである。

曽我　祐準　曽我祐準《そがすけのり》は、天保一四年一二月二五日柳河藩士・曽我祐興の次男として生まれる。長崎で砲術を学び、さらに航海術を学んだ。明治元年、海軍御用掛に登用され、翌年海軍参謀として箱館戦争に出征し功績をあげた。軍務官に戻り、増田虎之助（明道）と共に旧幕府軍榎本釜次郎等の糺問長を務めた。明治四年一一月太政官正院におい

て赦免の判決が決定され職務を終えた。明治六年陸軍少将に昇進、陸軍士官学校校長をつとめ、西南戦争では、征討第四旅団長となった。明治一五年参謀本部次長、陸軍中将に昇進した。明治二一年、明宮（大正天皇）の教育主任を務めた。明治二四年、宮中顧問官、貴族院議員となった。子爵。

曽我の軍務官・兵部省における法務関係経歴の概要は、明治二年六月権判官事・明治二年九月小丞・明治三年六月権大丞・明治四年六月小丞、明治四年一二月糺問職務を終え配置転換である。

増田　虎之助（明道）　佐賀藩藩士。戊辰戦争において、東征軍大総督府参謀を勤める。明治二年二月二五日、箱館戦争海軍参謀に就任した。新政府軍海軍は、アメリカから購入した最新鋭艦甲鉄を旗艦とし諸藩の軍艦春日・陽春・丁卯をもって艦隊を編成した。海軍参謀。明治二年五月、旧幕府軍は降伏した。明治二年六月、兵部省「権判官事・箱館出張」に任命され箱館戦争裁判を所管。曽我祐準講演では、曽我とともに「糺問長」である。明治二年七月、兵部省に組織が変更したことに伴い、「少丞」（奏任官）に任命され、引き続き同四年一二月まで本件を所管した。

増田の軍務官・兵部省における法務関係経歴の概要は、明治二年六月権判官事・明治二年九月小丞・明治四年六月小丞、明治四年一二月糺問職務を終え配置転換である。

黒川　通軌　天保一四年二月一二日伊予小松藩藩士に生まれる。明治政府に出仕し、兵部省糺問少佑、糺問大佑、糺問権正、糺問正、陸軍裁判所所長、軍馬局長を歴任し、西南戦争では、第四旅団長代理、第二旅団参謀長を務めた。明治一一年、陸軍少将に昇進。明治一八年陸軍中将。名古屋鎮台司令官。東宮部官長兼東宮大夫。男爵。

第四節　糺問司・糺問所

第一、設置・権限

明治元年閏四月二一日軍務官が置かれ、判官事・権判官事が「糺判官事」を所管した。明治二年五月一八日、箱館戦争において榎本等旧幕府軍は降伏した。ここで明治二年六月八日、「糺問方」二名が任命され、続いて同月一二日「箱館降伏人処置ヲ軍務官ニ委任ス」（太政官布告第五二六号）とする措置がとられた。同月三〇日箱館降伏人榎本等七名、続いて七月五日渋澤誠一郎等四名が軍務官糺問所辰之口揚屋《あげや》に収監された。

明治二年七月八日、職員令が公布され軍務官は兵部省に組織変更された。同年八月一日太政官は兵部省に対し「省中糺問司被置候事」指令し、同月兵部省は糺問司を設置した（兵部省達第八三七号）。糺問司は、時系列からすると箱館戦争降伏人に対する糺問が目的である。糺問正は、官位相当表においては七等官で奏任官・少佐格である。

明治四年七月兵部省職員令（太政官布告第五七号）により、海陸軍糺問司が置かれ「海陸軍ノ罪犯糺覈《かく》（調べる）処決等ノ事ヲ掌ル」ものと定められた。明治五年四月九日、糺問司が廃止され陸軍裁判所が置かれた（太政官布告第六〇号）。

軍務官・兵部省糺問司の沿革を、「糺問司史」として詳細を纏めた。「資料編」を参照されたい。

第二、糺問司事務取扱章程

明治四年一二月、糺問司の職務に関し「糺問司事務取扱章程」（兵部省指令）が定められた。

糺問司事務取扱章程

糺問司ヨリ本省へ伺
糺問司事務取扱章程
一　諸掛合往復并軍人関係有之呼出之輩従前、秘史局へ申達シ同局ヨリ掛合或呼出来候処、畢況冗数徒ニ煩雑相成候間、向後諸省府県諸隊共直ニ掛合候様相成度事。但事件重大ニ限リ候分ハ此限ニアラス。
一　罪人處置之儀、従前大小ノ刑共本省ニ伺之上取行聞候処、右ハ當司権少佑以下之官員而已ニテ、長官無之時々取扱振因依シ来リ候ニ付、後来更ニ下士黙等以下卒夫杖以下ノ刑ニシテ、律内正條確當スル者ハ、正決断伺フ不経リ直ニ處置ノ上届書ヲ以テ申出候様致度事。但将校ノ犯罪ハ軽重共…可伺事。
一　（略）
一　罪人出入処置済等、従前其毎度本省へ御届ケ致来候處、頻冗ニ付以来其毎度御届ニ不及、月末処置共一冊子ニ相認メ可差出様致度事。且又右罪人出入處置済等、本貫所轄へ達向直ニ掛合可申事。
右御裁決奉仰候也
指令
　諸省府県掛合之儀ハ従前之通、其他伺出之通可施行候事。
（アジア歴史資料センター【レファレンスコード】A03023237800）

第五節　糺問所・揚屋の状況

第一、概　節

軍務官・兵部省糺問所および糺問所揚屋の所在地、「明治五年東京大火」の状況について記述する。

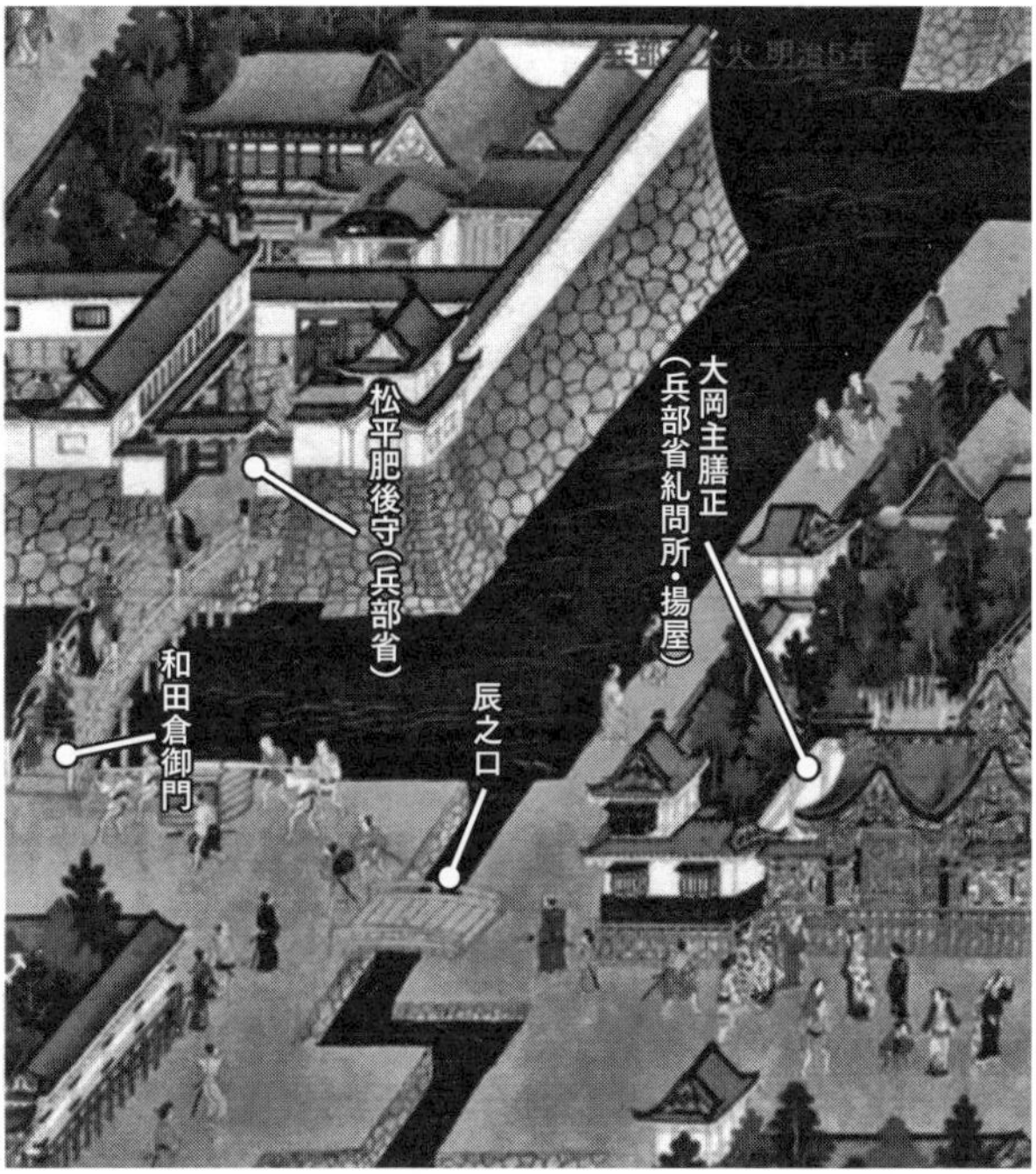

兵部省、兵部省糺問所・揚屋（松平・大岡邸）

軍務官・兵部省および関係機関の設置状況を調査したところ、以下のとおりである。移転理由など詳細調査はしていない。

明治二年一一月　「兵部省桜田彦根邸ヲ仮用ス」（国立公文書館デジタルアーカイブ【請求番号】太００１０７１００【開始コマ】０８７７）

明治二年一一月　「兵部省焼失セシヲ以テ仮ニ常盤橋内武器庫ニ移転ス」（国立公文書館デジタルアーカイブ【請求番号】太００１０７１００【開始コマ】０８７７）

明治二年一二月　「兵部省ヲ鳥取藩邸ニ置ク」（国立公文書館デジタルアーカ

明治四年二月一日　「一橋門内徳島藩邸兵部省ニ交付」（国立公文書館デジタルアーカイブ【請求番号】太00107100【開始コマ】0879）

明治四年二月一日　「一橋門内徳島藩邸兵部省ニ交付」（国立公文書館デジタルアーカイブ【請求番号】太000074100【開始コマ】0403）

明治四年月七日　「元山王田原藩邸ヲ兵部省ニ交付ス」（国立公文書館デジタルアーカイブ【請求番号】太00107100【開始コマ】0881）

調査の起点は、防衛研究所の情報である（アジア歴史資料センター【レファレンスコード】C09080117500／明治元年六月　防衛省防衛研究所　諸願窺届留）。同情報に基づき、「江戸絵図」による調査を進めた。江戸切絵図および明治二年東京全図を総合すると、軍務官・兵部省糾問所および糾問所揚屋は、旧藩邸を利用したものである。

第二、皇居関係絵図

旧藩邸は、皇居に隣接していたので、「皇居関係絵図」は、以下のとおり説明する。

慶応四年（一八六八）、江戸城は明治新政府軍に明け渡され、一〇月一三日に東京城（とうけいじょう）に改称されました。また、一八六九年（明治二年）東京還都により、皇居と称されることになりました。幕末の江戸城は、本丸が文久三年の火災で焼失した後再建されず、維新時に唯一残っていた西の丸の殿舎を仮宮殿とし、西の丸大手門を宮殿の正門としました。紅葉山の霊殿が撤収されたのをはじめとして、明治三年（一八七〇）以降には、城門の取払いが始まりました。また明治五年五月五日未明、皇居女官部屋から出火し、西丸の大半を焼き、江戸以来の重要な建物をほとんど焼失しました。

（国立公文書館デジタルアーカイブ【絵図（明治以降）】【皇居関係絵図】）

第三、江戸絵図を見る

江戸絵図は、「江戸大絵図」、「江戸切絵図」に区分される。「江戸大絵図」は、江戸市中全域およびその周辺を一面で表した地図である。「江戸切絵図」は、江戸大絵図が使いやすいように地域別に分割して作成されたものである。江戸関係絵図は、以下のとおりである。

江戸関係絵図

	絵図・作成時期	屋敷区分		所蔵場所
		松平肥後守屋敷（和田倉門）	大岡主膳正屋敷（辰之口）	
第一図	嘉永二年江戸切絵図（大名小路神田橋内　内桜田之図）	—	—	国立国会図書館
第二図	慶応元年改正江戸切絵図（御曲輪内大名小路絵図）	—	歩兵屯所	東京都立図書館
第三図	明治二年改正江戸切絵図（御曲輪内大名小路絵図）	軍務官	軍務官	東京都立図書館
第四図	明治二年東京全図	兵部省	兵部省糺問所	国際日本文化センター

第一図「嘉永二年江戸切絵図（大名小路神田橋内　内桜田之図）」においては、和田倉門内に「松平肥後守屋敷」、辰之口に「大岡主膳正屋敷」が置かれている。次いで、第二図「慶応元年改正江戸切絵図（御曲輪内大名小路絵図）」によると「大岡主膳正屋敷」は、「歩兵屯所」とされた。旧幕府時代は、大鳥圭介が歩兵頭として活躍していた陸軍歩兵屯所である。次いで、第三図「明治二年改正江戸切絵図（御曲輪内大名小路絵図）」によると「松平肥後守屋敷」・「大

岡主膳正屋敷」は、ともに「軍務官」とされた。第四図「明治二年東京全図」によると「松平肥後守屋敷」は「兵部省」、「大岡主膳正屋敷」は「兵部省糺問所」となった。

江戸城は、長録元年(一四五四)太田道灌により築城され、文録元年(一五九)江戸城拡張のため新たに外堀が作られた。そのため、それまで外堀であったものが内堀となった。これにより、内堀は大手御門―和田倉御門―馬場先御門―日比谷御門ノ堀、外堀は一ツ橋御門―常盤橋御門―呉服橋御門―鍛治橋御門の堀となった。そこで内堀―外堀間に広場ができた。その区画のことを「御曲輪内(おくるわうち)」と言い、和田倉御門から日比谷御門まで一角は藩邸が並んでいたので「大名小路」と呼ばれた。評定所、南・北奉行所が置かれていた。後この地帯は、丸ノ内一帯であって、明治二三年三菱社に払い下げられた。

第二図「御曲輪内大名小路絵図」(慶応元年改正江戸切絵図)(東京都立図書館)

本図によると「大岡主膳正屋敷」は、「歩兵屯所」とされた。

兵部省は、明治五年一月六日榎本釜次郎等に対する判決(所置)を言渡したが、翌二月二六日兵部省添屋敷から出火し「明治五年東京大火」となったものである。兵部省の燃失状況は、本件訴訟記録の燃失にもつながるので、別に検討する。

第四、糺問司・糺問所

第三図には「軍務官」、第四図には「兵部省」・「兵部省糺問所」の表示がなされている。そこで、糺問司・糺問所を

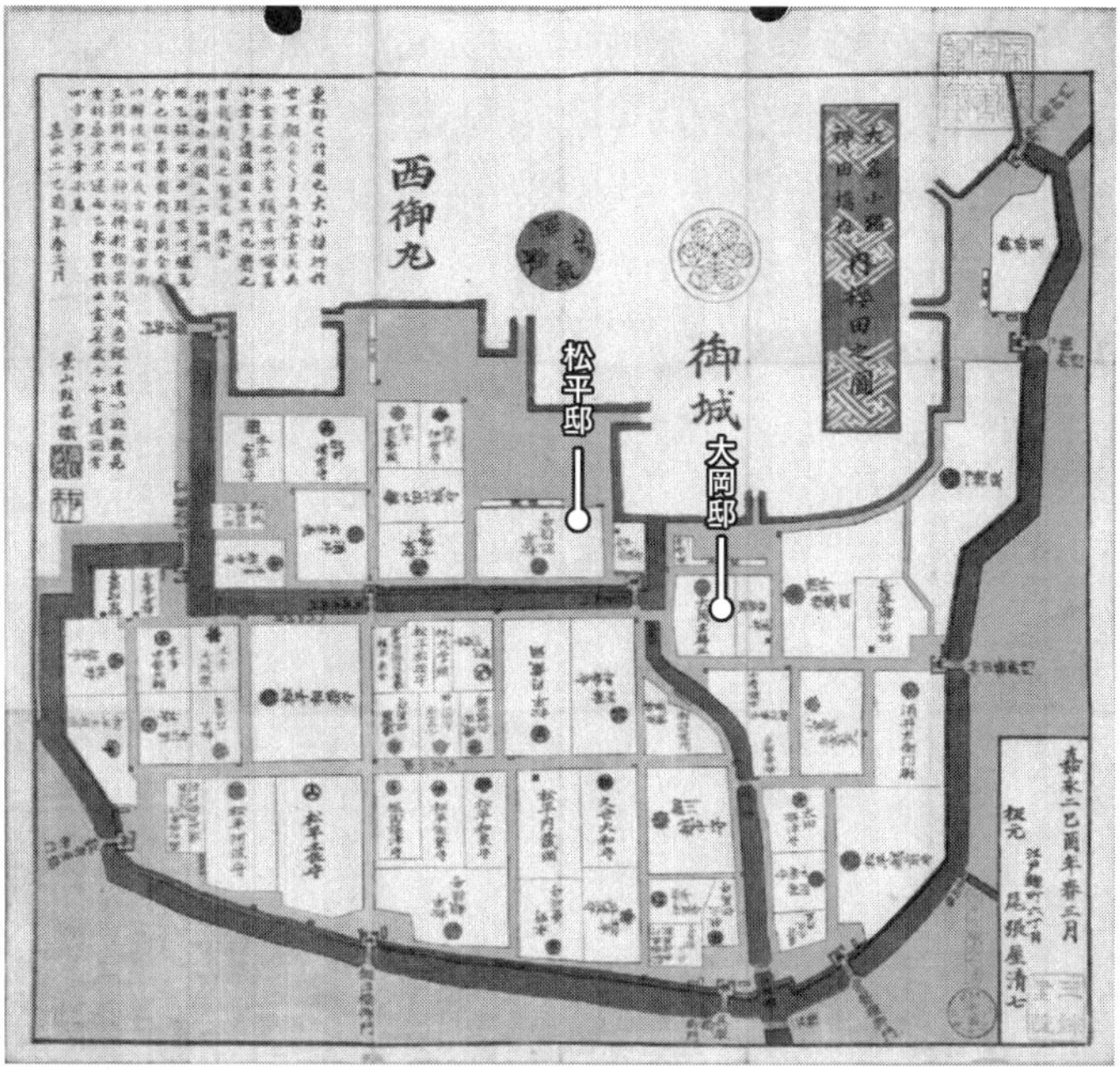

第一図（嘉永二年江戸切絵図）

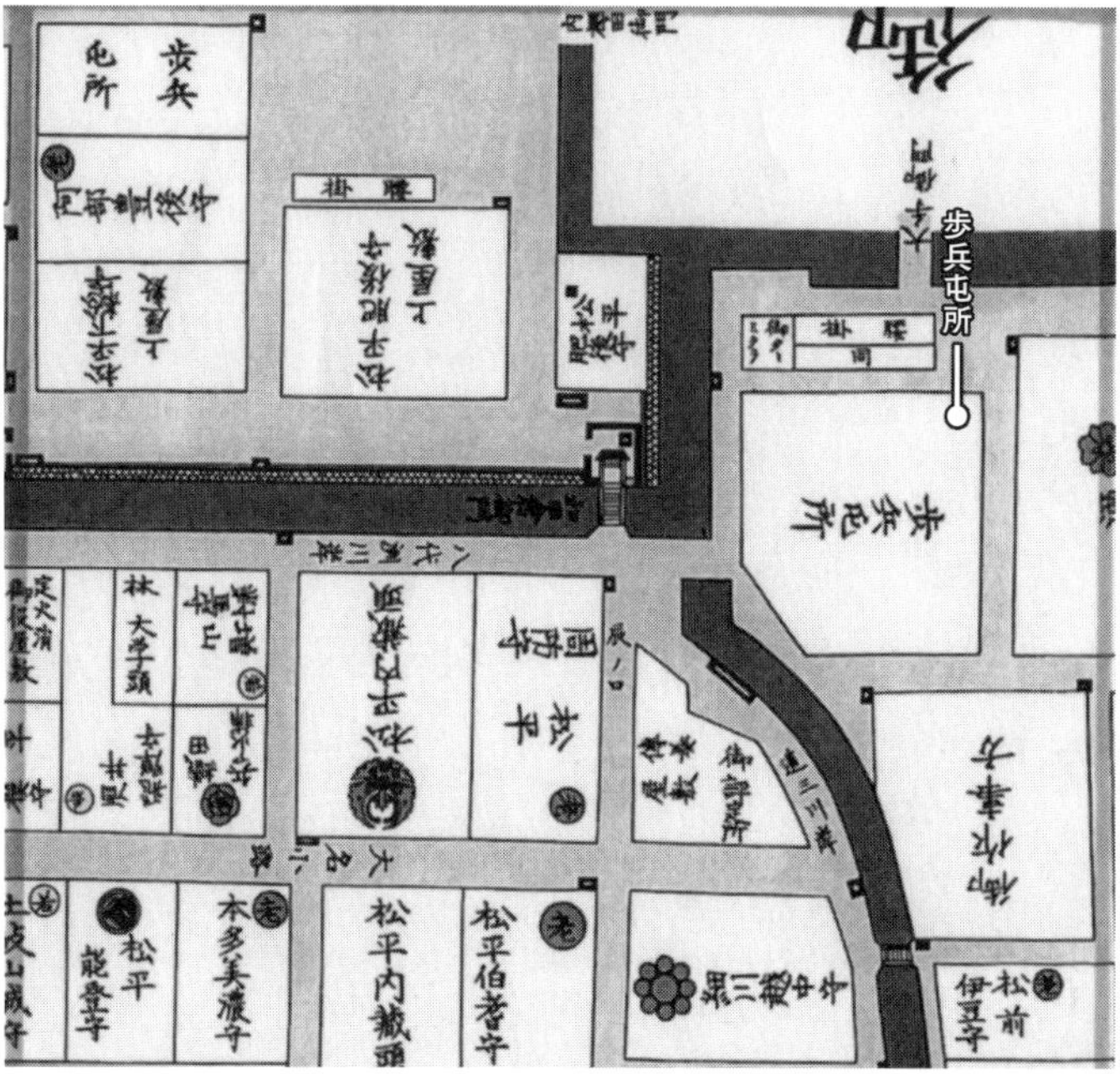

第二図（慶応元年改正江戸切絵図・関係部分拡大図）

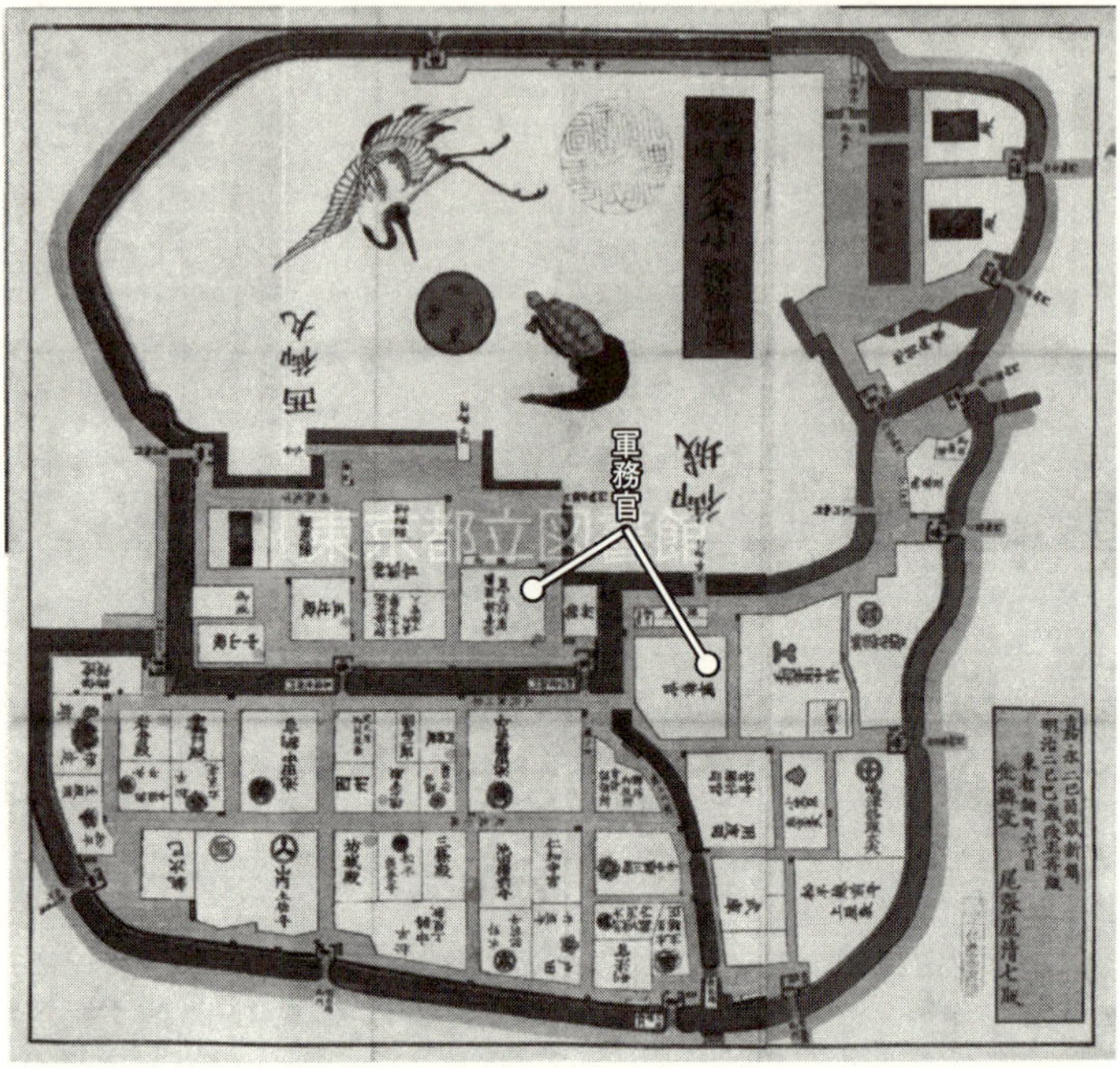

第三図（明治二年改正江戸切絵図）

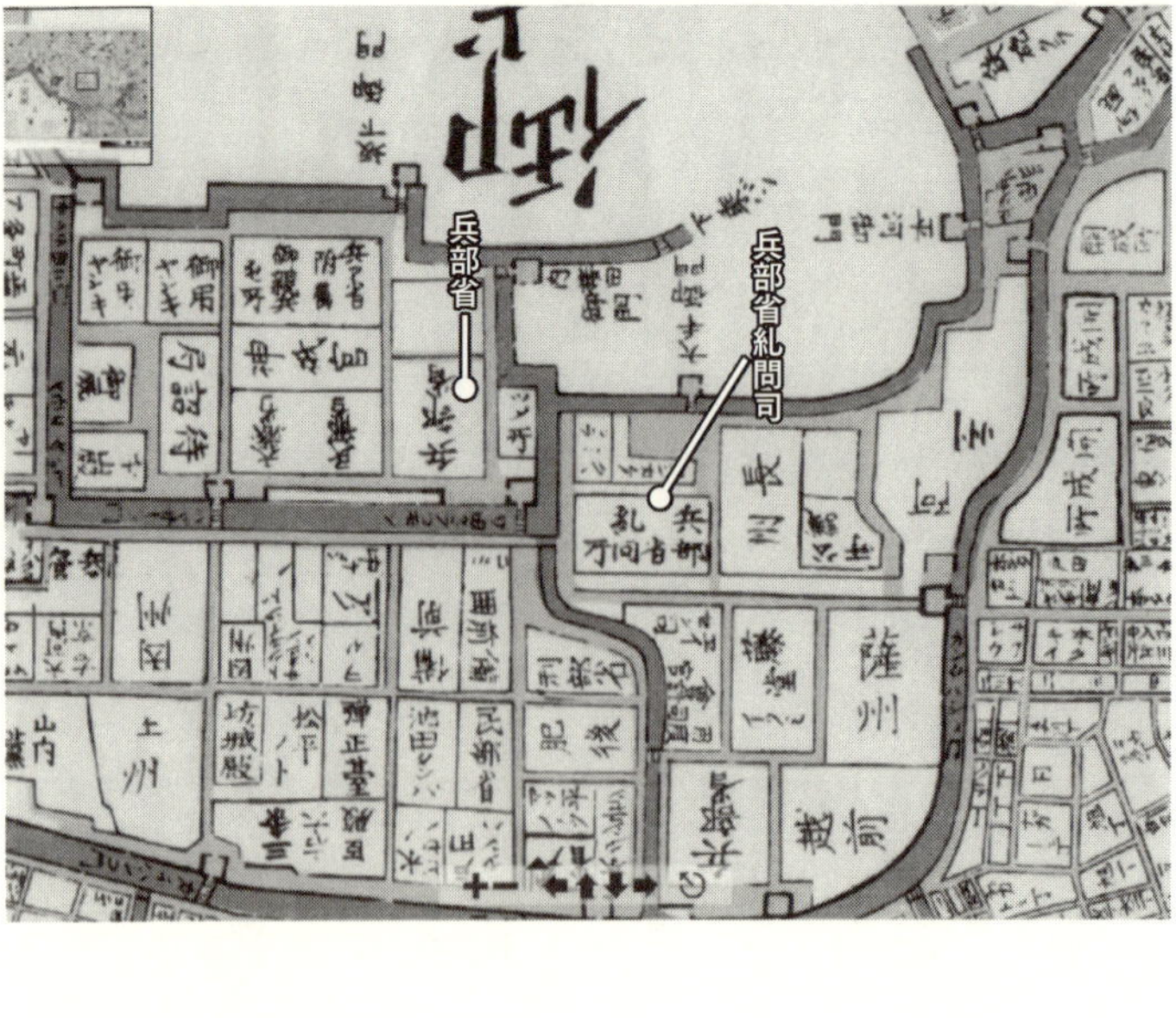

第四図（明治二年東京全図・関係部分拡大図）

中心として使用状況を調査した。軍務官・兵部省糺問所の設置関係は以下のとおりである。

嘉永二年　三月　　　第一図「大名小路神田橋内　内桜田之図」
　　　　　　　　　　→旧幕府幕臣邸宅
慶応元年　—月　—日　第二図「御曲輪内大名小路絵図」
　　　　　　　　　　→旧幕府歩兵屯所
明治元年閏四月二一日　軍務官（政体　太政官布告第三三一号）
明治元年　六月　　　第三図「御曲輪内大名小路絵図」
　　　　　　　　　　→軍務官糺問所（防衛研究所資料）
明治二年　—月　—日　第三図「御曲輪内大名小路絵図」
　　　　　　　　　　→軍務官
明治二年　五月一八日　旧幕府軍降伏
明治二年　六月　八日　糺問方設置（軍務官達）（法規分類大全第五三）
明治二年　六月一二日　降伏人処置ヲ軍務官ニ委任ス（太政官布告第五二六号）
明治二年　七月　八日　兵部省設置（職員令　太政官布告第六二二号）
明治二年　八月　—日　糺問司設置（兵部省達第八三七号）
明治二年初秋　　　　第四図「明治二年東京全図」
　　　　　　　　　　→兵部省・兵部省糺問所
明治五年　一月　六日　糺問所所置

第三、四図における、糺問機関を纏めると以下のとおりである。

	松平肥後守屋敷	大岡主膳正屋敷
第三図	軍務官（糺問部局）	軍務官糺問所・揚屋
第四図	兵部省（糺問部局）	兵部省糺問所・揚屋

第五、糺問所揚屋

糺問所揚屋の所在地は、「辰之口」である。江戸城内堀の余り水を道三堀に落としていた。その落とし口を「竜の口」よんでいたことから、一帯が「辰之口」とよばれた。

池上正太郎・江戸切絵図散歩によれば、

慶応元年の切絵図をひろげて見ると、桜田門を入った右側、坂下門近くに歩兵屯所がある。幕末も押しつまり、時代の様相が切迫して来たことが、この一枚の切絵図にも看てとれる。歩兵屯所は、大手門の前にも設けられている。

（江戸切絵図散歩　一二五頁以下）

榎本釜次郎等は、明治二年五月一八日降伏により箱館において身柄を拘束された。明治二年六月三〇日東京に護送された。勾留された場所は、軍務官・兵部省糺問所揚屋である。この経過について、大島圭介は「南柯紀行」に書いている。

巳夏六月三〇日、朝十字（時）、東京府着。細川侯の兵隊護送して、軍務局糺問所に至り、二字（時）間も門前に待つおり、其後門内へ順を逐て入りし處、白州と思しき所へ小吏共誘連れ、此に榎本始め四人共坐せしに、砂利の上に薄き呉坐（茣蓙）を敷きたる所ゆえ、膝痛み大いに困却せり。正面の高き坐敷に、役人三人ばかり傲然と坐し、糾問中揚屋へ入るべき旨申渡し、獄吏直ちに腰に細縄を附け、案内せる故、之に従い行き、揚屋の戸口に至り、錠を開き内に入れり、…此牢屋は予が一昨年歩兵頭たりし時、歩兵取締の為め建てたものなりしが、何ぞ図らん今は我身を緊迫せしむる獄とならんとは。…此軍務局糺問所は、元徳川氏の時は大手前歩兵屯所と唱うるものにて、荒井並に小生の預かりにて、毎日出勤して陸軍の事を取扱えり。其頃出入れには番兵整列し、捧げ筒（銃）を為せしに今は囚虜の有様にて、見る影もなく焦慮せり。嗚呼人生の栄枯浮沈も甚哉。往時を思い出せば皆一条の夢なり。

（南柯紀行　九八頁以下）

大鳥は、旧幕府軍の幹部である。慶応三年一月、旧幕府の要請によりフランス軍事顧問団が到着した。大鳥は、その伝習に参加し大手前歩兵屯所において陸軍士官となり歩兵指図役頭（慶応三年一〇月）―歩兵頭（慶応四年一月）―連隊長―歩兵奉行（旧幕府陸軍三役）に昇進した。歩兵頭の時、「大手前歩兵屯所」に揚屋が建設された。「大手門／辰之口揚屋」である。「江戸切絵図」によると、大岡主膳正屋敷に大手前歩兵屯所が置かれた。同敷地は、大手門および辰之口に門構えがあり「辰之口牢」ともよばれた。

ここで「牢屋敷」、「揚屋」について、ふれる。

慶長年間、江戸に「牢屋敷」が置かれた。牢屋奉行・石出帯刀の役宅および同心の役宅も敷地内にあった。牢獄は、東牢と西牢にわけられ、さらに身分により収容される牢獄が区分された。「大牢」と「二間牢」は庶民である。そして、庶民をさらに「女性牢」、「無宿者」、「有宿者」、「百姓牢」に区分された。「揚屋」(あげや、あがりや)は、御目見以下の幕臣(御家人)、大名の家臣、僧侶、医師、山伏である。「揚座敷」は、御目見以上の幕臣(旗本)身分の高い僧侶、神主等身分の高い者が収容された。

牢獄は、徳川時代からの制度をそのまま明治政府が承継した。東京の牢獄は、「小伝馬町獄舎」、「浅草品川二病監」、「石川島寄場」が置かれ鎮将府が所管し東京府に移管された。そして、別に軍務官糺問所の揚屋が置かれた(大日本獄制沿革史二八頁以下)。

榎本等が収容されたのは、「辰之口揚屋」である。「牢」ではなく「揚屋」である。辰之口揚屋の設置法令は、確認できない。「辰之口揚屋」は、兵部省所管にかかるものであるが、庶民も収容されていた。当時庶民の犯罪が多く、収監すべき揚屋が不足していたことによるものとみられる。収容人員は、確認できない。明治四年七月九日司法省が設置され(太政官布告第三三六号)、刑事統計表が作成されたのは明治八年からである。

揚屋等は、明治五年八月司法職務定制(太政官達無号)により、「監倉」と「囚獄」となった。すなわち、「犯人ヲ捕縛シ至リ其罪状疑アリテ未ダ其証ヲ得サル者並ニ不時糾問スヘキ者ハ之ヲ監倉ニ留ム糾問シテ実ヲ得レハ重軽ニ随ヒ或ハ之ヲ囚獄ニ送リ…」(第九五條)と定められた。明治五年一一月二七日監獄則(太政官布告第三七八号)が定められ、「監獄」、「未決者ノ監」が置かれた。現行制度では、「監倉」は「拘置所」、「囚獄」は刑務所・少年刑務所である(刑事収容施設及び被収容者等の処遇に関する法律)。

第六、明治五年東京大火

明治五年二月二六日午後三時頃、和田倉門内兵部省添屋敷から出火、火勢は外堀を超え大火となった。「東京日日新聞」の報道は、以下のとおりである。

今日午後三字ゴロ、和田倉門内モト会津屋敷ヨリ出火セシカ、折カラ烈風ニテ大名小路へ飛火イタシ、兵部省ヲハジメ岡山県高知ケンノ邸宅ヲ焼払ヒ、夫ヨリ又々京橋西紺屋町並銀座二丁目へ飛火イタシ、大通リハ銀座一丁目ヨリ尾張町二丁目迄、御堀端通リ数寄屋川岸迄三十軒掘三丁目マデ、新島原南ガワ残ラズ木引町一丁目ヨリ五丁目迄西本願寺地中ノコラズ、築地南飯田町半分ホド残リ跡ノコラズ、ホテル迄焼失致シ、夜一〇字ゴロ漸ク鎮火セリ。

東京の中心地区であり被害も大きかったので大変な騒ぎであった。火元は、麹町の和田倉門内元会津藩邸で兵部省添屋敷であった。兵部省は、焼失を免れ添屋敷にとどまった。しかし、強い風にあおられ火は外堀を越し、京橋区に飛び数時間のうちに築地波止場に至った。類焼町数四一町、罹災者人口一九、八七二人、焼仕死者八人、負傷者六五人である。

出火場所は、「兵部省邸中」であるが、「邸」の具体的使用状況は判らない（アジア歴史資料センター【レファレンスコード C09110617700中秘史局丙第五五七号）。又、出火原因、焼失物（糺問関係書類）も明らかでない。同年一月六日、兵部省糺問所において榎本釜次郎等の判決がなされたばかりであり、又現在裁判関係記録が残っていないので疑念が残るのである。

太政官は、被害者の救済のため官員に対し資金の提供を求めた。文書は、以下のとおりである。

去月廿六日、府下火災之如キ烈風猛火ニテ、延焼数十町ニ及、家屋ヲ失ヒ、俄ニ路頭ニ迷ヒ候者モ不少、誠ニ憐憫之至ニ候。依之窮民救助之為、拙者共始本院官員有志之者ハ施金左之割合通差出候積。尤右施シノ方法ハ大蔵省、東京府打合取設候積ニ有之、右ハ為御心得申入置候也。

壬申三月五日

板垣　参議
大隈　参議
木戸　参議
西郷　参議
岩倉　右大臣
三条　太政大臣

太政官は、兵部省の責任、東京市民の太政官に対す批判、被害の大きさ等にかんがみ、明治政府首脳は官員に対し救済金の拠出を求めた。

第三章　逮捕・勾留

第一節　概　説

明治二年五月一八日、箱館戦争は、旧幕府軍の降伏により終結した。旧幕府軍首脳榎本釜次郎等は、身柄を拘束されて東京に護送され、明治二年六月三〇日軍務官糺問所辰之口揚屋に勾留された。明治五年一月六日所置（判決）がなされ、釈放された。本章においては、逮捕・勾留について論議を深める。逮捕―勾留は、その身柄拘束が糺問司（奉行）の糺問に基づくか否かにより区分した。

第二節　逮捕・東京護送

第一、逮捕

旧幕府軍は新政府軍に対し、明治二年五月一八日降伏した。旧幕府軍首脳榎本釜次郎、松平太郎、荒井郁之助、永井玄蕃、大鳥圭介、松岡磐助、相馬主計は、箱館から東京に護送された。明治二年五月二一日箱館から青森へ汽船で送られ、次いで「唐丸駕籠」で秋田を経て、同年六月三〇日東京に護送された。護送者は、肥後細川藩である。護送され勾留されたのは、軍務官糺問所辰之口揚屋である。

次いで澤太郎左衛門、渋澤誠一郎、佐藤雄之助、仙石丹次郎は、箱館から汽船で護送され、同年七月五日同揚屋に収容された。

相馬主計は、新撰組である。新撰組隊長・陸軍奉行並土方歳三は、明治二年五月一一日戦死した。相馬は、同年五月一五日土方を継いで「相馬義、新撰組隊長心得候様」に任命された。東京に護送された段階で、刑法官に送致され、明治三年一〇月一〇日、別件で「流罪・終身」に処せられ、伊豆七島の新島に送られた。

第二、東京護送

明治二年五月一八日、旧幕府軍は降伏した。旧幕府軍首脳榎本釜次郎外六名は、同日新政府軍により逮捕された。同月二一日から東京護送が開始され、翌六月三〇日軍務官糺問所辰之口揚屋に収容された。

海陸軍参謀の東京護送の指令は、以下のとおりである。

ヤンシー号船ニ而護送スルコト左之通

榎本　釜次郎
松平　太郎
大鳥　圭介
荒井　郁之助
永井　玄蕃
松岡　磐吉
相馬　主計

其方共等今日ヨリ東京へ護送、其間於被地謹慎可奉候。
願裁其事。

五月廿一日　　海陸軍参謀

右七人之者ハ肥後藩一中隊護送ヤンシーニ而青森へ航シ青森ヨリ陸地送之事

（アジア歴史資料センター【レファレンスコード】C11080610900）

本指令は、榎本等に対し護送途上における「謹慎」を命じたものである。護送は、二一日から東京に向け出発した。箱館—青森航路、青森—東京陸路により、翌六月三〇日東京に到着した。

護送者は、陸軍中隊で隊長志水一学、副隊長石寺九兵衛である。総員一五四名（明治二年四月二〇日現在）である。護送途上における、熊本隊の榎本等に対する態度は、以下のとおりである。

隊長より隊士まで皆篤実なる人にて、朝夕心を竭《っ》くし旅情を慰労せられて、却って気の毒に思ふ程なり。是素より朝廷特旨の厚きより出ずると雖、其藩の我等を憐れむの深さより生ずることならんと、七人共に団居する毎に、何を以て之を謝せんと言い合えり。

（南柯紀行　九八頁）

明治二年五月二一日、肥後細川藩に対し榎本等の護送指令がなされた。指令は、箱館—青森は船舶、青森—東京は陸地護送である。

本件の場合は、資料を辿ると以下のような日程となる。

明治二年五月二一日　箱館港発
五月二一日　青森港着
五月二二日　青森発
五月二二日　浪岡着
五月二三日　浪岡発
五月二三日　弘前着
五月二四日　弘前発
六月三〇日　東京辰之口揚屋着

総所要日数は四一日であって、うち弘前からの所要日数は三八日である。弘前藩の参勤交代路に比するとおよそ二倍の日数である。

箱館―東京の経路を纏めると以下のとおりである。

箱館
　―船
青森
浪岡　―本陣平野家

弘前
碇ヶ関
秋田　　―羽州街道
山形
宮城　　―小坂峠（宮城・白石―福島・国見）
桑折　　―奥州街道
東京

弘前―東京は、弘前藩の参勤交路とみられる。

第三、護送方法

肥後藩士は、榎本等に対し温情を込めて護送にあたったことは、大島の記述により明らかである。しかし、榎本等は降伏人であり護送の方式は厳格になされたものと認められる。

会津降伏人の護送報告書が残されている。以下のとおりである。

唐丸駕籠

二年二月一八日

香春藩会津降伏人ヲ東京ニ護送ス

香春藩届

旧会津降伏人　四百十九人

右ハ正月九日…請取申候。就而途中警衛ハ勿論、且暮人員相改泊駅々前後番兵ヲ張、或ハ徹夜巡邏、又ハ忍廻リヲ以厳重護送仕、正月廿ニ日東京へ着任候。…御引渡仕候。此段御届申上候。

（国立公文書館デジタルアーカイブ【請求番号】太００２１７１００【開始コマ】１５４９）

箱館降伏人についても、会津藩降伏人と同様厳格な護送方式がとられたものとみられる。

箱館―青森は船舶であるが、青森―東京は駕籠である。駕籠は、唐丸駕籠（とうまるかご）である。唐丸は、新潟原産のキジ科の鳥で、現在天然記念物に指定されている。その唐丸の飼育用の円筒形の竹駕籠である。江戸時代罪人を護送するため用いられ、上を網で覆っていた。駕籠は小さく囚人にとっては、肉体的に大変な苦痛であった。護送者も護送される者も容易なことではない。

第三節　勾　留

第一、概　説

明治二年六月三〇日、東京軍務官糺問所辰之ロ揚屋に到着した。糺問所は、揚屋勾留措置をとった。勾留手続は厳格である。

揚屋は、丸太造りの狭くて暗いものである。勾留は、明治五年一月六日所置（判決）までである。

第二、糺問司入牢人ノ取扱方ヲ定ム

兵部省は、糺問司に対し入牢者についての罰文・謹慎・被免の草案提出を指示した。

糺問司入牢人ノ取扱方ヲ定ム（明治二年一〇月二〇日兵部省達第一〇二九号）

一　自今糺問司面謁所相設候間、宮華族諸官人諸藩重役等御用有之節ハ、司ヨリ直ニ呼出シ、御用向可相達、尤事柄ニ依リ白州ヘ召出可申儀モ可有之事。

諸罪人吟味済口書詰印ノ上ハ、凡罰ノ見込ヲ付…記シ、罰文ノ草案雛形之通相認、口書ニ相添本省ヘ可差出事。

雛形之概略

何誰

其方儀何々

不埒ニ付不届ニ付何々申付候事

一　謹慎等申渡之儀ハ、糺問司ヨリ申付、被免等之節モ同様之事

（国立文書館デジタルアーカイブ【請求番号】太00113100【開始コマ】0605）

判決書様式は、一般法と同じく江戸時代を承継するものである。

第三、辰之口揚屋の状況

榎本等は、辰之口揚屋に勾留された。揚屋の状況について説明する。再び大鳥圭介書を引用する。

揚屋は、幾局にも分ち、多く人数群居せり、我等は最奥なる一番室に入りたり、…室内に入り見れば、四方は四ツ谷丸太の二重格子を以て之を囲い、六畳なれども、囲の内に圊《かわや》と流し箱とあれば、畳は四畳半なり、此内に七名納れられたり。

七月四日四人入替あり、因て榎本は一番、永井は二番へ行き、松岡は三番に移り、余は四番に転じ、相馬は五番に入り、荒井は六番に趣き、松平は七番に還りたり。此六番と七番は、我等の東京へ着の頃、新規に出来たものにして、是も二重格子にて窓小にして、室内甚暗く、両人共大に困却の体なり。

此牢の建方は、五局に分ちて、一番は我等の所領となること前記の如し、二番は一番と同じ、三番は格子一重なる故に、一番よりも明るくして、畳も一三畳なり、四番、五番も三番と同断にして、南北格子にて、東西は隔板あり、隔板の間、空隙ある故、談話は勿論小さな物品は、互いに相通ずることを得たり。

此牢は予が一昨年歩兵頭たりし時、歩兵取締の為め建てたるものなりしが、何ぞ図らん今は我が身を緊迫せしむる獄とならんとは、己より出ずるものは、己に反るの理なるかと一笑を催せり。

（南柯紀行　九八、一〇一頁以下）

（註）四ツ谷丸太　江戸の四谷は、杉の名産地で、「四谷丸太」と呼ばれた。

明治一一年八月一五日付「監獄設置之儀上申御上申按」によると、「東京警視監獄」では、「其従前ニアッテハ獄房八百八十三坪ニ已決囚二千人以下ニ止リシ」が、「囚徒増加現三千六百九十余人ニ止リ一畳ノ居合二人幾分ツヽ」との状態である。

第四、辰之口揚屋の牢生活・牢名主

榎本釜次郎は、書簡にて牢内の状況を書いている。

小生始め一同下獄後匹夫下郎の徒穿窬《せんゆ》悪党の輩と比肩雑居致し居り候へども、貴賤名分の犯すべからざるに哉、将天人向背の争ふべからざる故か、此輩に至る迄同然服徒朝夕の末事に至る迄、皆我輩の指揮を奉する事猿の狙公に使るゝ如きに付、我輩は袖手坐含儼乎として一国一州の城主の如く、俚歌に云ぅ牢ジャ無名の旗頭とは正に我輩の謂うに似たり

（明治三年一〇月一六日　釜次郎→友人諸氏　憲政資料二―一五　書簡集四五頁）

本書簡によれば、揚屋の実態は「徒穿窬《せんゆ》悪党の輩と比肩雑居」であり世間の悪党と雑居房である。さらに榎本は、房内においては「一国一州の城主」であって牢名主である。

前章のとおり、旧幕府時代から江戸には有名な「小伝馬町牢屋敷」が置かれていた。「揚屋」は、御目見以下の幕臣（御家人）、大名の家臣、僧侶、医師、山伏が収監された。しかし辰之口揚屋は、兵部省糺問司揚屋であり同省所管軍人等の収監場所である。榎本は、同所に世間の悪党と一緒に収監されたものである。維新期にあって東京は、社会的混乱のため犯罪が多く小伝馬町牢屋敷だけでは足りなかったものであろう。

揚屋は、罪人を収容するものであるから牢内の事態は、極めて厳しいものがあった。一例をあげる。

江戸の牢屋敷は、天正一八年八月…常盤橋外へ建てられ、慶長一一年江戸城修復の時に、小伝馬町に移され、明治八年にいたるまでそこにあった。…天正慶長の関八州は、敗残の諸城兵の失業のため今や馬賊…のようなもので、遠慮なく何処へでも暴れ出す。それを当時の言葉では「いたづら者」といった。かうした飛んでもない者共を捕投へて入する牢屋であから、今日の刑務所とは違うのみならず、牢屋預も現在のような典獄のようなものでなかった。…慶長一七年の六月に捕へられ、翌月終就刑した、…歌舞伎役者の棟梁大鳥逸平次が、在獄の間に牢内の極りを附けた。彼は牢の板目にある穴から、一日一合の食事を握飯にして、朝夕五勺づつ二度五器へ入れて投げ込む。それを在囚が争奪する。強い奴は二人前も取って食ふか、弱い奴は幾日も有つけない。牢内は丸で餓鬼道のようだ。…我は牢内の主になって在囚を救はうと、一同を呼びし静め、大音をあげて「…今また眼前に面々の苦しみを見過ごしかねて、ここに牢内の法度を立てよう」といった。一同大いに喜んで、…畳三畳積みあげた上へ逸平次を招じた。これが牢内の名主座の起源である。その上から逸平次は第一に、居住まひを悪くしたり、高声で雑談するのを禁じ、…喧嘩口論は…非ある者は食事を止め、便所の側におくことにするといった。総べての捌きを名主がすることも、牢内の自刑のことも、是で定まった。新入者、病人などの扱ひから、食事の極み、詰めの始末、隠居座、上座、牢人屋等名主の諮問協議の機関も、逸平次の相違から段々成熟したのだと聞く。

（江戸の実話　二一九頁以下）

監獄・揚屋において牢内管理は、きわめて困難な業務である。旧幕府は、牢名主制度をとり、明治においても引き継いだ。牢名主は、「各牢一房毎に罪囚の中才幹且嘱望のある者を官撰して房内の取締並に病者其外囚人手當等に當らしむる」ものである。牢内管理を「一種の囚人自治制にして名主に適材を挙げ之が監督取締を過たざらんか、牢内の秩序を維持し殊に逃亡自殺等の事故を防止する上に最有効なる取締方法たるべきである」(日本近世行刑史稿上　二〇二頁以下)。榎本は、その牢名主となった。

福沢諭吉は、榎本の妹婿江連加賀守(旧幕時代　外国奉行)から榎本の牢生活について調査を依頼され、調査の結果を以下のとおり知らせている。

八月十一日の尊書、途中の行違にも有之今日相達し、忙手紙拝見仕候。…陳は榎本君の一条に付云々被仰越拝承仕候。…糺問所中も随分苦しからざるに非らざるよし、併し此方より内々さし送候ものは無相違相達し本人の手に入り候趣、場所も狭く一時は畳一枚に貳人に当てと申事も有之、一郎杯御免の後は如何相成候哉、何分にも窮屈と申事に御座候。…私義は竊に其者え面会いたし、此面々よりも同様の話しを承り候。其模様大略左の如し。

一　糺問所と申す所は辰の口に御座候。

(絵図略　和田倉門)

一　糺問所の長屋一棟五区に分ち、此内に榎本、大鳥、荒井、古川、小笠原、其外脱走連中幽閉。
一　食事は御賄、朝はしる、昼はなまりぶし位、一寸さいあり、夕は香の物斗り、飯は沢山。
一　小使と申者有之、此者へ託すれば好みの品買入候義出来、定価よりあまり高からず、好き風俗なり。
一　幽閉中誠に退屈にて困り候よしに付、先日私より内々ひざくり毛の書を一部さし遣し申候處、牢内一同にて繰返し読み候よし。
一　金子も届候よし、昨日始て承知仕候に付、明日はまめいり杯相調、金子少しさし添遣候積り罷在候。

右条々にて情実御察し可被下、将又此罪人を殺す殺さぬの義に付ては千緒万端に議論有之、一時は余程六カ敷よしの処、近日は持直しナンダカヨサソウダと申し、両三日の噂にては大丈夫と申す事に御座候。専ら薩藩にて力を尽し候義弥相違も無之様御座候。内実は私も其薩藩有力者の人え面会仕候義御座候。必ず御気遣は有之間敷奉存候。……

一　榎本君其外の面々えは近日有志の仁は申合せ何か贈物いたし候よし承及候。御不自由は固より中迄も無之候得共、御兄弟共生命に別条無之、其中何とか御処置有之事と奉存候。尚承及候はば可申上候。

右は早々亂筆御推覧被成下度、乍憚榎本御母堂様えも可然御傳聲被成下候様奉願候。……脱走する位の胆力を具へたる者幾人ある哉、勝敗を以て人物を評するなかれ。

九月二日　福　沢　諭　吉

江　連　様

待史

本書認候内或人来報す、脱走の面々は生涯禁錮と可相定よし、但し未だ被仰渡は無之候。始めは先づ此辺の御沙汰にも可有之。以上。諭吉又曰

（福沢諭吉傳　第一巻　七〇一頁以下）

福沢の書簡は、明治二年とみられるが、牢内の状況をよく整理している。

続いて大鳥圭介の揚屋における牢生活についてみると以下のとおりである。

牢中の人員、折々出入ありて増減すれども、大抵一三畳に二四、五人位なり。残暑の節、一畳に二人ずつ、並

び寝するは随分難渋なり。牢中圊一ヶ所にて、甚だ小なり、…折々大小便を以て汚し、孰《だれ》某孰《だれ》某なりと、争論を起こし掃洗に大に困れり。

日々三度の食にそう菜なく、困却せしにより、折々小使に頼み、生姜、ヤタラ味噌、煮染杯を求めて、隣友にも配分せり。去午右の品も価貴く、獄中の習いとは言えながら、随分甚しきものなり。

沐浴は大抵十日目、或は一四、五日目にて、…身体の汚穢を除くに術なく、因て飯時の残湯を取り、順を逐て一日に四、五人ずつ、流し箱の内にて行水を遣えり。

（南柯紀行　一〇二頁以下）

明治三年、刑部省囚獄司は、牢中における食事を以下のとおり定めた。辰之口揚屋も同制度とみられる。

第三篇　第二巻

遇侍未決ノ罪囚

明治三年囚獄司ニ於テ禁囚ニ給スル衣食ノ製ヲ定ム左ノ如シ

　夏時ハ単衣

　冬時ハ綿袍

罪囚ノ貧困ナル者ニ之ヲ貸ス…

　右貸与ノ服ハ徒刑人ヲシテ洗濯セシム

飯…

朝ハ鼓《し》汁　　夕ハ羹

鹽菜

右揚屋ノ差別ナク罪囚一人ニ付キ豉《し》量二〇匁醤油二勺八才…米ヲ給スル五等二分ツ

男囚ノ間頭一人ニ付キ一日ノ飯料　白米五合四勺

男囚　白米四合五勺

女囚ノ間頭　白米三合六勺

女囚　白米二合七勺

（大日本獄制沿革史　四二頁以下）

監獄・揚屋の定めは厳しい。しかし、辰之口揚屋における糺問所の榎本等に対する態度は、特別に配慮された。

第四章　榎本・大鳥　糺　問

第一節　概　説

本件は、箱館戦争の刑事責任を追及するものである。したがって、箱館戦争の要因（犯罪の動機）、戦争の実態（犯罪事実）、戦争による戦死者等被害状況（犯罪による被害の程度）、そして戦争がわが国に及ぼした影響等（情状）が明らかにされなければならない。しかしながら、箱館戦争における旧幕府軍降伏人は、三、一三〇名の多数であり、その中から首脳榎本釜次郎等一〇名を犯罪人として糺問するものである。

明治二年五月一八日、箱館戦争において旧幕府軍が降伏した。明治二年六月一二日、「降伏人処置ヲ軍務官ニ委任ス」（太政官布告第五二六号）が布告された。同月海軍参謀・増田虎之助、同・曽我祐準は、軍務官「権判官事」に任命され、「掌糺判官事」を所管した。ここに、増田・曽我権判官事は、箱館戦争裁判を所管し「糺問長」と呼ばれた。

明治二年七月八日、職員令（太政官布告第六二二号）が布告された。続いて同年八月一日兵部省の附属機関として糺問司が設置された（兵部省第八三七号）。したがって、榎本等の捜査・裁判は糺問司（附属機関）が所管することとなった。糺問司は、兵部省の附属機関であるから、兵部省の指揮・監督のもとにおかれた。明治二年九月、曽我祐準・増田虎之助は兵部省「少丞」に任命され、軍務官に引き続き兵部省において箱館戦争裁判を所管した。

明治四年六月、曽我祐準・増田虎之助は「少丞」に再任された。同年一二月、箱館戦争裁判「所置文書」として「犯罪事実認定書」が作成された。増田・曽我の糺問職が終った。明治四年一二月、黒川道軌が糺問「正」に就任した。

箱館戦争裁判のためには戦争に精通し、かつ指揮能力が高い指揮者が必要である。そこで、新政府は海軍参謀増田虎之助・曽我祐準を軍務官「権判官事」とし、次いで兵部省において、引き続き「少丞」として箱館戦争裁判を所管させた。すなわち、軍参謀を本件糺問の指揮者としたものであって誠に適正である。曽我は、講演で自らを「糺問長」という。

第二節　榎本糺問

榎本に対する糺問の状況を検討する。糺問は三回である。

第一、明治二年一一月（弾正台）

榎本釜次郎等の糺問は、明治二年七月一〇日頃にはじまり、遅くとも明治二年一一月一五日までに「吟味詰り之口書」が作成された。弾正台は、明治二年一一月一五日辨官に対し「榎本釜次郎等」口書の一覧請求をなした。これに対し辨官は同日承諾した。この経過に照らすと、榎本等の「吟味詰り之口書」は、明治二年一一月一五日現在作成されていたことが明らかである。

明治二年一一月一五日まで「吟味詰り之口書」が作成されたことは、以下の事実とも照合する。①本件について榎本等は、事実関係を争っていない。②榎本等は、明治二年六月三〇日に勾留され明治二年一一月一五日まで四ヵ月半が経過しており、経験則上、口書の作成は可能である。③大鳥は、糺問は揚屋入りして一〇日を経過した頃から始まったと説明している。箱館から東京まで約一ヵ月半、箱館―青森は船舶、青森―秋田―東京は唐丸駕籠で運搬された。

榎本等にはひどい疲れが残った。一〇日をおいて糺問が始まったのは榎本等の疲れを考慮したものである。これは、経験則に照らしても妥当なことである。さらに④勾留中の榎本から姉に対し初めての書簡が送られたのは、明治二年一一月六日付である。すなわち、一〇月末までに「吟味詰り之口書」の作成が終わり、親・兄弟・親戚に書簡を送ることが許されたものと判断される。

榎本の「吟味詰り之口書」は、明治二年一一月一五日すでに作成されていた。榎本書簡では、続いて明治三年一〇月一六日および明治三年一二月二四日榎本に対する糺問がなされた。

第二、明治三年一〇月（榎本書簡No.11）

糺問期日

　明治三年一〇月一六日

糺問官

　権大丞　　曽　我　祐　準

　少丞　　増　田　虎之助

→明治二年八月糺問司が置かれ、翌九月権大祐吉岡良邦が糺問司に配属された。曽我祐準、増田虎之助は兵部省少丞の職にあり糺問長として糺問にあたったものである。

糺問事項

①仏国士官が旧幕府軍に参加した理由。②脱走に対する徳川家の関与。③ガルトネルに対し箱館土地を貸した理由。

榎本の供述

①仏国士官の参加はその意思によるもので仏国政府は関係していない。士官は、奥州諸藩にも雇われていた。②脱走は、榎本等の意思によるもので徳川家の意思によるものではない。③ガルトネルに土地を貸したのは、蝦夷地の開拓を進めるためである。

第三、明治三年一二月（榎本書簡No.23）

糺問期日
明治三年一二月二四日
糺問官
首席糺問司　黒川通軌
糺問司役職者　列座
↓黒川が糺問正に就任したのは、明治四年一二月である。
糺問事項・供述
榎本は、前日二三日箱館戦争についての始末書の提出を指示され、同日提出した。翌日「始末書」に基づき糺問された。

始末書の内容は、旧幕府軍脱走から降伏までの経過である。始末書の作成は、明治三年一二月二三日指示され同日提出した。したがって始末書の内容は、極めて簡明なもので、以下のとおりと推定される。

始末書

元徳川慶喜家来　総裁　榎本　釜次郎

箱館戦争ニ関シ品川沖脱走ヨリ降伏迄之経過、明治二年十一月一日付吟味詰り之口書記載之通相違無御座候。

明治三年十二月二十三日

榎本　釜次郎（署名）

そして翌日二四日白州において糺問が開かれ、首席糺問司黒川通軌が出席し糺問司役職者が列座した。そこで、黒川首席糺問司から、「昨日提出した始末書の記載内容は相違ないか。」と問われ、榎本は、「相違ありません。」と答え閉廷した。すなわち、本糺問の内容は、明治二年一一月一五日まで作成された「吟味詰り之口書」の内容を確認したものである。

ここでの疑問は、なぜこのような「吟味詰り之口書」が作成されたのにすぐ「所置」がなされなかったかである。これは、恩赦事由となった、「明治天皇即位大嘗祭」と関連する。別に論じる。

第三節　大鳥糺問

大鳥圭介に対する糺問は、明治二年七月一〇日頃からはじめられた。何回に亘るか確認できない。

大鳥圭介は、糺問につき、以下のとおり説明する。

入牢後、凡十日も立ちて、榎本始め呼出され糺問あり、予が糺問されし時は、白州の上に薄き呉坐を敷き、縄取の者附添居り、椽側には小吏二人坐し、其次横向きに一人坐し、筆記の事を司れり、正面には小栗、月岡両人相並び、恰も阿古屋の琴責の景を画出せり。

小栗先ず最初に、牢中の苦辛を慰労し、次に兼ねて翻訳せし書類中にて、某々の書ありや否や聞けり、予答て曰く、去年混乱脱走中、家屋も其儘筆墨書籍杯も捨て置きたれば、今は種々の草稿類も多分紛失せしならん。第三佛人（ブリュ子）を仙台に伴い来しは、如何なる人の周旋なるや、又佛帝より命を受て来たりしや杯と詰問せり、答曰同人は海軍の者と同行して仙台に到りしならむ、予は作春より会津にありたれば、その原因は更に知らずと、其他種々の事を申立て、改めて曰く何卒予等を誅し、自余の脱走人を恩典に處し給わんことを願うのみと言うて、其日終れり。

榎本、松平、糺問の時の箇条も大体同様なりとぞ、但右両人の時は参謀増田虎之助来たりて糺問せる由。

（南柯紀行　一〇〇頁以下）
（幕末実戦記　一六九頁以下）

大鳥等が糺問所揚屋に勾留されたのは、同年六月三〇日であり、その約一〇日後に初めて糺問がなされたものである。しかし、大鳥の糺問が何回なされたか明確でなく、又糺問者は、小栗義宣・月岡範守とするが、両名が権小佑として糺問司配属になったのは、明治三年六月である。

第四節　「吟味詰り之口書」

第一、概　説

旧幕府・明治前期における刑事裁判において最も重要な糺問手続きは、「吟味詰り之口書」の作成である。本書の作成により、犯罪事実は確定し、糺問正は法令を適用し判決を言渡すものである。

そこで、本書を著作するにあたりはじめに調査したのは、榎本釜次郎、大鳥圭介等の裁判記録・「吟味詰り之口書」・判決書である。しかし、判決書は見つけ出すことができたが裁判記録・「吟味詰り之口書」を見つけ出す事は出来なかった。「犯罪事実認定書」には、「服罪之顛末御糺問ニ御座候」と記載されており、「吟味詰り之口書」に基づき作成されたものである。

そこで、「吟味詰り之口書」について「平松義郎・近世刑事訴訟法の研究」を中心として論述し、次いで、榎本・大鳥等「吟味詰り之口書」の調査過程について記述する。

第二、「吟味詰り之口書」

旧幕府法上、有罪判決をなすには、原則として「吟味詰り之口書」が必要であった。「口書」とは、一般に被糺問者の供述録取書をいうのであるが、武士およびこれに準じる特別身分の者の場合は「口上書」と呼び、書式に若干の違いがある。吟味では、事件関係者の供述を録取し、証拠を収集し、これにより有罪と目すべき者については「吟味詰り之口書」を作成する。「吟味詰り」「吟味詰め」とは、吟味の終了を意味する。したがって、「吟味詰り之口書」は、吟味終結のための供述録取書である。犯罪事実は、この「吟味詰り之口書」により確定する。「吟味詰り之口書」

の特色は、「結文言」で末尾を結ぶことである。たとえば、「不埒之旨御吟味受可申立様無御座候」、「不届之旨御吟味受無申被奉誤入候」と書かれたが、これは、自己の刑事責任を異議なく承認するためである。刑の重さにより記載内容は異なる。記載内容は、供述者の肩書・氏名・年齢に始まって、物語又は問答体で罪状を供述形式にするものである。口書末尾には、「吟味済之上口述書判爪印実印」（獄庭規則）・「罪人吟味済口書詰印」（糺問司入牢人ノ取扱方ヲ定ム）が必要である。「吟味詰り之口書」は、自己の犯罪事実を認める証書である。

旧幕府評定所留役御目付・奈良奉行小俣景徳氏は、爪印につき以下のとおり説明している。

奉行が最初に吟味してそれが判決すると是非口書を取る。「私は、この間から人を殺して誠に恐れ入ります。」という口書を取って、無籍なら拇印、印形のある者は印を捺す。又武士はたいがい花押であります。もっとも軽輩は、やはり印形がありますが、牢舎している者は印形がありませぬから花押であります。平民、無宿は、拇印であります。

（旧事諮問録　上　一〇七頁）

これにより犯罪事実が確定する。そこで、この事実に法令を適用し、判決（主文）を言渡すものである。すなわち、自白がなければ有罪判決はできない。判決にあたっては、「罪となるべき事実」は「吟味詰り之口書」により確定するので、「主文」だけの言渡で足りるものである。

箱館戦争に関し榎本等の口書二通を確認することができた。しかし、「吟味詰り之口書」を探したが見つけ出すことはできなかった。そこで参考資料として、旧会津降伏人の口書を抄記した。

旧会津降伏脱走人
渡　辺　善　吉　事
善　吉
午二十九歳

口　書

私儀越後国…百姓…倅ニ御座候処、去辰年戦争ノ節旧会津家家来…附属致シ、戦争ニ罷出、同九月開城ニ相成候ニ付、塩川村ニ謹慎罷有候処、同十二月中同所脱走…若松表ヘ罷越シ、黒森村ニテ金子十八両…、西川村ニテ金子拾両…、浜崎村ニテ金子拾両盗取…、重々奉恐入候。其外悪事等可有之段厳重御糺問ニ候ヘ共、此外毛頭覚無御坐、右聊相違不申上候。　以上

庚午九月

右　善　吉　爪印

（国立公文書館デジタルアーカイブ【請求番号】公００３４７１００【開始コマ】０６０２）

本口書によれば、①経歴、②犯罪の動機、③具体的犯罪内容、④犯罪行為に対する謝罪、⑤厳重な糺問に異議はない旨供述している。そして文章の展開に照らすと、犯罪者に対する数回にわたる取調の結果を最終的にまとめ「犯罪事実認定書」の形式におさめたものである。

明治七年三月二日、司法省から各裁判所・県に対し「裁判上口書ノ事」（第四号）が布達された。

裁判上口書ノ事

口書ノ儀ハ、元来本人ノ申シ口ニ随ヒ、其真ヲ不失様相認、○詞俚言モ、其ノ儘ニ記載ス可キハ、当然ニ候處、此ノ程口書中、往々勉テ漢語ヲ雑用シ、本人へ読ミ聞セ候テモ、解シ得間敷キ事トモ有之、萬一ソレカ為メ、誤判ヲ生シ候儀モ候テハ、不相済候條、自今犯罪ノ顛末ヲ無遺漏記載シ、無益ノ文飾ニ不渉様可致、此ノ旨為心得相達候事。

（聴訟指令　第二編第一巻　第五二）

本裁判から二年を経過している布達であるが、糺問における基本的課題でありここにあげた。すなわち口書は、犯罪事実を確定するものであるから、その誤りは判決の誤りとなる。したがってその記載内容は、正確でなければならない。「漢語ノ雑用」、「無益の文飾」等あってはならないというものである。

第三、榎本等口書の存在調査

榎本釜次郎等「吟味詰り之口書」が存在する根拠は、復古記の「榎本釜次郎外五名口書」および維新史料綱要の「榎本武揚等口述書」の記載である。

○**榎本釜次郎外**五名口書ニ云、榎本釜次郎、松平太郎、荒井郁之助、大鳥圭介、永井玄蕃、六月弐九日陸行、東京着、即日當御司軍務官鞫獄司ヲ指ス監倉入被　仰付候。

（復古記第十四冊　復古外記蝦夷戦記第十　七三四頁）

○榎本釜次郎外五名口書ニ云、澤太郎左衛門、六月十二日箱館表ヘ罷越、同月二十八日出帆、七月四日品川着船、翌五日當御司軍務官鞫獄司監倉入被仰付候。渋澤誠一郎儀ハ、湯ノ川ト申處ヘ出張致シ居、六月十八日伏罪仕、澤太郎左衛門同船ニテ京着、當御司ニ於テ、同様被　仰付候。

（復古記第十四冊　復古外記蝦夷戦記第十　七三六頁）

「榎本釜次郎外五名口書」とあるが、榎本釜次郎を含め松平太郎、荒井郁之助、大鳥圭介、永井玄蕃の五名と思われる。「監倉」は、司法職務定制（明治五年八月太政官達）により揚屋の名称が変更された。「軍務官鞫獄司」とあるが、鞫獄司は政体（明治元年閏四月太政官布告）により「刑法官」のもとにおかれた。

明治元年

十月二十日　旧幕府海軍副総裁榎本釜次郎等、蝦夷地鷲木ニ入リ、兵ヲ分テ五稜郭及箱館ニ向フ。箱館府知事清水谷公考、府兵及弘前松前二藩ヲ出シテ之ヲ拒グ。会津奥羽鎮撫総督府、福山大野二藩ヲシテ来援ケシム。公考、乃チ其兵ヲ分テ弁天岬・尻澤邊・谷地頭等諸處ヲ警守セシム。

榎本武揚等口書　幕末実戦史　北蝦戦記　箱館海陸戦日記　太政官日誌　清水谷伯爵家文書等

（維新史料綱要巻九　五五六頁以下）

これにより、榎本等の「吟味詰り之口書」の作成が明確である。

そこで、「犯罪事実認定書」の「吟味詰り之口書」について調査を進めた。その作成経過は、次のとおりである。

明治二年六月三〇日　榎本等辰之口揚屋勾留
明治二年　七月一〇日　榎本等糺問開始
明治二年一一月一五日　弾正台、太政官に対し榎本「吟味詰り之口書」一覧請求
→「吟味詰り之口書」作成された。
明治三年一二月二三日　榎本、兵部省に対し箱館戦争に関する始末書提出
明治三年一二月二四日　黒川首席糺問司、糺問司等列座の糺問　榎本始末書確認
→「始末書」内容は、「明治二年一一月一五日作成にかかる口書は、相違ない」というものである。
明治四年一二月　一日　「犯罪事実認定書」作成
明治五年　一月　六日　所置

すなわち、明治五年一月六日所置は、明治四年一二月「犯罪事実認定書」に基づくものである。明治四年一二月「犯罪事実認定書」は、明治二年一一月一五日、明治三年一二月二四日の「吟味詰り之口書」により作成された。

そこで国立国会図書館・国立公文書館・東京大学史料編纂所、宮内公文書館の協力をいただき、口書が現在どこに保存されているか調査したが確認できなかった。

第四、口書作成所要時間

榎本釜次郎に対する口書の作成は、明治二年七月一〇日頃から開始し同年一一月一五日をもって終了した。所要日数は、約四ヵ月である。これだけの大事件でかつ困難な事件の「吟味詰り之口書」を作成できるかは極めて疑問である。そこで主な尋問事項の概要は、以下のとおりである。

尋問事項

犯罪人経歴
犯罪人の家族関係
犯罪人の刑罰・褒賞
箱館戦争の要因（犯罪の動機）
品川沖脱走の経過・理由
徳川家との関係
東北・仙台における行動
大鳥圭介との協議・行動
箱館戦争の実態（犯罪事実）
犯罪事実認定書記載事項の確認
旧幕府軍の構成
蝦夷地上陸
五稜郭入城と箱館占領

蝦夷地平定（仮政権の施政状況）
仮政権の樹立
フランス等外国との交渉・合意
ガルトネルに対する土地貸与の理由
旧幕府軍降伏
新政府軍総攻撃
降伏の理由・降伏条項
箱館―東京護送の状況
被害状況等
戦死者等被害状況（犯罪による被害の程度）
戦争がわが国に及ぼした影響等（情状）
犯罪人の反省

尋問事項に基づき所要時間を検討する。尋問事項は、①箱館戦争の要因、②箱館戦争の実態、③蝦夷地平定、④旧幕府軍降伏、⑤被害状況等に区分する。①、②は各三〇日、④、⑤は各二〇日、その他二〇日とすると合計一二〇日となる。

これで「吟味詰り之口書」の作成ができたか否かである。すなわち、①本件糺問の指揮者は、海軍参謀曽我祐準・増田虎之助であって、箱館戦争の開始から旧幕府軍降伏までの経過は、最もよく知っている。②このことは、現在残されている海軍の報告書によっても明らかである。③「犯罪事実認定書」には、榎本釜次郎等の「吟味詰り之口書」

の供述である旨記載されているが、その記載は詳細であってむしろ海陸軍の報告書をまとめたものである。④このことを前提に箱館戦争裁判を組み立てれば、約一二〇日であっても「吟味詰り之口書」の作成はできると判断した。

第五章　榎本釜次郎・松平太郎口書

第一節　概　説

フランス軍士官ブリュネ大尉等は、箱館戦争にあたり旧幕府軍に加担した。そのため外務省は、フランスに対しブリュネ大尉等の処分を求めた。この抗議等にあたり、外務省は兵部省ではなく刑部省に対し榎本等の糺問を求めた。これは、外務省の目的は、フランスに対する抗議等であって、榎本等に対する「処置」ではないからであろう。しかし、刑部省が榎本釜次郎、松平太郎の「降賊糺問口書」（口書標題）を作成することには疑問が残る。その後兵部省に補正された。

明治二年七、八月外務省は刑部省に対し、榎本釜次郎・松平太郎の口書作成をもとめた。刑部省は、その「口書」を作成し外務省に交付した。その時期は、明確でないが同年九、一〇月と推定される。次いで外務省は、明治二年一〇月一五日刑部省に対し、榎本釜次郎等の糺問補足請求をなした。外務省はその補足請求にあたり、さきに刑部省が作成した松平太郎、榎本釜次郎の「口書」を添付した。

そこで、外務省の刑部省に対する糺問補足請求に関する文書を引用し、次いで第二、三節において榎本釜次郎口書、松平太郎口書を記述する。

第二節　外務省—刑部省文書

外務省の刑部省に対する明治二年一〇月一五日付糺問補足請求関係文書は、以下のとおりである。補足請求である

ことは、文書に「松平太郎等更ニ糺問方請求」とあることにより明らかである

五四四　十月十五日　外務省ヨリ刑部省宛

箱館賊徒ニ荷担セシ仏蘭西人ニ関シ松平太郎等更ニ糺問方請求ノ件

附属書　十月十五日糺問請求事項

附　記　箱館賊徒首脳者名簿ニ加担セシ仏蘭西人ニ関スル榎本釜次郎、松平太郎口書

刑部省

御中

外務省

佛国脱人八人之者函館之賊へ荷担いたし居候に付而は、松平太郎等御詰問之上、先達而同人口書御回し、然に其内別紙之廉々今一応御詰問有之候而、委細御認廻し有之度、此段申進候也

十月十五日

（附属書）

ブリウネ　砲兵教師　（佛軍艦ニテ生捕）

カヅノブ　アラビア馬附　（同断）

右両人ハ八月中旬横須賀より神速丸にて品川沖ニ至り奥州江行

ホルタン　砲兵教師　（同断）
マルラン　歩兵教師　（佛軍艦ニテ生捕）
ブーヘイ　歩兵教師　（同断）
コラシ　高雄丸乗組奥州宮古島へ行南部之地ニ上陸其処にて生捕
（兵部省ニテ召捕）
ニコル　回天ニ乗傷を負其後病院ニ入
右両人軍艦ヨリ脱走　（行衛不相分）
クラトウ　初メ蟠龍ニ乗回天ニ乗
身分不相分　（同断）

右之内ニコル、クラトウ両人ハ、行衛不相文何レニテ討死イタシ候哉、右逃走イタシ候哉。御詰問有之度。且又、ホルタン、マルラン、ブーヘイ、クラトウ之四名ハ何艦ニ乗組函館へ参リ候哉。不分明ニ候間右等之廉篤ト松平太郎へ御尋問相成度。猶クラトウ身分之處モ御問糺巨細御人回シ有之様イタシ度、此段及御掛合候事。

（大日本外交文書第二巻第三冊　一〇三頁以下）

第三節　榎本釜次郎口書

榎本釜次郎に対する口書は、以下のとおりである。

降賊糺問口書

榎本釜次郎

一私儀ハ、徳川陸軍ヲ相勤居候。旧幕府ニテ雇入ノ仏人之内（シャノハン）ハ存居候得共、其外ハ一面モ不仕候処、私共品川沖碇泊中為暇乞（シャノハン）越、其節奥州列藩ニテ教師ニ相雇候相談モ有之由咄有之候。其頃神速丸横須賀ニ於テ修覆仕居、追々延引ニテ及催促候処不都合ノ挨拶ニ付取戻シ懸合中、八月中旬私共出帆。前日神速丸モ出来、右ニ便乗イタシ、（ブリウス）（カヅノブ）参リ居、奥州同盟ノ方迄連参候様申ニ付、初メテ面会同船仕候。其頃長鯨丸エ奥州同盟藩之潜伏人乗船罷在候節、教師雇候相談モ仕候趣、然ルニ廿四ヶ月ニ付八万両ノ給料相望候由、余リ高額ニ付、評議取極リ不申、内一両人ハ金子何程ニテモ可遣旨申候者モ有之哉ニ後テ承申候。然ルニ仙台着船之頃ハ、既ニ平定ニ付雇入難整、私共江相頼ニ付、為食料一ヵ月金二百五十両ニテ相雇申候。

一（ブリウス）横浜ヲ脱候ハ本国ヘ帰ルノ模様致シ、イタリヤノ（ミニストル）宅ヘ参リ、芝居相催其混雑ニ紛レ脱シ候由、後テ咄有之候ヲ承候得共、全ク自己ノ存寄ニテ相脱シ候事カト被存申上候。右故カ函館江参り候テモ何レモ忍ヒ隠レ和服ニテ　頭巾等冠リ罷在相得共、後ニハ軍艦ノ下士ノ者ニハ蜜ニ逢候趣ニ御座候。

一（ブリウネ）ノ奥羽エ出シ候書付ニハ、亊成レハ四万両カ三万両カ請候書付之由、尤米澤・会津之藩士ヨリモ書面差出候儀ニ可有之ト存候。

一函館渡海後、英佛等ノ注進船等ハ一切無之事ニ御座候。青森邊ノ情実ハ紛ニトシテ一向相分不申事ニ御座候。

一コラシ儀ハ船将ト喧嘩致シ脱シ候由、英ノ商船ニテ参リ潜伏居候ヲ、食料ノミニテ相雇申候。（ニコル）同様之事ニ御座候。

一佛人函館出奔之儀ハ、四月二十九日頃私共五稜郭ニ罷在候節、一言ノ断モ無之逃去申候。軍艦エ乗組候哉、商船エ乗組候哉一向相分不申候。

一於函館佛人一同脱走之節、内一人立帰リ、今更脱スル次第甚不實故、議論不合、一人ト雖モ帰リ来候段、五稜郭ヘ申出ルニ付、私申ニハ此期ニ至リ一人立残候迚、無詮之事故程能ク脱シ候様申聞候。其後終ニ何レヨリ脱シ候哉、相分ラス候。

（大日本外交文書第二巻第三冊　一一〇頁以下）

榎本の主な供述は、「①仏人の内（シャノハン）は、知っていた。彼は、奥州列藩の教師をしていた。②仏人は、二年分報酬として三、四万両を請求した。しかし高額なので合意にならなかった。食費として一カ月二五〇両（年額三、〇〇〇両）とした。③彼等は、四月二九日無断で五稜郭からでたものである」とする。私は、仏人が旧幕府軍に参加したのは、仏人の同情によるものと考えていたが、歴史認識が甘かったと反省している。

第四節　松平太郎口書

松平太郎に対する口書は以下のとおりである。

降賊糺問口書

松平太郎

一仏人（ブリウネ）（カヅノブ）儀者、旧政府（徳川幕府）ニテ三四年前、練兵為教示被雇候處、旧政府被廃候。後昨五月下旬歟、佛ノ（ミニストル）エ私掛合、月給残リ高、弁謝物等迄相贈断申候節、年季中断候節ハ何程手当差遣候ヤ。約定金ノ儀ハ、新政府ニテ御渡シ相成候儀ト相考候。右ニ付、同人共本国ヨリ帰国申越ニ相成居候ニ付、一同帰国ノ節、右両途中人ヨリ脱シ本国エハ退役願差送リ（ミニストル）ノ方エモ帰国ノ積リニ申成シ。尤両人共雇入破断前ニ横浜エ引キ語学所ニテモ居候哉。八月中旬、私共回陽丸ニテ品川沖出帆前日参リ奥州エ参度由申ニ付同船仕候。其情實ハ其頃、奥州藩士長鯨丸江乗船潜伏罷在、右之内会津柏崎作一、米沢藩某ヨリ雇申度、内詳評モ有之候哉。其邊ヨリ自然奥羽江参ルノ情起リ候ト相見、其頃横須賀ニ於テ神速丸修覆仕居右出来候上、便船仕罷越奥羽エ参度旨申聞候。且右ノ両仕召連候趣意ハ、奥州着之上雇入候哉否、相分不申候得共、縦令雇入無之共路用丈ノ費ニ付、可連参トノ趣意ニテ罷越候處、奥羽最早平定相成当惑之趣ニテ、私共ニ雇呉候様頼ニ候處、過分之給料差出兼候旨相断候處、食料丈ニテ宜敷旨ニ付幸之事与存、食料壱人ニ付壱分銀二百五十片遣シ、其後（ブリュネ）エハ壱分銀千銀片遣シ、外ハ同四百遣申候。右ニ付テハ、條約書面等ハ一切無御座候。外ニ養育金トシテ貳萬両貳拾カ月ニ割呉候様有之候得共、咄而巳ニテ碇（しかと）与取極候儀ニハ無御座候。

一彼等儀ハ、本国政府ハ素ヨリ（コンシュル）（ミニストル）等エハ内蜜ニテモ申合候様之儀ハ、決テ御座奉存候。昨日モ申上候通リ利益ヲ主ト仕候。国風ニテ始奥羽エ被雇候ハバ、過分之給料可相成見込之處、其儀不相整。本国ハ脱籍仕候ニ付、其儘帰国難相成、私共エ相頼候儀ニテ最初ヨリ約シ候儀ニテハ無御座候。彼等戦地ニ向ヒ候儀、實ハ彼レ所好ニハ有之間敷候得共、平常教師ト頼置候ニ付、無拠其場ニ望断リ兼候儀ト被察候。

一函館ニハ本国軍艦モ碇泊罷在候ニ付、悉ク姿ヲ替忍居候得共、後テハ下官之者江ハ内々応対モイタシ候哉ニ御座候。

一（コラシ）（ニコル）是ハ佛ノ海軍士官之内、船将ト平常睦シカラス。陸ヘ上ル振ニテ小船ニテ帆前船ニ乗移リ逃亡候由、本船ヨリ被追駆既ニ可被取押處、追駈候船石炭不足ニテ途中ヨリ追捨帰候由、是モ函館之情實存申間敷候得共、奥羽江参リ候ハヽ、宜キ活計モ有之哉位之事ト被存申候。函館ニ参候テモ、矢張本国之軍艦ヲ恐レ三十日程モシクノツペト申在家ニ隠レ居申候由、（ブリュネ）ヨリ咄有之ニ付相雇申候。

一異人共函館ヲ逃去候ハ、一同存不申候。私共ハ五稜郭ニ罷在、彼等ハ函館ニ罷在相隔候故逃去候ヲ一向存申サス候處、後テ及承候ハ、小使等ハ何方エカ遣シ荷物取片付、大艀船ニテ外国帆前船エ乗候哉ニ傳聞シ候。右ニ付テハ何トカ一言ノ断モ可有之筈無、其儀ハ薄情共可申哉ニ一同申居候。

一異人ヨリ砲丸杯買入候儀無御座候。仙臺領東邦エ掛リ居候。英ノ商船仙臺エ持参リ候。エンヒール七百挺買求メ候ノミニ御座候。

一大江丸ハ損候ニ付、商人（ハーブル）エ壱萬ドルニ売拂申候。

（大日本外交文書第二巻第三冊　一〇七頁以下）

松平の主な供述は、「①仏人は、奥州列藩から教師として要請があったが、列藩は破れた。②その後旧幕府軍が雇用した。ブリュウネは、壱分銀千片、外は同四百とした」ものである。この事実に照らすと、仏人の箱館戦争参加は、旧幕府軍に対する同情による参加ではなく、報酬が目的であった。

第五節　榎本釜次郎等の糺問補足請求

刑部省は外務省から明治二年一〇月一五日榎本釜次郎等の糺問補足請求を受けた。刑部省は兵部省に対しその旨連絡し、兵部省において糺問補足をすることとなった。兵部省は外務省に対し明治二年一〇月一八日回答した。口書形式ではなく報告書形式によるものである。

五五〇　十月十八日　兵部省依ヨリ外務省宛
箱館賊徒ニ荷担セシ仏蘭西人ニ関シ、松平太郎等ノ取調書送付ノ件
附属書　十月十八日右取調書

外務省　御中　　　　兵　部　省

別紙之通刑部省江御懸合之旨同省ヨり當省へ申越候ニ付、及結問候處別紙八名之者申立候故直ニ御省へ差出申候也。

十月十八日

（附属書）

右十名之内コラシ外九名ハ、箱館落去前四月下旬一同船ニ乗候哉如何哉、其辺ハ更ニ不存両三日過候而脱走以為シ候事承事ニ御座候。尤其頃箱館表ニ英国商船…有之候ニ付右等ニ而脱シ候義哉不分明ニ御座候。且右之者共召仕居候小使獨壱人箱館ニ残リ居候趣ニ付、右等ニ而モ相尋候ヘハ分リ可申与奉存候

十月十八日　　糺問司

（大日本外交文書第二巻三冊　一二六頁以下）

本報告では、フランス兵・士官九名は、明治二年四月下旬箱館港の英国船舶に乗船し、戦闘を避けたという。

第六章　榎本書軸

第一節　概　説

榎本釜次郎等は、明治二年五月一八日降伏し、同月二一日から東京に護送が開始され翌六月三〇日兵部省糺問所辰之口揚屋に勾留された。護送は、肥後藩（熊本・細川藩）があたり、箱館から青森は船舶、青森から東京は陸路によりなされ。陸路は、五月二二日青森発—五月二二日浪岡着—五月二三日浪岡発—五月二三日弘前着—五月二四日弘前発—六月三〇日東京辰之口揚屋着である。海陸参謀からの護送指令においては、榎本等に対し東京までの間「謹慎」を命じられた。

本章における課題は、榎本釜次郎が護送の過程において作成したとされる「書軸」である。東北・浪岡に宿泊した際、作成したとされるが、①「謹慎」中かかる作成ができたのか、②漢詩は東北・

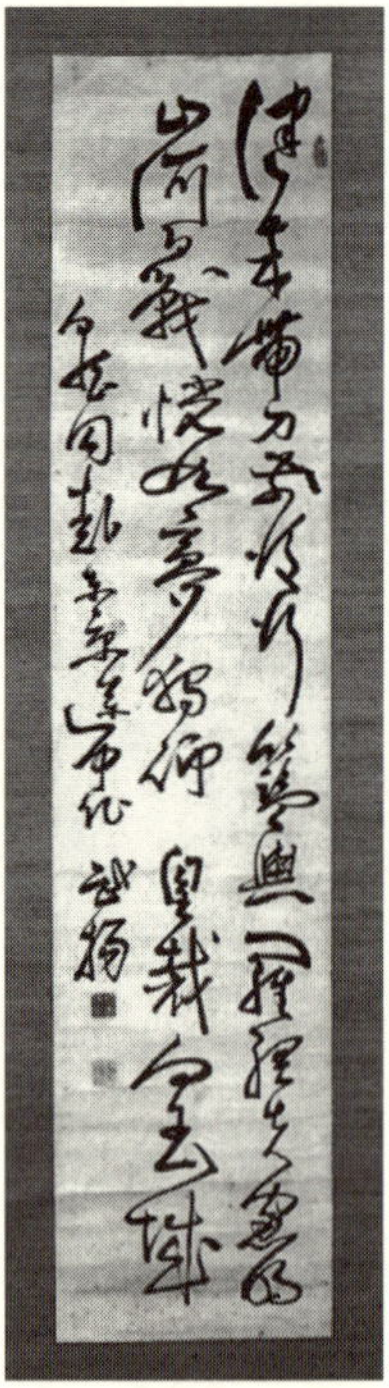
榎本武揚詩書（「健武帯刀前後行」）

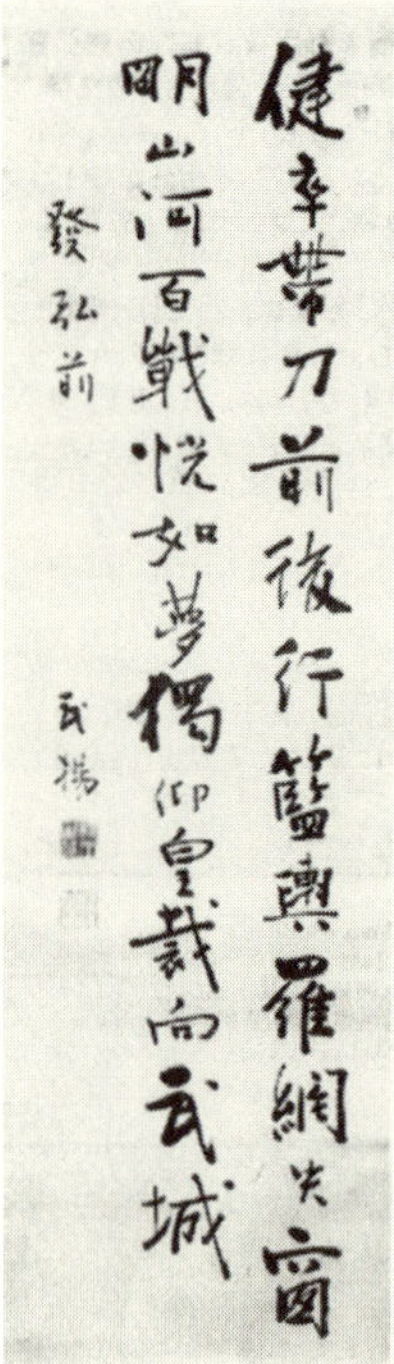
榎本武揚詩書（「健卒帯刀前後行」）

浪岡で作成されたが書軸は赦免になってからではないか、③作成された書軸の取得経路等検討が必要である。

第二節「健武帯刀前後行」

本書軸の七言絶句は、市立函館博物館に収蔵されている書軸である。函館市指定有形文化財である。

健武帯刀前後行
藍輿羅網失窓明
山河百戦恍如夢
独仰皇裁向玉城
　亀田東京運中作　武揚

健武《けんぶ》帯刀前後を行く
藍輿《らんよ》の羅網窓明《らもうそうめい》を失す
山河百戦恍として夢の如し
独り皇裁を仰がんと玉城に向う
武揚　亀田を発（起）ち東京に護送される途中の作　武揚

（市立函館博物館蔵）

本詩の趣旨を「市立函館博物館報」は、以下のとおり説明する。

明治二年五月一八日、降伏した榎本は幹部六名と共に唐丸駕籠で東京糺問所の牢へ送られる途中、津軽付近で詠じたものといわれ、皇裁を仰ぎ自余の者の寛大な処分を願おうとする心境がよく現れている。「建武帯刀前後を行く」とは、護送した熊本藩兵を指すものである。榎本の書は、晩年作が多く「箱館戦争」に直接関連したものは極めて少なく、然も印章の「榎本鎌印」も珍しい。

（市立函館博物館報　一九七五．八．一　No.13）

本詩の趣旨。新政府軍警護隊、榎本等旧幕府軍首脳を護送し進む。駕籠には網がかけられ、明かりを失う。昔日を回顧すれば恍として夢の如し。独り朝廷の裁断を仰ぐ。「健武」隊は、長州で結成された軍事組織諸隊の一隊であるが、ここでは健全な武力の新政府軍警護隊である。「籃輿《らんよ》」は、竹製の粗末な駕籠。「罹網《らもう》」は、網がかけられること。「亀田」は、この時期の箱館をいう。東京に護送される途中の作である。

第三節「健卒帯刀前後行」

青森県立郷土館に収蔵されている書軸は、以下のとおりである。

健卒帯刀前後行　　健卒帯刀前後を行く
籃輿罹網失窗明　　籃輿《らんよ》の罹網《らもう》窓明《そうめい》を失す
山河百戦恍如夢　　山河百戦恍として夢の如し
独仰皇裁向武城　　独り皇裁を仰がんと玉城に向う
発弘前　　武揚

（青森県立郷土館所蔵）

本詩の趣旨。「健武帯刀前後行」と同趣旨である。「健卒」は、健全な牢からの出所である。「武城」は、玉城と同趣旨。

本詩について、本田伸（青森県立郷土館研究主幹）「箱館戦争降伏人を預かる」は、以下のとおり論説する。

同二二日に弘前に入った榎本は、宿の平野屋に詩文を与えたといい（「旧弘前市史」）、その実物と思われる書幅が県立郷土館の所蔵となっている。そこに書かれた七言絶句には「光も入らない部屋に囚われ、あの夢のような戦いを思う。今はただ裁決のため東京に向かうだけだ」と、榎本の澄んだ心映えがのぞいている。

（平成二六年四月一〇日　陸奥新報）

「浪岡町史」によると本書軸は、青森県浪岡町で宿泊した際作成されたとされる。

明治二年五月一八日榎本武揚は降伏し、降伏人は弘前を経て東京へ護送された。…途中浪岡に泊し、弘前を二六日出立した。この時榎本は宿泊した本陣平野家で乞われて詩文を残した。この墨蹟は現在行方不明である。

（浪岡町史　第四巻一〇頁）

「浪岡町史」によると「本陣平野家」が浪岡における由緒ある一門である。しかし、その書軸は「現在行方不明」であるという。

第四節　書軸作成の経緯

市立函館博物館と青森県立郷土館所蔵の書軸の詩文は、異なる。七言絶句では「健武」・「健卒」、「王城」・「武城」および署名の前の記述である。筆跡も異なる。

市立函館博物館所蔵書軸は「津軽付近」、青森県立郷土館所蔵書軸は「本陣平野家」（浪岡）で作成されたとされる。そこで疑問に思うのは、榎本等は「箱館戦争降伏人」として軍務官により東京に護送途上にあり、明治二年五月二一日箱館出発にあたり海陸参謀から「謹慎」を命じられた。そのような厳しい状況にあって筆をもって詩書を書くことが許されたかである。所蔵に至った経過を明らかにすべきである。

榎本は、明治五年一月六日親類預―赦免となり、同年三月八日「開拓使四等出仕被仰付候事」の辞令を受けた。そこで開拓使出仕となり、蝦夷地滞在も多くなった。むしろその段階で過去を思い作成されたとみるのが自然ではないか。

榎本釜次郎等に対する刑事判決

第一章　概　説

明治五年一月六日、兵部省糺問正は、旧幕府軍首脳榎本釜次郎外九名に対し恩赦の所置（判決）を言渡した。そこで本編においては、判決形成過程を中心に記述を進める。

榎本釜次郎等は、明治二年五月一八日降伏し、同日逮捕された。同年六月三〇日、東京に護送され、軍務官糺問所辰之口揚屋に勾留された。そして、明治四年一一月九日太政官正院において恩赦決定がなされ、明治五年一月六日判決が言渡された。約二年六月（現行法の期間計算では二年六月九日である。）を経過した。

本件は、旧幕府軍首脳に対する箱館戦争の戦争責任を問うものである。したがって、裁判にあたり多くの問題が生じる。第一は、榎本釜次郎等に対する厳罰論・寛典論の対立。第二は、旧徳川幕府将軍等首脳との処分の均衡論。第三は、恩赦事由・理由。第四は、岩倉使節団のアメリカ・ヨーロッパ派遣が決定されており、そのためには本件所置を終えなければならない状況にあった。本件における、基本問題というべきものである。

本件の裁判は、明治二年五月一八日降伏してより明治五年一月六日まで長期間を要した。しかし、その原因は、榎本等が犯罪事実を否認したものではなく、複雑な国内状況にあった。明治の形成過程にあって止むを得ない。

第二章　糺問官・海軍参謀

第一節　概説

糺問機関・糺問官の沿革は、糺問司史に示したとおりである。ここで本件の糺問機関・糺問官の具体的変革を明らかにする。特に本件の糺問長（判事職）は、箱館戦争新政府軍海軍参謀曽我祐準・増田虎之助であることに注目したい。糺問機関と糺問官に区分し検討を進める。

第二節　糺問機関等調査表

法令	糺問機関（捜査・裁判機関）	糺問司職（捜査・裁判官）
明治元年閏四月二一日政体（太政官布告第三三一号）	軍務官	判官事　権判官事
明治二年六月一二日御沙汰書（沙汰第五二六号）	軍務官　箱館戦争降伏人処置	
明治二年六月職員録改		権判官事　曽我祐準　増田虎之助
明治二年七月八日職員令（太政官布告第六二二号）	兵部省	

明治二年八月一日糺問所設置（兵部省達第八三七号）	兵部省糺問司	
明治二年九月一日職員録改		兵部省少丞 曽我祐準 増田虎之助 糺問司権大祐 吉岡義邦
明治三年六月職員録改		兵部省少丞 曽我祐準 増田虎之助 糺問司権大祐 楠見正幹
明治三年一一月職員録改		兵部省 権大丞 曽我祐準 少丞 増田虎之助 糺問司少祐 黒川通軌
明治四年二月職員録改		兵部省 権大丞 曽我祐準 権大丞 増田虎之助 糺問司大祐 黒川通軌

明治四年六月職員録改		兵部省 少丞　曽我祐準 少丞　増田虎之助 糺問司権大祐　楠見正幹
明治四年一二月職員録改		糺問正　黒川通軌
明治五年四月九日布告（太政官布告第六〇号）	糺問司廃止陸軍裁判所設置	

第三節　糺問機関

箱館戦争は、明治二年五月一八日旧幕府軍が降伏した。太政官は、明治二年六月一二日箱館戦争降伏人に対する処置を軍務官の所管とした（太政官布告第五二六号）。続いて明治二年七月八日職員令（太政官布告第六二二号）により、軍務官は兵部省に組織変更された。そして同年八月一日、同省に糺問司が設置され（兵部省達第八三七号）、糺問司が糺問を所管することとなった。兵部省糺問司は、明治五年一月六日榎本釜次郎等一〇名に対し所置（判決）を言渡し、本件は、これにより終結した。

第四節　糺問官

軍務官においては、判官事・権判官事が糺問（掌糺判官事）を所管した。そして、判官事には、箱館戦争新政府軍海軍参謀曽我祐準・増田虎之助が任命され、箱館戦争裁判を所管することとなったものである。曽我・増田は、兵部省に組織変更されてからも本省において引き続き判官事・少丞として糺問を所管した。そして、同年八月一日兵部省に糺問司が置かれ、糺問を所管することとなった。しかし、糺問司は、兵部省本省糺問部局の指揮・監督のもとにおかれた。すなわち、曽我祐準・増田虎之助は、軍務官権判官事―兵部省少丞等として本件糺問を所管した。そして明治四年一一月九日太政院正院において所置が決定された。ここで、明治四年一二月一日黒川糺問正が任命され、曽我・増田は、糺問部門から退任した。

　本件事件記録は、確認できない。そのため、糺問官およびその具体的業務内容を確定することができない。そこで曽我祐準・増田虎之助につき、その職務内容を推認する。

　①曽我・増田は、箱館戦争における海軍参謀の地位にあり黒田清隆陸軍参謀とともに新政府軍の指揮にあたった。したがって、その裁判の裁判長を務めることは、もっとも適任である。②軍務官判官事、兵部省少丞等の地位は、官職概略表における奏任官（政府高官）の地位にあり、刑部省判事職と同等である。③兵部省糺問司においては「正」のみが判官であって判事相当職である。しかし、「正」が置かれたのは、明治四年一二月である。すなわち、黒川通軌が糺問正に任命され、曽我・増田は転補したものである。④兵部省糺問司においては、明治四年一二月黒川通軌が「糺問正」に任命されるまで判事職はなく、曽我・増田が本省にあって糺問所判事職を所管した。さらに検討を進める。⑤曽我祐準は、明治四二年一二月一一日講演において、増田・曽我は本件糺問に関与し「糺問掛」・「糺問長」と呼ばれたと話した。⑥そして榎本の糺問は、明治三年一〇月曽我・増田によりなされた。糺問事項は、仏国士官が旧幕府軍に参加した理由、脱走に対する徳川家の関与、ガルトネルに対し箱館土地を貸した理由である。本件における重要事項の糺問である。

すなわち、本件の糺問官（判事職）は、箱館戦争新政府軍海軍参謀曽我祐準・増田虎之助である。箱館戦争の新政府軍参謀として箱館戦争の経過内容を最もよく知り、かつ指揮・監督能力の高い指揮官が糺問官に就任したものである。

第三章　判決書

第一節　概　説

明治五年一月六日、榎本釜次郎に対する判決がなされた。判決書は、以下のとおりである。

榎　本　　釜次郎

其方儀悔悟伏罪ニ付揚リ屋入被仰付置候処　特命ヲ以テ親類江御預ケ被仰付候事。

壬申正月六日

右

糺問正　　黒川道軌　奉行

この判決書の様式は、江戸時代からの伝統によるものである。主文のみで、犯罪事実・証拠および適用した法令は書かれていない。

明治一三年七月一七日治罪法（太政官布告第三七号）は、「裁判所ニ於テ刑ノ言渡ヲ為スニハ事実及ヒ法律ニ依リ其理由ヲ明示シ且一切ノ証憑ヲ明示ス可シ…」（第三〇三条）と定め、犯罪事実・証拠および適用した法律を記載要件とした。現行刑訴訟法は、有罪判決の言渡をするには、罪となるべき事実、証拠の標目および法令の適用を示さなければならないものと定め様式の基本的変更はない（第三三五条第一項）。

そこで本章においては、現行刑事訴訟法による様式を示し、次いで明治期以降の様式の変遷を辿ることとする。

第二節　判決書様式の変遷

現行刑事訴訟法様式―江戸・明治初期様式―本件様式について順次説明し、判決書の構成と時代の関係を検討する。

第一　現行刑事訴訟法様式

現行刑事訴訟法においては、有罪判決を言渡すには、「罪となるべき事実」、「証拠の標目」、および「法令の適用」を示さなければならない（刑事訴訟法第三三五条第一項）。その様式は、以下のとおりである。

判　決

本籍　北海道札幌市○○区五条五丁目○○番地

住所　本籍に同じ

無　職　丙　野　太　郎

昭和一〇年一〇月一日生

右の者に対する窃盗被告事件につき、検察官・検事乙野太郎出席の上審理を遂げ次のとおり判決する。

主　文

被告人を懲役一年に処する。
この裁判の確定した日から三年間右刑の執行を猶予する。
訴訟費用は、全部被告人の負担とする。

理　由

罪となるべき事実

被告人は、平成二七年一〇月一日札幌市〇〇区四条四丁目〇〇番地〇〇〇方において同人所有の現金一〇万円を窃取したものである。

証拠の標目

一、〇〇〇作成の被害届
一、被告人の司法警察員に対する供述調書
一、被告人の検察官に対する供述調書
一、被告人の当公判廷における供述

法令の適用

被告人の判示所為は、刑法第二三五条に該当するところ所定刑期の範囲内で懲役一年に処することとする。しかし、被害額を弁済していること、被告人の反省等を総合し、刑法第二五条第一項を適用し、この裁判の確定した日から三年間右刑の執行を猶予する。

訴訟費用については、刑事訴訟法第一八一条第一項本文を適用して全部これを被告人の負担とする。

平成二八年一月一〇日

○○地方裁判所

判　事　　甲　野　太　郎

（著者作成）

最も簡易で現実的な窃盗事件判決書を選択した。

第二　江戸・明治初期様式

旧幕府法においては、吟味役人は、日々の吟味において事件関係者（「一件之者」）から供述を録取して「口書」を作成し、有罪と認めた者については、「吟味詰り之口書」を作成する。「吟味詰り之口書」は、吟味終了の「供述録取書」である。奉行が白州において供述者にその内容を確認し間違いないということであれば爪印がなされ、「吟味詰り之口書」は犯罪事実認定書としての効力が確定する。その確定の効力は、擬律、刑の決定段階においてもはや変更はできない。白州における判決言渡は、以下のとおりである。

申　渡

何国　何村

誰

其方儀、　不届ニ付、　何申付ル。

（近世刑事訴訟法の研究　八九二頁以下）

すなわち、犯罪事実を略述して「不届」、「不埒」等評価し、刑を言渡すものである。具体的には、「土蔵壁を破り這入」、「衣類其外盗取」等である。前記窃盗事件では、「家屋ニ入リ現金ヲ盗取」となる。すなわち、「吟味詰り之口書」により、すでに犯罪事実は確定しているので略述したものである。

第三　本件判決書

明治二年一〇月一日糺問司入牢人ノ取扱方ヲ定ム（京都兵部省達第一〇二九号）は、以下のとおり定めた。

雛形之概略

何　誰

其方儀　、、、、、、、、、、不埒ニ付、不届ニ付、何々申付候事。

旧幕法を承継するものである。

明治四年八月一日「糺問司罰文ノ記載方ヲ伺定ス」においては、以下のとおり定められた。判決書の裁判官名は、すべて「糺問正」とした。

紏問司罰文ノ記載方ヲ伺定ス（明治四年八月一日兵部省指令）

紏問司ヨリ本省ヘ伺
官員ヘ申渡シ罰文ノ末ニ、兵部省ト相認ノ可申哉、紏問司ト可認哉、将文武官ノ別ヲナシ、文官ハ兵部省ト誌シ、武官ハ貴財ヲ不論
紏問司ト誌シ可然哉、御議定奉仰候也
附紙
官員之儀ハ司法省ノ裁判可仕、武辨ハ総テ紏問正ト誌シ可然候

（アジア歴史資料センター【レファレンスコード】A03023237700）

榎本等に対する判決の様式は、ここに定めた指令等に従うものである。

第四章　主　文

第一節　概　説

其方儀悔悟伏罪ニ付揚リ屋入被仰付置候処、特命ヲ以テ親類江御預ヶ被仰付候事。

榎本　釜次郎

其方儀悔悟伏罪ニ付揚リ屋入被仰付置候処、特命ヲ以テ赦免被仰付候事。

松平　太郎

外七名

主文の趣旨は、悔悟し罪に伏するため勾留中であるが、この度特命をもって「親類江御預ヶ」・「赦免」とする。本判決言渡のため、①太政官正院は、明治四年一一月九日榎本等の恩赦・主文を決定した。②明治四年一二月、糾問司において「犯罪事実認定書」が作成された。③兵部省糾問正は、明治五年一月六日「所置」（主文）を言渡した。

第二節　刑の種類

本件は、恩赦に基づく判決である。恩赦にならない場合は、刑罰法令が適用される。養老律令―公事方御定書―新律綱領に基づく刑をあげる。

養老律令（養老二年　七一八）は、大宝律令を修正して編纂した全三〇編の法令である。養老律令中獄令においては、笞《ち》（むち）・杖《じょう》（つえ）・徒《ず》・流《る》・死《し》の五種類の刑罰を規定した。次いで寛保二年（一七四二）八代将軍吉宗のもとで公事方御定書上下二巻が編纂された。下巻には、刑事実体法・刑事手続法が規定されている。刑罰は、生命刑（磔・獄門等）・身体刑（敲・入墨）・自由刑（遠島・追放等）・財産刑（闕所・過料）・身分刑（御仕置・叱等）で刑種は三五である。養老律令から一一五〇年を経て、新律綱領（明治三年一二月太政官布告第九四四号）が公布された。新律綱領巻一名例律上において、養老律令と同じ「笞・杖・徒・流・死」の五刑が定められた。

明治以後は、慶応三年一〇月二二日「刑法当分旧幕ノ法ニ依ラシム」（布告第三号）により公事方御定書が適用された。主文の参考として記述した。

第五章　犯罪事実

第一節　概説

本件の犯罪事実は、「犯罪事実認定書」のとおりである。「犯罪事実認定書」は、榎本等の「吟味詰り之口書」に基づき作成された。榎本等の犯罪は、「脱走」・「抗敵」行為である。そのためには、徳川幕府―旧幕府軍は、新政府の「敵」として位置づけられなければならない。これを決定するのは、徳川氏に対する征討令―御沙汰書である。

第二節　御沙汰書

明治元年一月七日、徳川慶喜征討令（布告第一一号）が大号令された。続いて明治元年四月四日、天皇から徳川慶喜に対し御沙汰書が発せられた。このことは、「箱館戦争裁判と明治維新」において、論述した。

明治元年三月一三日、旧幕府の全権を委任された陸軍総裁勝海舟と東征大総督府参謀西郷隆盛が高輪の薩摩藩邸において江戸城開城の交渉をなした。翌一四日、勝は「慶喜は隠居の上、水戸にて謹慎する。」、「江戸城は明渡し、後即日田安家に預ける。」等旧幕府軍の降伏条項を提示し、西郷は総督府において検討することとして一五日の総攻撃は中止となった。そして明治元年四月四日江戸城において、勅使東海道先鋒総督橋本実梁《さねやな》・副総督柳原前光《さきみつ》から徳川家代表田安慶頼《よしより》に対し天皇の御沙汰書が交付された。四月一一日、江戸城は開城され、城は尾張藩、武器は肥後藩の監督下に置かれた。明治元年四月二一日、東征大総督府総督有栖川宮熾仁親王が江戸城に入城した。

御沙汰書は、徳川家の官軍に対する降伏条項を定めたものである。①徳川慶喜は、死罪のところ一等を減じる。水戸表にて謹慎。②江戸城を明渡し、尾張藩に引渡す。③軍艦・銃砲を引渡す。④城内住居の家臣は退去、謹慎の事。⑤慶喜の謀反を助けた者は、重罪である。死罪のところ格別の恩典をもって一等を減じるものとする。

榎本等は、御沙汰書により軍艦・兵器等がすべて新政府により取り上げられたことを知っていたものである。

榎本武揚等口供ニ云、旧主徳川慶喜恭順之後、軍艦兵器等盡ク御取上ニ相成候趣承知仕候ニ付、此上主家ノ興廃如何可相成ト焦慮之餘リ、順逆ヲ不辨蝦夷地ヘ割拠仕、恢復可致所存ニテ、明治元辰年八月十九日夜開陽・回天・蟠龍・千代田・神速・長鯨・美加保・咸臨等之八艦ニ人数二千人餘乗込之儘品川沖出帆脱。

（国立公文書館デジタルアーカイブ【請求番号】太00218100）【開始コマ】0027—7）

第六章　証　拠

第一節　概　説

現行刑事訴訟法では、「事実の認定は、証拠による。」（第三一七条）。証拠能力は、同法第三一九条以下に定めるところである。証拠の証明力は、「裁判官の自由な判断に委ねる。」（第三一八条）。しかし幕府法においては、人的・物的証拠がいかに十分であっても、「吟味詰り之口書」がなければ有罪とすることはできない。そこで幕府法における証拠法の問題は、拷問論に帰するものである。刑事裁判の歴史においていつの時代も重要な問題は、実体的真実発見と自白の均衡である。

本書著作にあたり、「吟味詰り之口書」および「裁判記録」を探したが確認はできなかった。しかし、「証拠書類」ともいうべき多くの関係文書を確認することができた。以下において、その内容を記録する。

第二節　主たるデジタル検索史料（一）

主なデジタル検索史料は、「国立国会図書館憲政資料室」、「国立公文書館デジタルアーカイブ」、「国立公文書館アジア歴史資料センター」、「宮内公文書館」の関係史料である。

No.	表題	情報	情報概要
1	榎本武揚書翰	国立国会図書館憲政資料室 榎本武揚関係文書目録二―一―三〇	三〇通

2	東北征討始末八・品海脱走軍艦	国立公文書館デジタルアーカイブ 【請求番号】太００２１８１００	関係件数六一件
3	箱館賊徒榎本釜次郎以下降伏附其顛末	国立公文書館デジタルアーカイブ 【請求番号】太００２１８１００ 【開始コマ】０２３１	
4	東北征討始末十・賊徒処分	国立公文書館デジタルアーカイブ 【請求番号】太００２２０１００	関係件数四四件
5	陸軍裁判所記	国立公文書館デジタルアーカイブ 【請求番号】１６５―０１１１	榎本釜次郎以下の判決（複写）
6	榎本釜次郎親類預御赦免ノ御達	国立公文書館デジタルアーカイブ 【請求番号】公００６６３１００ 【開始コマ】０５５４	
7	職員録（自明治元年九月至明治四年一二月）	国立公文書館デジタルアーカイブ 【請求番号】職Ａ００００２１００ 職Ａ００００５１００ 職Ａ０００１２１００ 職Ａ０００１５１００ 職Ａ０００２４１００ 職Ａ０００２６１００ 職Ａ０００３０１００ 職Ａ０００３４１００ 職Ａ０００３５１００	
8	徳川脱走函館襲撃並其関係事件	アジア歴史資料センター 【ref】Ｂ０８０９０１２９８００	関連情報一一件（画像数一三）

No.	表題	情報	情報概要
9	榎本釜次郎脱走一件書類並佛人ブリユウネ等処罰方	アジア歴史資料センター 【ref.】A03022889100	関連情報一四件（画像数四二）
10	五稜郭賊徒降伏書類	宮内公文書館 【識別番号】84464	
11	慶応戊辰東征沙汰書	宮内公文書館 【識別番号】35872	
12	徳川家軍艦脱走ニ付懇願書	宮内公文書館 【識別番号】84460	
13	佛国士官ブリウ子處分文書	宮内公文書館 【識別番号】84496	
14	佛国陸軍士官ブリウネ氏處分関係文書	宮内公文書館 【識別番号】84484	

第三節　主たるデジタル検索史料（二）

「蝦地追討記」

主たるデジタル検索史料は、「国立公文書館アジア歴史資料センター」の関係史料である。

件名・標題	レファレンスコード	記述単位の年代域	組織歴	画像数	内容
巻一 明治二（一）	c11080608900	明治二年三月	海軍省	五〇	①三月八日出航海軍有司増田参謀外②陸軍兵隊

巻一 明治二(二)	c11080609000	明治二年三・四月	海軍省	五〇	参謀・軍監の軍務官に対する報告書等
巻一 明治二(三)	c11080609100	明治二年三・四月	海軍省	四五	箱館探査報告等
巻一 明治二(四)	c11080609200	明治二年三・四月	海軍省	五五	参謀・軍監の軍務官に対する報告書等
巻一 明治二(五)	c11080609300	明治二年二—五月	海軍省	四八	黒田参謀申付　賊徒攻撃計画
巻一 明治二(六)	c11080609400	明治二年四・五月	海軍省	五〇	賊軍間諜三名捕獲報告
巻一 明治二(七)	c11080609500	明治二年四—六月	海軍省	四九	戦争報告
巻一 明治二(八)	c11080609600	明治二年四・五月	海軍省	五八	朝陽沈没報告
巻一 明治二(九)	c11080609700	明治二年六—九月	海軍省	一二	箱館平定凱旋報告
巻二 明治二(一)	c11080610000	明治二年五・六月	海軍省	四三	蝦夷地派遣兵員・戦況報告
巻二 明治二(二)	c11080610100	明治二年五月	海軍省	四九	諸藩戦況報告
巻二 明治二(三)	c11080610200	明治二年五月	海軍省	五四	諸藩戦況報告
巻二 明治二(四)	c11080610300	明治二年五月	海軍省	四九	諸藩戦況報告

件名・標題	レファレンスコード	記述単位の年代域	組織歴	画像数	内容
巻二 明治二（五）	c11080610400	明治二年五月	海軍省	五〇	諸藩戦況報告
巻二 明治二（六）	c11080610500	明治二年五月	海軍省	五〇	諸藩戦況報告
巻四 明治二（一）	c11080610800	明治二年五月	海軍省	五〇	海陸軍参謀降伏状況・祝砲（五月一六日―一九日）
巻四 明治二（二）	c11080610900	明治二年五月	海軍省	四六	海陸軍参謀降伏始末（五月二〇日―二六日）
巻四 明治二（三）	c11080611000	明治二年五月	海軍省	一四	海陸軍参謀降伏始末（五月二七日―二九日）
巻五 明治二（一）	c11080611300	明治二年二・三月	海軍省	四九	蝦夷地追討日誌第一海軍之部　賊徒追討参謀等人事
巻五 明治二（二）	c11080611400	明治二年三・四月	海軍省	四四	蝦地追討日誌
巻五 明治二（三）	c11080611500	明治二年四月	海軍省	五〇	蝦地追討日誌　海軍軍監言上書
巻五 明治二（四）	c11080611600	明治二年四月	海軍省	四八	蝦地追討日誌
巻五 明治二（五）	c11080611700	明治二年四月	海軍省	二八	蝦地追討日誌

（註）「蝦地追討記」は、「海軍省」罫紙に書かれている。これは、明治二年軍務官海軍局が作成した記録を、明治一八年海軍省設立後に原本の写を作成されたものとみられる。陸軍省編輯「蝦地追討記」も存在するが、デジタル上の確認はできない。

第七章　法令の適用

第一節　概　説

犯罪事実認定書には、適用した法令が記載されていない。新政府は、明治二年六月一二日箱館降伏人処置を軍務官に委任した（太政官布告第五二六号）。そこで、①適用すべき法令として一般法および特別法（軍律・海陸軍刑律）について調査を進める。次いで②兵部省糺問司は、犯罪事実として「抗敵」「脱走」行為と認定したので軍律および海陸軍刑律が適用される。③軍律および海陸軍刑律は、犯罪行為の爾後に制定されたので罪刑法定主義の立場では適用されない。しかし新律綱領は罪刑法定主義を採用していないので、軍律および海陸軍刑律は犯罪行為が事前であっても遡及し適用される。

第二節　適用すべき法令

本件につき、適用すべき法令を列記する。しかし、現に適用すべき法令か否は、罪刑法定主義の立場から検討されなければならない。

第一　一　般　法

新律綱領（明治三年一二月二〇日太政官布告第九四四号）

規定は、一四律一九二条からなり、ほかに図が収められている。律の構成は、以下のとおりである。

名例律　職制律　戸婚律　賊盗律　人命律　闘殴律　罵言律
訴訟律　受贓律　詐欺律　犯姦律　雑犯律　捕亡律　断獄律

草案の過程では、謀叛・大逆・謀判が削除され、兇徒聚衆が置かれた。

関係条項を摘示する。

軍人犯罪

凡軍人罪ヲ犯スニ。出征行軍ノ際ニ非ルヨリハ。兵部権断シテ。擅ニ法ヲ用ルヿヲ得ス。
宿衛巡邏ノ時ト雖モ。事若シ常人ニ関渉シ。及ヒ互ニ闘殴殺傷スル等モ。亦常律ン照シテ論ス。（名例律上）

兇徒聚衆

凡兇徒。衆ヲ聚メ。村市ヲ毀壊焼亡シ、財物ヲ劫奪シ、若クハ。人民ヲ殺死スル者。造意ハ。斬。…（略）（賊盗律）

第二　特 別 法

特別法として、軍律および海陸軍刑律が公布された。又、軍の規律として讀法が公布されたが刑罰の定めはない。
讀法は、軍律・海陸軍刑律の解釈のため重要である。

(一)　明治二年四月―日　**軍律**（太政官布告第四一一号）

凡例

一　賞典ハ遅キモ妨ナシトシ罰典ハ速ナルヲ以テ佳也トス依之軍律ニ適遇スル者ハ不奉伺書以届書処置スヘシ。

第一ヶ条

一　**徒黨ハ古来ノ制禁タリ依之黨首ハ死刑**則於刑法場其黨與者ヲ以之ヲ刑セシメ三日ノ謹慎ヲ命スヘシ。

第二ヶ条

一　**武器戎服《えびすふく》ヲ携脱スル者ハ死刑タルヘシ。**　但書―略

第三ヶ条

一　武器戎服ヲ返シ而〇脱ル者初度ハ五十日ノ間仮牢再度ニ及者ハ流罪タルヘシ。　但書―略

第四ヶ条

一　於局外故ナク金談及ヲ禁ス押借強談ハ尤厳禁タリ犯ス者其罪ノ軽重ニヨリ死刑或遠流等ヲ以處スヘシ。

第五ヶ条

一　局中局外共賭博ハ厳禁タリ若犯ス者ハ三十日仮牢　但書―略

(二)　明治四年八月二八日　**海陸軍刑律**（詔勅）

朕惟フニ平民途ヲ分チ　寛猛治ヲ異ニス　其律ヲ定メ　法ヲ設クルニ於テ　豈ニ酌量商量以テ其宣ヲ制セザル可シヤ　頃海陸軍律撰輯竣ヲ告ク　朕之ヲ閲スルニ　損益要ヲ得　軽重度ニ合セリ　依テ頒布シ　有司ヲシテ遵守シ　軍人ヲシテ懲誡スル所アラシム。

本刑律は、全一一編、二〇四条からなる。刑律内容は、峻厳である。

第一篇　法例　第一条―第三三条
第二篇　刑法　第三四条―第六五条
第三篇　謀叛律　第六六条―第八一条
第四篇　對捍徒黨律　第八二条―第一〇六条
第五篇　奔敵律　第一〇七条―第一一五条畄
第六篇　戦時逃亡律　第一一六条―第一二四条
第七篇　平時逃亡律　第一二五条―第一四八条
第八篇　凶暴刼掠律　第一四九条―第一六五条
第九篇　盗賊律　第一六六条―第一七六条
第一〇篇　錯事律　第一七七条―第一九三条
第一一篇　詐僞律　第一九四条―第二〇四条

適用範囲は、第一条に定められた。

凡ソ此刑律ニ當ル者ハ、海軍陸軍ノ軍人軍属、其姓名ヲ、各畄門ノ帳簿籍ニ貫シ、出身就役ノ年月ヲ載タル者タルヘシ。

第二条は「軍人」、第三条は「軍属」について定義した。「軍人」の定義は、以下のとおりである。

凡ソ軍人ト称スルハ、海陸軍ノ将校、下士、兵卒、水夫並ニ海陸軍武学生、海陸軍医官、会計書記ノ吏…讀法畢ルノ特ヨリ、法ヲ犯ス者ハ、此法律ニ依テ断スヘシ。

榎本等は、第一条に定める「軍人」等に該当する。

主な関連条項をあげる。

第二八条　凡ソ二人共ニ、同罪ヲ犯スハ、其罪相同トシ、三人以上ハ徒黨ト称ス、黨ハ事ノ大小ヲ問ハス、首従ヲ分チ論シ、首謀ハ死ニ處ス、従ハ一等ヲ減ス、脅従ハ懲罰ニ属シテ論ス、但本條別ニ罪名アルハ此限ニ在ラス。

第三四条　凡、将校、軍法ヲ犯ス者、其刑六

第一　自裁
第二　奪官
第三　面籍
第四　退職
第五　降官
第六　閉門

第三五条　将校ノ死刑ハ、官ヲ免スルノ後、自済裁ヲ命ス。（略）

将校に対する処刑は、武士時代の処罰の流れを重んじ、死刑の場合も「自裁」とするものである。

第四一条　凡、下士、軍法ヲ犯ス者、其刑六

第一　死刑

第二　徒刑
第三　放逐
第四　黙等
第五　降等
第六　禁錮

第四二条　凡、下士以下、死刑ニ処スル者ハ、銃丸打殺ヲ用ユ。（略）

「下士」に対する刑は、死刑、徒刑、放逐等であって（第四一条）、将校に対するような名誉に配慮する措置はとられていない。

第三篇は、「謀叛律」を定める。

第六六条　凡ソ栄ヲ貪リ、賊ヲ期シ、難ヲ逭レ（逃れる）、安ヲ謀ルノ意アリテ、国ニ背キ、敵人ノ意ヲ希フ者、名ケテ謀叛ト云フ、此ニ一證アルハ、主従ヲ論セス、皆死ニ処ス、将校之ヲ犯ス者、奪官ノ後、銃丸打殺ニ処ス。

㈢　明治四年一二月二八日　**海軍讀法**（兵部省布告第一八八号）

第一章

一　陸海軍ヲ設ケ置ル、ハ国家禦侮ノ為メ萬民保護ノ本タレハ此兵員ニ加ハル者ハ忠節ヲ盡シ兵備ノ主意ヲ不可失事。

第二章
一　兵員タル者長上ニ對シテ敬禮ヲ盡シ其命令ニ服従スルハ兵事ノ至ナレハ事大小トナク長上ノ命ニ違背ス可ラス且朋輩ト交ルニ信ヲ失ナワス温和ヲ旨トスルハ勿論同隊同級ニテモ一般ノ勤務ニ於ケル年月我ヨリ舊キ者ノ言ニ従フ可キ事。
第三章
一　三人以上悪事ヲナスヲ徒黨ト云ヒ古来ノ厳禁ナリ犯ス間敷候事。
第四章
一　脱走、盗奪、賭博及ヒ平民婦女老幼ヲ劫虐《ごう》スル等ノ悪事不可致事。
第五章
一　喧嘩闘殴酒醜詐偽情謾等ノ所業有之間敷候事。
第六章
一　押買押借局外ノ金談致間敷候事。
第七章
一　戦地ニ臨ンテハ身命ヲ抛チ怯懦畏縮ノ振舞有之間敷候事。
右ノ条々堅ク可相守若シ犯ス者之レ有ルニ於テハ兵部軍法ノ成典アリ其レ〇レヲ儆メヨ

第三節　罪刑法定主義

罪刑法定主義と法令、犯罪事実認定書と適用法令、本件についての法令の適用について順次検討する。

第一　罪刑法定主義と法令

㈠　**概　説**　罪刑法定主義は、法令に正条がなければそれがどのような行為であっても処罰されない。又、遡って刑罰法令が適用されないとする原則である。罪刑法定主義に対立する原則は、罪刑壇断主義である。この原則は、いかなる行為を犯罪と認め、いかなる刑罰を科するかは裁判当局者が定めるところによるものである。いずれの原則をとるかは時代により、国により異なる。罪刑法定主義は、人権を擁護する機能をもつ。罪刑壇断主義は、官吏が絶大な権限をもつこととなるが社会の秩序維持のため必要とされた。我が国の江戸時代は、罪刑壇断主義がとられた。本件では、新律綱領（明治三年太政官布告第九四四号）が定められ、その公布する以前に生じた犯罪についても新律綱領を遡って適用される。遡及処罰主義である。現代では「何人も、実行の時に適法であった行為は、…刑事上の責任は問われない。」（憲法第三九条）。

本件は、明治維新の課程における、「抗敵」「脱走」行為あり、法令が遡及して適用された。

(二) **公事方御定書**　江戸時代は、幕府・藩で刑罰法令を定めていた。しかし、日々発生する不正行為を網羅することはできない。

代表的法令は、「公事方御定書」である。寛保二年（一七四二）、徳川吉宗により「公事方御定書」上下二巻が作成された。下巻は一〇三条からなり、刑事法を主体（八一％）に先例を集約した法令集である。しかし、御定書は公布されなかった。どのように仕置きするかは、幕府にとり最高の機密事項であったからである。しかしそれでは、評定所・町奉行所での裁判ができないので、副本・写が作成され交付された。御定書写本流布の実態について、旧幕府代官手代・八州取締宮内公美氏は、次のとおり説明している。

問「遠国奉行とか代官というものになると、御定百箇条は見せぬはずになっているそうですが、そうするとどういう法律を標準として裁判しましたか。」

答「見ないといっても、百箇条のほか、御定書、添書、法曹、刑法類函というものを見ておりますので、口書の諸文に遠島以上は奉誤入、それ以下は奉恐入候と書いたのです。その口書をはじめ関係書類を添えて、御勘定奉行へ出すと死刑とか追放とか、その罪の始末を書いて差図がある。」

（旧諮問録下　一〇九頁）

このように「公事方御定書」は、住民に刑罰を告知するため作成されたものでなく、幕府内部の準則として作成されたものである。

しかし、「公事方御定書」と雖も網羅的でなく、老中は所司代の伺いに対し次のとおり回答した。

一御定書ニ引当無之節ハ相当之例ヲ以御仕置可申付候
一御定書ニ無之、相当之例モ無之節ハ、類例ヲ以御仕置可申付候

（近世刑事訴訟法の研究　五四一頁）

すなわち、「公事方御定書」に定めのない場合は、「相当之例」、「類例」をもって処罰するものである。

(三)　新律綱領（明治三年一二月二〇日太政官布告第九四四号）

明治時代になり、同三年一二月二〇日初めての刑法である新律綱領が布告された。

断罪　無正條
凡律令ニ。該載シ盡サ、ル事理。若クハ罪ヲ断スルニ。正條ナキ者ハ。他律ヲ援引比附シテ。加フ可キハ加ヘ。減ス可キハ減シ。罪名ヲ定擬シテ。上司ニ申シ。議定ツテ奏聞ス。若シ輙ク罪断シ。出入アル「ヲ致ス者ハ。故失ヲ以テ論ス。

断罪　依新頒律
凡律ハ。頒降ノ日ヨリ始ト為ス。若シ所犯。頒降已前ニ在ル者モ。並ニ新律ニ依テ擬断シ。舊律ヲ援引スル「ヲ得ス。

「断罪無正條」は、「正條」ない場合は「他律」の適用を検討し、それでもない場合は「上司」「議定」の指示により処断するものである。又、「断罪依新頒律」は、本律公布前の所為も本律により処断するものであって、遡及効を認める。

㈣　刑法（明治一三年七月一七日太政官布告第一七号）（明治四〇年四月二四日法律第四五号）

明治一三年刑法は「第二条　法律ニ正條ナキ者ハ何等ノ所為ト雖モ之ヲ罰スル「ヲ得ス」と定め罪刑法定主義を定めた。しかし、明治四〇年刑法では、その定めは削除された。

特別法である軍律・海陸軍刑律・讀法には、罪刑法定主義に関する規定はない。したがって、この問題については一般法を適用する。

第二　犯罪事実認定書と適用法令

犯罪事実認定書による犯罪行為と法令の公布の関係は、次のとおりである

年月日	犯罪事実認定書	法令の制定	適用すべき法令
明治元年八月九日	開陽　回天　蟠龍　千代田　神速　長鯨　美加保　咸臨等ノ八艦ニ人数二千人余乗組ノ儘品川沖出帆脱走		軍律第二条（脱走）—死刑
明治元年一〇月一八日	蝦夷嶋ノ内鷲ノ木浦着		
明治元年一〇月二一日	峠下村止宿罷在候処　同夜箱館出張ノ官軍ヨリ夜襲ヲ被リ是ヨリ戦争相始マリ		軍律第一条（抗敵）—死刑
明治二年四月—日		軍律	海陸軍刑律第二八条（徒黨）
明治二年五月一八日	榎本釜次郎　松平太郎　荒井郁之助　大島圭太郎　四人軍門ニ降伏謝罪仕		六六条（謀叛律）—死刑
明治三年一二月二〇日		新律綱領（罪刑法定主義否定規定）	
明治四年八月二八日		海陸軍刑律	
明治四年一二月二八日		讀法	
明治五年一月六日	判決		

軍律、海陸軍刑律および讀法には罪刑法定主義に関する定めはない。新律綱領では、罪刑法定主義はとられていない。したがって、軍律・海陸軍刑律は、遡及適用される。

第四節　本件の適用法令

天皇の直属部隊並びに天皇の統帥下に入っていた各藩部隊は、軍律が適用される（明治軍制史論上巻）。榎本等は、幕府又は藩に所属する者であり王政復古により天皇の統帥下に入った。榎本等の犯罪事実は、犯罪事実認定書のとおりである。犯罪事実に適用すべき法令は、新律綱領により遡及効を認められるので、軍律・海陸軍刑律が適用される。

榎本釜次郎・松平太郎・澤太郎左衛門・荒井郁之助・永井玄蕃・渋澤誠一郎の犯罪事実に対する法令を適用

（一）、明治元年八月九日、軍艦開陽等をもって品川沖を出帆し、同年一〇月一八日蝦夷嶋鷲ノ木浦に到着し「脱走」行為をなした。よって、軍律第二ヶ条（脱走）に該当し死刑に処すべきものである。

（二）、明治元年八月九日品川沖に沖出帆に始まり、同二年五月一八日箱館降伏まで新政府に対し「抗敵」行為をなした。よって、軍律第一ヶ条（抗敵）に該当し、榎本釜次郎・松平太郎・澤太郎左衛門・荒井郁之助・永井玄蕃・渋澤誠一郎は同条の「首脳」に該当するので死刑に処すべきものである。さらに海陸軍刑律第一八条（徒黨）、第六六条（謀叛律）に該当し死刑に処すべきものである。

大島圭介の犯罪事実に対する法令を適用

（一）、明治元年四月一一日、武装した兵隊を率いて東京を脱走し東北を経て同年一〇月一八日蝦夷嶋鷲ノ木浦に到着して「脱走」行為をなした。よって、軍律第二ヶ条（脱走）に該当し死刑に処すべきものである。

（二）、明治元年四月一一日東京を脱走し東北を経て同二年五月一八日箱館降伏まで新政府に対し「抗敵」行為をなした。よって、軍律第一ヶ条（抗敵）に該当し、大島圭介は同条の「首脳」に該当するので死刑に処すべきものである。海陸軍刑律第二八条（徒薫）、第六六条（謀叛律）に該当し死刑に処すべきものである。

佐藤雄之助・仙石丹次郎の犯罪事実に対する法令を適用

（一）、明治二年四月八日仙台出帆し、同月一四日蝦夷嶋砂原に到着して「脱走」行為をなした。よって、軍律第二ヶ条（脱走）に該当し死刑に処すべきものである。

（二）、明治二年四月一四日蝦夷砂原に到着して榎本釜次郎等に従軍し、同年五月一八日降伏まで新政府に対し「抗敵」行為をなした。よって、軍律第一ヶ条（抗敵）に該当するところ、佐藤雄之助・仙石丹次郎は「首脳」に該当しないので死刑外の刑に処すべきである。しかし、海陸軍刑律第二八条（徒薫）、第六六条（謀叛律）に該当し死刑に処すべきものである。

松岡磐吉の犯罪事実に対する法令を適用

犯罪事実認定書の記載はない。榎本釜次郎等と同旨である。松岡は、明治四年七月五日辰之口揚屋において病死した。死者に対する判決として別に論じる。

さらに検討を進める。明治元年一〇月三一日、死刑は勅裁が必要であることが定められた（太政官布告第九一六号）。

王政復古凡百之事追々御改正ニ相成、就中刑律ハ兆民生死之所係速ニ御〇可被為在處…新律御布告迄ハ死刑ハ　勅裁ヲ経候條。

すなわち、榎本釜次郎・松平太郎・澤太郎左衛門・荒井郁之助・永井玄蕃・渋澤誠一郎・大島圭介・佐藤雄之助および仙石丹次郎の所為は、軍令および海陸軍刑律に違反し、死刑に処すべきである。しかし、恩赦が適用されたものである。

第八章　死者に対する判決

第一節　概　説

被告人・被疑者が死亡した場合でも、捜査・裁判を進めるか否かは、時代により異なる。箱館降伏人松岡磐吉は、明治四年七月五日辰之口揚屋において病気のため死亡した。兵部省は、明治四年七月六日太政官に対し措置を照会した。太政官は、仮措置をとることを回答した。糺問正は、翌五年一月六日赦免の判決を言渡した。松岡に対する「吟味詰り之口書」が死亡前すでに作成されていたので、犯罪事実が確定し判決（恩赦）がなされたものである。

第二節　太政官照会

兵部省は、明治四年七月六日太政官に対し降伏人松岡の死亡についての措置を照会した。太政官は、「假理ノ儘可差置事。」（仮措置）と回答した。太政官記録課の文書が残されていた。

箱館流賊降伏人　松　岡　盤　吉

右ハ兼テ當省ヘ御預ケ相成居候處、別紙ノ通病死ノ趣、糺問司ヨリ届出候ニ付テハ、一應相伺ノ上取計可申ノ處、炎暑ノ折柄、寸刻モ此儘難差置候間假理為致置候、尚此未死躰ノ儀、御處置ノ儀相伺申候間、急々御沙汰被下度此段申進候也。

辛未七月六日　兵　部　省

辨官御中

（朱字）假理ノ儘可差置事

松岡磐吉

右ノ者ハ兼テ當司ヘ御預ヶ相成居候處、過日来疫症ニ付種々療養相加ヘ候ヘ共、追々差重リ今日ニ至リ候テハ殆ント危篤ノ躰相見ヘ候ニ付、過刻御届ノ上別段医師相願候處、養生不相叶今五字頃終ニ死去致シ候趣、獄屋當直ノ者ヨリ申出候間、此段及御届候也。

辛未七月五日

糺問司

本省御中

（国立公文書館デジタルアーカイブ【請求番号】公00477100【開始コマ】0094）

（国立公文書館デジタルアーカイブ【請求番号】太00906100【開始コマ】0813）

第三節　歴史的背景

江戸時代、吟味にあたり犯罪人が自白し「吟味詰り之口書」が作成されれば、罪人の罪は確定した。したがって、犯罪人の生死を問わず犯罪は確定しているものであるから刑罰法を適用し判決を下した。「吟味詰り之口書」が作成されていない場合は、死亡により糺問は終結した。判決の結果は、家名断絶等身内にも影響を及ぼすことが多いので、ことは重大である。

公事方御定書下巻八十七条は、以下のとおり定めた。

八十七　重科人死骸鹽詰之事

享保六年極

一主殺
同
一親殺
寛保二年極
一關所破
同
一重謀計
亨保六年極
右之分、死骸鹽詰之上御仕置、此外は不及鹽詰事、

公事方御定書においては、①主殺、②親殺、③關所破、④重謀計の重罪四罪については、死骸を塩詰めにして防腐の措置を講じ、判決申渡しに引続き、死体を磔にするものである。重罪について、威嚇の効果を徹底するためであった。四罪以外については、死者の塩詰はしないで判決言渡の措置がとられた。

榎本釜次郎等に対する恩赦判決

第一章　概　説

本件判決の主文は、「特命ヲ以テ親類江御預ケ被仰付候事」（榎本釜次郎）、「特命ヲ以テ赦免被仰付候事」（松平太郎・荒井郁之助・永井玄蕃・大島圭介・澤太郎左衛門・渋澤誠一郎・佐藤雄之助・仙石丹次郎）、「特命ヲ以テ赦免被仰付候此旨相達シ候」（松岡磐吉）である。

榎本釜次郎等の「犯罪事実認定書」に基づく犯罪事実は、「抗敵」・「脱走」行為である。本犯罪行為に適用すべき法令は、前編において論じた。そこで、量刑について論じ、「刑」を決定することとなる。しかし本件では、犯罪事実・法令の適用・量刑の裁判が進む過程において、太政官正院は「恩赦」の決定をしたものである。

明治期、恩赦を「御赦」といった。幕府の赦は、赦されるべき罪が未決であるか、既決であるかにより、「現在之恩赦」と「過去之恩赦」とに区別され、赦の施行の事由により「御祝儀之御赦」と「御法事之御赦」に区別された。本

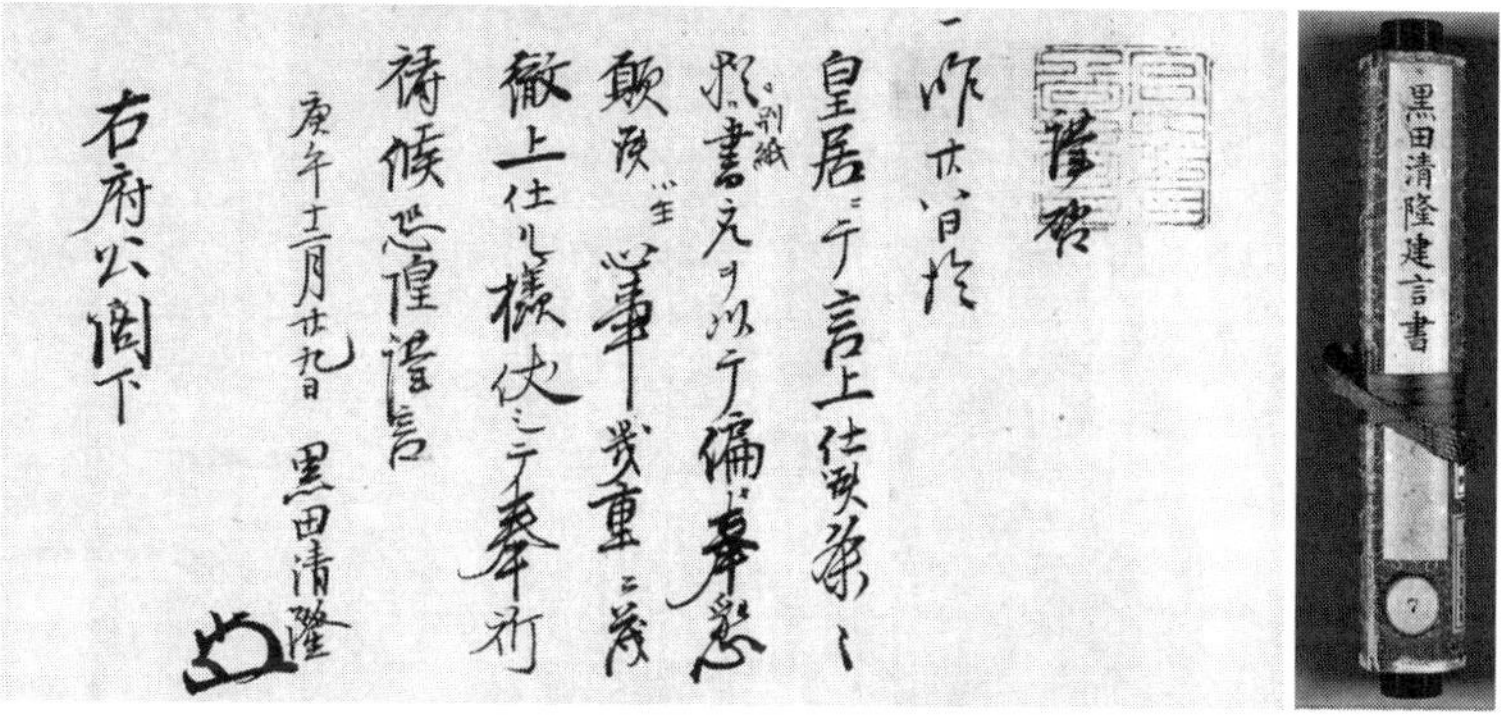

黒田清隆建言書

件の恩赦は、未決であるから「現在之恩赦」であり、明治天皇即位大嘗祭による「御祝儀之御赦」である。

恩赦は、太政官正院により決定された。太政官正院の構成は、

太政大臣　三　条　實　美
右大臣　岩　倉　具　視
参与　西　郷　隆　盛（薩摩藩）
木　戸　孝　允（長州藩）
大　隈　重　信（佐賀藩）
板　垣　退　助（土佐藩）

である。木戸参議は、厳罰論者であり、その承諾が必要であった。最後に説得に動いたのが、西郷隆盛である。木戸は、明治四年一一月八日訪米を前に遂に承諾した。

そこで恩赦論と恩赦適用の要件たる恩赦事由と恩赦理由について研究を進める。

第二章　恩赦論

第一節　概　説

恩赦は、国家の刑罰権の全部又は一部を消滅若しくは軽減させる制度をいう。恩赦権者は、君主等時代により異なる。恩赦事由は、国家・皇室に大吉・兇の大事があったとき、特に囚人をゆるすことに始まった。そして、誤判の救済のための恩赦・社会の変化や事情変更に基づく恩赦・受刑者の事後の行状に基づく恩赦に拡大した。

現行恩赦法に基づく恩赦の概要は、次のとおりである。恩赦法（昭和二二年三月二八日法律第二〇号）では、恩赦として大赦、特赦、減刑、刑の執行の免除および復権を定める（第一条）。大赦は、「政令で罪の種類を定めてこれを行う。」（第二条）ものであるが、その効力は、「有罪の言渡を受けた者については、その言渡は、効力を失う。まだ有罪の言渡を受けない者については、公訴権は、消滅する。」（第三条）。特赦は、「有罪の言渡を受けた特定の者に対してこれを行う。」（第四条）。その効力は、「有罪の言渡しの効力を失わせる。」（第五条）。減刑・刑の執行の免除・復権制度も規定される（第六条乃至第一一条）。

本件は、「特定の者に対してこれを行う」ことでは特赦であるが、「有罪の言渡を受けた特定の者」ではないのでここにいう特赦ではない。恩赦・刑事裁判の形態は、時代により変遷がある。

第二節　赦律の適用

文久二年（一八六二）三月「赦律」（徳川禁令考後聚巻三八）が定められた。公事方御定書の関連法として布告された。そこで同法は、慶応三年一〇月二二日「刑法当分旧幕ノ法ニ依ラシム」（布告第三号）により、明治前期においても一般法として適用されるものである。赦律は、三三条項である。赦に関する実体法と手続法を定めたものであるが、手続法の色彩が強い。

赦　律

一　御赦取計方之事

一御赦有之候節ハ、前々御仕置相成候もの共、御赦被仰出候前月迄之分、人別科書、可書出事。

二　御仕置軽重ニ付、赦免年数之事

（以下略）

右赦律之條々、嘉永四年五月、阿部伊勢守を以、被仰出之、前々被仰出之趣、并其先例外評議之上、追々伺之、今般相定之、奉行中之外、不可有他見者也。

松平伊豆守
石谷因幡守
酒井但馬守

（司法資料　別冊　第一七号　日本近代刑事法令集上）
（徳川禁令考　別巻）

「赦律」の「一御赦取計方之事」の第一条項には、「御赦有之候節」として「人別科書」等の作成・提出が規定されている。本「赦律」は、この第一条項のとおり、赦律にあたっての手続条項を定めるものであって、実体条項の定められていない。いかなる場合赦免をするかは、将軍が定めるものであり、実体規定を定めることはなかったとみられる。

本件の場合は、太政官職制并事務章程により太政官正院、廟議が決定した。本「赦律」のどの条項を適用したかは判断できない。

第三章　恩赦事由

第一節　概　説

恩赦は、国家の刑罰権の消滅若しくは軽減の制度である。それは、天皇の即位・崩御、改元等国家の重大事にあたり実施される（恩赦事由）。しかし恩赦事由が生じた場合、誰になぜ恩赦を実施するか決定されなければならない（恩赦理由）。そして、「恩赦事由」、「恩赦理由」の決定者が必要である。

そこで恩赦は、恩赦事由と恩赦の理由に区分して検討することが必要である。本件における「恩赦事由」は、明治四年一一月一七日の明治天皇即位大嘗祭である。その「恩赦事由」は、本章において論じる。次いで榎本釜次郎等に対する恩赦理由を検討する。その事情は、恩赦を前提として、箱館戦争とそれをとりまく国内・国外事情を広く検討することが必要である。次章において論じる。

第二節　大嘗祭と榎本等恩赦

第一　大嘗祭《だいじょうさい》

明治四年一一月七日、大嘗祭告諭書（太政官布告第第五七三号）が公布された。明治天皇即位に関する大嘗祭の開催である。

明治四年一一月一七日、大嘗祭が皇居の吹上御苑《ふきあげぎょえん》において行われた。

大嘗祭は、天皇践祚《せんそ》の年、またはその翌年に、皇位を承継する所以を天祖および天神地祇《てんじんちぎ》に奉告し、併せて天皇自ら新穀を供される儀式で、天皇の一代に一度のみ行われる大祀《たいし》である。毎年、大嘗祭に類した儀式が一一月後半の卯・辰・巳の日に行われている。これは新嘗祭《にいなめさい》である。大嘗祭は、天武天皇朝に始まると言われ、戦国時代から江戸時代の中頃まで中絶したものの、再興された。明治天皇の即位後、天皇の京都還幸の際に大嘗祭を行おうという動きがあったものの、明治二年以降も世上騒然として、大嘗祭の実施は困難な状況であった。政府は、明治四年一一月に行うこととしたが、神武天皇の創業を模範とすることを国是としたのを受け、江戸時代までの儀式次第と異なる新儀式を行うこととなった。すなわち、京都でなく東京で大嘗祭を行うこと、浜離宮の延遼館で開かれた豊明節会に外国の使臣を招くこと、官民に大嘗祭などの建物を公開し、また儀式の要旨を印刷して周知させるなど、いくつもの新機軸を打ち出し、大嘗祭の意義を内外に知らしめようとしたものである。

（明治天皇とその時代　五二頁）

すなわち、①明治四年一一月一七日大嘗祭が実施された。②本来なら、遅くとも即位の翌年開催すべきところ「世情騒然として」困難な状況であった。③祭典は、その意義を内外に示すため新機軸を打ち出した。④勅・奏・判任官の参朝、斎場の参拝等一一本の法令・達の布告がなされた。しかし、⑤箱館戦争裁判の恩赦に関する法令・達は布達されていない。

第二　恩赦の動き

参議西郷隆盛は、右大臣岩倉具視と事前協議した上、明治四年一一月八日朝参議木戸孝允を訪ね、榎本等につき寛大な処分をすることを説得した。木戸参議は、同月一二日アメリカに出発することを控え、これに同意した。

西郷隆盛・大久保利通・黒田清隆は、同じ薩摩藩である。大久保は、黒田から榎本等に対する寛大な処分がとられるよう頼まれていた。

大久保の岩倉に対する明治四年一一月八日付書簡は、以下のとおりである。

大久保利通から岩倉具視に対する書翰（明治四年一一月八日）

御書拝讃仕候。然ハ三ヶ条之事御示諭之趣奉畏候。内實ハ西郷へ申談、同人今朝木戸江参候而篤与《とくと》打合之筈ニ御座候。其上於、正院是非御決定相成候様可致賦ニ御座候。乍去、條公云々之御趣意ニ候得ハ、以可々ニ可有之哉。何分今日参朝之上相伺候様可仕候。…

十一月八日　利　通

岩　公

（大久保利通文書四　四一二頁以下）

本書簡には、「解説」が付されている。

「三ヶ条」トハ、旧幕臣榎本等ノ任用発表ニ関スルコトニシテ、当時三條公ハ先ツ榎本等ヲ大嘗会ノ大赦ニ於テ、宥免セシメントノ意見ヲ有シタルナリ。

（大久保利通文書四　四一三頁）

続いて、岩倉より大久保宛の書簡が続く。

【参考】其一

岩倉公より大久保公への書翰（明治四年一一月八日）

前略　…

一別紙伊藤書状之通ニ付、兼而御談合三條云々是非今明日御発表之様、西郷・大隈等江御申談可給候。明日、條公・板垣等江段々申述候處、條公ニハ大赦云々之論モ　候得共、板垣ニハ小生見込至極同意ニ候。尤兼而御議論申候通リイック迄モ使節發遣之大挙上之条理ヲ以、申述候事ニ候。此上ハ今朝以後之處、足下御盡力有之度存候。扨早々如此候也。

十一月八日　具　視

大久保　殿

（大久保利通文書四　四一四頁以下）

前記書簡交換において、極めて重要な事項が明らかにされた。すなわち、太政大臣三条實美は、「榎本等ヲ大嘗会ノ大赦ニ於テ宥免セシメントノ意見ヲ有シタルナリ」という。これは、太政大臣の意見であって、恩赦決定である。新嘗祭は、毎年一一月に天皇が行う収穫祭である。大嘗会は、天皇が即位の礼の後、初めて行う新嘗祭である。明治天皇の即位式は明治元年八月二七日、大嘗会は明治四年一一月一七日行われた。すなわち、明治四年一一月八日西郷等の動きがあり木戸は榎本等の恩赦に同意した。そこで翌九日太政官正院において、榎本等の恩赦が決定した。恩赦事由は、明治天皇即位大嘗会（明治四年一一月一七日）である。祝典による恩赦である。

第三　まとめ

そこで大嘗祭と箱館戦争裁判との関係について調査を進めた。次の動きが確認される。

明治四年一一月七日　大嘗祭告諭書が公布された（太政官布告第第五七三号）
明治四年一一月八日　太政大臣三条實美は大嘗祭による恩赦の意向（大久保利通→岩倉具視、岩倉具視→大久保利通書簡）
明治四年一一月八日　木戸は、西郷に対し榎本等の恩赦に同意
明治四年一一月九日　太政官正院は、榎本釜次郎等の恩赦決定
明治四年一一月一二日　岩倉使節団横浜港出発
明治四年一一月一七日　大嘗祭

すなわち、①大久保・岩倉の書簡によると、明治四年一一月八日から大久保・西郷は、榎本釜次郎等の恩赦を決定するため太政官正院の開催に動き、②三条公は、明治四年七月太政大臣となったがその頃から榎本等について、「大甞会ノ大赦ニ於テ有免セシメントノ意見ヲ有シ」さらに「榎本等ノ任用発表ニ関スルコト」をもっていた。③明治四年一一月八日木戸は榎本等の恩赦に同意した。④このような動きのなかで、一一月九日太政官正院が開かれ榎本等の恩赦が決定された。

そこで大嘗祭告諭書の公布―榎本等の恩赦決定―岩倉使節団出発―大嘗祭が続き、明治五年一月六日榎本等に対する所置（判決）がなされた。すなわち、太政官正院において、榎本等の恩赦決定されたのは明治四年一一月九日である。疑問は、明治天皇即位に伴う最高の祝典であるにもかかわらず、恩赦の公示がなされていないことである。

第三節　廟　議

第一　概　説

本件判決は、「特命」によるものである。「特命」は、太政官正院による恩赦決定によるものである。太政官正院は、太政官職制幷事務章程（太政官布告第二八六号）に基づき審議した。正院の審議は、天皇が出席する廟議である。

第二　廟　議

廟議は、朝廷における評議であり、国の重大事項を評儀・決定するものである。廟議について「維新史料綱要」は、以下のとおり記録する。

明治二年六月一〇日
箱館戦争賊魁ノ処分ヲ参謀等ニ諮問ス。是日処分ニ関シ廟議アリ。

（維新史料綱要第一〇巻　一三六頁）

榎本釜次郎等に対する所置廊議は、「斬罪」に傾くことが多かった。維新史の論述は、以下のとおりである。

明治二年六月一三日参与本戸準一郎の軍務官大村益次郎に対する書簡

朝敵御所致之仕第、是まで少々不都合も有之候得共稍条理も相立居候處、此度榎本始其儘に可差置之議論、薩人始頻に建言有之、決而御頓着の及ばぬ事に御坐候得共、為其兎角還延仕候。榎本等も可惜才芸は有之候得共、於条理如何とも難仕、付而は、巨魁之もの丈け死罪、司令己上於生藩禁錮、其余は軍務においていか様とも御委任に付、徒罪同様に御遣ひ有之候とも且々其處を得候得は、よろしく御座候事に付、遮而言上仕候（木下孝允文書）

と論じた程であった。議定岩倉具視・参与大久保一蔵等も亦略之と同意見であった。獨り黒田了介は満潮の反対にも拘らず、敢然として赦免の議を唱へ、爾来二箇年有余の永きに亙って反復主張せる結果、遂に五年正月六日に至り、…恩典に浴することを得たのである。

（維新史第五巻　三三五頁以下）

さらに廟議について「明治天皇紀」には、以下のとおり記録されている。

明治二年九月二日

御前会議あり、三日・四日・五日・一三日・一五日・一七日・一八日・一九日・二〇日・二三日・二四日・二五日・三〇日亦同じ、月中合わせて一四回なり、主として入道公親王輪王寺宮・前将軍徳川慶喜・元会津藩主松平容保等と賊徒榎本武揚等の処分とに関する審議ありたるなり。

（明治天皇紀第二　一八三頁以下）

すなわち、明治二年九月二日の段階で榎本等の処分案は、一四回に亘り審議された。かなり深い論議がなされたとみられる。明治天皇紀においては、さらに明治五年一月六日所置（判決）が記録されている。

明治五年一月六日
明治二年五月、箱館五稜郭に敗れて軍門に降り、軍務局糺問所の獄に投ぜられし榎本武揚・松平太郎・荒井郁之助・永井尚志・大鳥圭介等十名に対し恩赦あり、即ち武揚を親族預と為し、太郎等九人を悉く赦免す。爾後武揚は実兄榎本武興の家にありて謹慎せしが、三月七日に至り、又特赦の恩命に浴せるのみならず、翌八日開拓使四等出仕に補せらる。仰仰武揚等が降伏後の処分に就いては、廟議寛厳両派に分かれて決せざりしが、開拓次官黒田清隆、天下をして皇恩の浴きを知らしめんと欲し、且武揚等が材器を惜みて寛典を求め、固く請ひて止まざるに依り、遂に其の議に決定し、ここに至仁至慈の聖断をするに至れり。

（明治天皇紀第二　六二三頁以下）

第三　太政官正院

明治四年七月二九日太政官職制（太政官布告第三八五号）、太政官職制幷事務章程（太政官布告第二八六号）が制定された。正院は、太政大臣・左右大臣・参議により構成され、正院事務章程は「正院ハ天皇臨御シテ萬機ヲ総判シ大臣納言之ヲ輔弼シ参議之ニ参與シテ庶政ヲ奨励督スル所ナリ」定めた。

そこで、本件所置は天皇の臨席する正院において審議・決定された。

第四節　新聞報道

箱館戦争判決の翌日、新聞報道がなされた。その内容は以下のとおりである。しかし、これだけの大事件にもかかわらず、冷静そのものである。

正月七日、榎本釜次郎・大鳥圭介・松平太郎・永井玄蕃・澤太郎左衛門・荒井郁之助・其他九人ノ者、禁獄御免ニ相成リタリ。尤モ榎本一人ハ親類預ケ被仰付タル由、イヅレモ幽囚中志操正シク、殊ニ榎本ハ屑紙・撚紙ノ類ヲ以テ〇気諸器械ノ雛形ヲ製シタリト云

（幕末明治新聞全集第六巻上　四八九頁以下）

揚屋における榎本釜次郎等の入牢態度は、牢名主をつとめる等極めて厳正かつ柔軟な態度であった。榎本は、入牢中の書簡によると、①自身はわが国においてセーミ学（化学）では第一人者であり、②家鴨より卵のかえす方法、③焼酎の製造方法、④機器の製造方法等を友人に伝えた。しかし、榎本釈放にあたり、箱館戦争の意義・経過等を書かないで榎本の人柄・得意分野の報道をすることは極めて異例である。

第四章　恩赦の理由

第一節　概説

恩赦は、量刑と概念は別である。しかし、本書においては恩赦の理由は、量刑の範囲にあるものとして議論を進める。いつの時代も同じであるが、量刑を決定する要素として重要なことは、犯罪の動機・要因、犯罪の手段・方法、被害の程度、同種事件との比較均衡である。

本件は、①旧幕府軍の新政府軍に対する反抗行為であり、②その規模は、政府軍八、〇四一人、旧幕府軍三、六六一人に及び、③政府が統治していた箱館地区を武力により約九カ月に亘り不法占拠した。④何よりも重大なのは、政府軍の戦死・負傷者七七〇人に及んだことである。したがって、旧幕府軍首脳は総て死刑にすべきであるとの主張されたことは、当然である。しかし、裁判の結果は、「恩赦」である。

そこで本件恩赦の主な要因を検討する。概要は以下のとおりである。

標題	編・章・節
箱館戦争の要因	箱館戦争と明治維新
脱走・抗敵の動機	本章第二節
厳罰論・寛典論	本章第三節

標題	編・章・節
徳川将軍　会津・仙台藩主に対する処置	本章第四節
岩倉使節団派遣	本編第五章
アメリカ・フランスの動向	本編第六章

第二節　脱走・抗敵の動機

箱館戦争の動機は、徳川家約四〇〇万石が七〇万石に減じられ、約三〇万人の家臣を抱えることができなくなったことにある。そこで榎本は、徳川家の窮状を打開するため天皇制のもとで蝦夷地を開拓し、この地を徳川家の占拠地とすることを請願した。したがって榎本等の脱走・抗敵行為の動機は、第一次的には主家徳川家幕臣を護るものであり、第二次的には蝦夷地の開拓、北門防衛である。そして、その行為は「蝦夷嶋共和国」創立にまで至ったものである。しかし、「蝦夷嶋共和国」創立は、やり過ぎたのではないか。北門防衛のための施策の形跡は、認められないとの論議がある。

榎本は、蝦夷地を知っていた。第一、蝦夷上陸地を「鷲ノ木浦」とすることは、とても決められるものではない。第二、上陸後の五稜郭・箱館攻略、松前攻めをみると事前に蝦夷を良く知っていたものである。榎本もこれを認める。

箱館戦争ノ時、鷲ノ木へ兵ヲ上陸セシメ、本道ト間道ノ二タ手ニ別レテ進ミ、或ハ松前ヲ撃チシ時、吉岡峠ノ敵ヲ破ル為ニ間道ニ兵ヲ送リシモ、蝦夷ノ地理ヲ知リシガ故ナリ。

コノ地理ヲ知リシハ、ベルリノ日本ヘ来リシ時分、余ハ蝦夷地ヲ跋渉シ、函館ノ船問屋佐藤軍兵衛ト言フ者カラ、地図ヲ得シガ故ナリ。

（榎本武揚伝　四頁）

嘉永六年（一八五三）三月、幕府奉行堀越部正および勘定吟味役は北地巡察を命じられ江戸を出発した。榎本は、一八歳にしてその随行となった。巡察の目的は、日露修好通商条約が締結されることとなり、樺太の状況を確認するためであった。堀一行は、松前藩を経由して樺太を巡察し、帰途蝦夷地を巡察して八月箱館に帰った。堀は、六月箱館奉行に任命され引き続き箱館に滞在した。したがって榎本は、この巡察随行により樺太・蝦夷地を詳しく知ることとなった。又、箱館では佐藤軍兵衛から箱館近郊の地図をもらい、同地をさらに良く知ることとなった。

第三節　厳罰論・寛典論

箱館戦争に関する旧幕府軍首脳榎本釜次郎等に対する責任について、厳罰論と寛典論が対立した。厳罰論は木戸孝允であり、寛典論は箱館戦争陸軍参謀黒田清隆である。木戸は長州藩、黒田は薩摩藩であって薩・長藩の対立である。

第一　厳罰論

木戸は、明治元年二月三日大久保利通（薩摩藩）とともに総裁局顧問、明治元年閏四月二一日参与に就任した。参与就任者は、木戸孝允のほか小松帯刀・大久保利通・後藤象二郎・西郷隆盛・板垣退助・大隈重信であって新政府の有力者である。なお、「明治政府沿革史」を参照されたい。

明治二年六月一〇日、榎本釜次郎等が箱館から護送の途上にある頃、木戸孝允の日記には以下のとおり記載されている。

過日来箱館賊巨魁之御処置の御評議、尚参謀等へ御下問あり、情を以義を誤るの説不少、漸今日義に断するに稍決す。

（木戸孝允日記　第一　二三二頁）

この頃、木戸は参与の地位にあった。海陸参謀に対して榎本等処分の意見を聴取した。海軍参謀曽我祐準は、明治二年六月八日「己ニ降ルヲ殺スハ不祥ナリ」とする意見書を提出した。

次いで木戸は、明治二年六月一三日大村益次郎に対し、榎本等の処分に関し書簡を送った。大村は、当時軍務官副知官事の地位にあり、明治二年七月八日兵部大輔に就任した。

朝敵御所致之仕第、是まで少々不都合も有之候得共、稍條理も相立居候処、此度榎本始其儘に可差置之議論、薩人始頻に建言有之、決而御頓着に及ばぬ事に御座候得共、其為兎角還延仕候。榎本等も可惜才藝は有之候得共、実に於條理如何とも難仕、付而は巨魁之もの丈け死罪、司令已上於生藩禁錮、其余は軍務においていか様とも御委任に付、徒罪同様に御遣ひ有之候とも、且々其處を得候得はよろしく御座候事に付、遮而言上仕置候得共、昨日来不快に而参　朝も不得仕事ぐらまゝ仕居、不申哉と相考申候、何卒御催促可被為成候。

（木戸孝允文書　巻九　三七四頁以下）

軍務官—兵部省に対し、木戸参与の考えを伝えたものである。書簡の末尾には、「御密被御投火」の記載がなされている。木戸は本書簡において、①榎本等に対する処分決定が、薩摩藩の建言が重なり遅れていることに不満を表明した。次いで、②榎本等は、「可惜才藝は有之候得共、実に於條理如何とも難仕」とした。そして、③量刑案を示した。榎本等首脳は死刑、司令官クラスは無期禁錮、その余は軍務官（糺問司）に一任するものである。

第二　寛典論

新政府軍は、明治二年五月一一日旧幕府軍に対する総攻撃を開始した。直前の五月九日、陸軍参謀黒田清隆、海軍参謀曽我祐準・増田虎之助による作戦協議がなされ、その際黒田の提案により降伏する旧幕府軍榎本等首脳の生命救済を密約した。黒田の寛典論は、ここから始まる。

黒田は、明治四年一月四日渡米のため横浜を出帆した。黒田が明治三年一二月五日岩倉具視に送った書翰は、以下のとおりである。

謹啓愚存左ニ申上候。
一　廟堂之病根ハ薩長合ト否ニ在リ。又情義ヲ盡スト否ニアリ。我旧藩ノ如キハ、退テ功ヲ人ニ譲リ、罪ハ己ニ沾フテ至誠ヲ以テス。獨人事ヲ盡シ、手ヲ引キ引カレテ大道ヲ往来セスンハ、天下治マルヲ得ス。…

庚午十二月五日　　黒　田　清　隆

岩倉公閣下

二伸　小生事ヨーロッパ並支那へ差遣レ候。来月二日ヨーロッパ並支那へ差遣レ候。来月二日ヨリ出発ノ積ニ御座候。是迄御前方へ屡建議シタル事而已只気ニナリ、跡ニ残リ返ス返スモ邦家ノ為御盡力奉候。
一榎本釜次郎御所置、是非罪一等ハ御宥免之處是又奉懇願候。以上

（榎本武揚傳　一二二頁以下）

黒田は、明治三年一二月二九日には三条實美に対し建言書を提出した。建言書は、以下のとおりである。

謹啓
一昨日ニ十八日於
皇居ニテ言上仕候条々、猶ハ別紙書宛ヲ以テ偏ニ奉懇願候以◯心事、幾重ニ茂徹上仕ル様伏シテ奉祈祷候。恐惶謹言
庚午十二月廿九日　　黒　田　清　隆
右府公閣下（右大臣）

榎本釜次郎元来薩長ヲ恨ミ、王師（官軍）ニ抗シ箱館ニ拠ル。其罪少ナルニ非ス。然共、聖上寛仁之徳ニ感シ（陛下の深い情け徳を感じ）、終ニ軍門ニ降伏ス。夫レ既ニ其降ヲ受ケ東京ニ護送シ、又是ヲ戮ス（殺すは）条理ニ背キ、千載青史（せんざい）ニアリ。故ニ死一等ヲ宥メ、朝典公平ニ出ルヲ以テ適当トス。

（黒田清隆建言書）

第三　両論対立

厳罰論、寛典論は、「仰仰武揚等が降伏後の処分に就いては、廟議寛厳両派に分かれ」（明治天皇紀）、明治五年一月六日に至って所置がなされた。

木戸は、箱館戦争裁判において「国家」の「条理」として「秩序」を強調した。木戸のこの態度は、明治四年一一月岩倉使節団出発まで続いた。これに対し黒田清隆は、「人間」の「条理」として「生命」を強調したものである。今日においても、「条理」は、人間・国民、国家・地方自治体等各分野において存在し、その尊厳が最も重要である。

黒田が開拓使時代、蝦夷地において漁民等による「福山・江差　騒動」が起こった。東京から駆けつけた黒田は、「人間」の条理を打ち出し大事件を納めた。法的には問題があるが、「人間」の条理を強調することは止むを得ないものがある。本件と共通のものがある。

第四節　徳川　会津・仙台藩主に対する処置

量刑を検討する場合、同種事件との比較が重要である。曽我参謀も太政官に対する意見において会津・仙台藩に対する処分との比較を指摘した。そこで、徳川将軍および両藩主についての処分について調査した。

第一　宥典録

新政府は、明治二年九月二八日「宥典録」をもって徳川慶喜以下の処分を寛大なものとすることを表明した。その理由として、「顧フニ亂賊常ニ有ラス」「徳ヲ以テ下ヲ率ヒ」ることとしたものである。そして、徳川慶喜、松平容保、伊達慶邦以下に対し「反省自新」を期待した。

宥典録

詔書

朕聞、明君徳ヲ以テ下ヲ率ヒ、庸主法ヲ以テ人ヲ待ツ、顧フニ亂賊常ニ有ラス。君徳奈何ニアルノミ。今ヤ北疆始テ平キ天下祖定ル、慶喜容保以下ノ如キ各宜シクスル所アッテ自新ニセシメ、以テ天下ト更張セン。

明治二年己巳九月廿八日

布告

法律ハ国家之重事ニ候處、昨年犯逆之罪ニ於テハ、名義紊亂ノ後ヲ承ケ、政教未洽際ニ付、聖上深ク御反躬被為在、専ラ非常寛典ニ被處候次第就テハ、今度深キ思食ヲ以テ、詔勅之通史ニ被仰出候間、名義ヲ明ニシ順逆ヲ審ニシ、反省自新、盛意ニ対膺可致候事。

（太政官日誌明治二年第一〇三号）

（国立公文書館デジタルアーカイブ【請求番号】太００２０３１００【開始コマ】０２３９）

天皇・新政府は、戊辰・箱館戦争責任について、寛大な態度で臨むことを表明したものである。

第二　徳川将軍

徳川将軍は、大政奉還をなし将軍職を辞任し承認された。その後、天皇・新政府による徳川将軍征討令・御沙汰書・謹慎と続いたが、明治二年九月二八日有典録が表明され被免された。

㈠　徳川将軍辞職

徳川将軍は、慶応三年一〇月一四日大政奉還をなし、同年一〇月二四日天皇に対し将軍職の辞表を提出した。天皇は、同年一二月九日これを認めた。

辞表は、以下のとおりである。

臣慶喜　昨秋相続仕候節、将軍職之儀、固ク御辞退申上、其後厚蒙　御沙汰候ニ付、御請仕奉職罷在候處、今般　奏聞仕候次第モ有之候間、将軍職御辞退奉申上度、此段　奏聞仕候、　以上

十月二十四日　　慶　喜

（国立公文書館デジタルアーカイブ【請求番号】太００２０７１００【開始コマ】０８８５）

（復古記第一冊　巻二　五八頁）

徳川将軍の辞表は、慶応三年一二月九日受理された。

辞将軍職之事被聞召候事

（国立公文書館デジタルアーカイブ【請求番号】太００２０７１００【開始コマ】０８８５）

㈡　**徳川将軍征討令・御沙汰書**　明治元年一月七日「徳川慶喜征討ノ大号令ヲ発シ諸侯ヲシテ去就ヲ決セシム」が布告された。次いで同年四月四日、天皇から徳川慶喜に対し御沙汰書が発せられた。御沙汰書は、同日江戸城大広間において、勅使橋本・柳原両卿から田安中納言に対し渡された。翌四月五日、第二一八号として布告された。御沙汰書は、①慶喜は死罪のところ罪一等を減じ「水戸表へ退キ謹慎」する。②江戸城明渡、③軍艦銃砲の引渡、④家臣の城内からの退去、⑤慶喜は七〇万石に減じるとするものである。箱館戦争裁判と明治維新参照。

徳川慶喜は、明治元年七月一四日「水戸表」から「駿府」に転移することが許された（国立公文書館デジタルアーカイブ【請求番号】太００２１２１００【開始コマ】０４０２）。

㈢　**徳川将軍処分**　明治二年九月二八日、宥典録（詔勅）をもって徳川・松平以下を寛大な処分とした。徳川将軍に対し以下のとおり被免処分が通告された。

徳川慶喜へ達

先般謹慎被仰付置候処、深キ配キ叡慮ヲ以テ被免候事

（国立公文書館デジタルアーカイブ【請求番号】太00203100【開始コマ】0239）

第三　会津藩主　松平容保

会津藩主は、文久二年（一八六二）京都守護職となり京都の治安維持にあたった。しかし、慶応三年大政奉還、明治元年王政復古により新政府が誕生。薩摩藩の主導により長州藩が復権すると薩長と旧幕府との対立が激化した。鳥羽・伏見の戦い（戊辰戦争）が勃発した。会津藩は朝敵とされ、会津若松城下の戦いに敗れ降伏した。明治元年一二月七日、容保は「長預」に処せられた。しかし、翌二年九月二八日謹慎とされた。

元年十二月七日　松平容保死一等ヲ宥メ首謀ノ者ヲ

誅シ寛典ニ処スルノ詔

附松平容保以下廿余名処置

詔　勅

賞罰ハ天下之大典、朕一人之私スベキニ非ズ、宜ク天下之衆議ヲ集メ至正公平蒙等毫氂《こうおさ》モ誤リ無キニ決スベシ、今松平容保ヲ始メ伊達慶邦等ノ如キ百官将士ヲシテ議セシムルニ各小異動アリト雖、其罪均シク逆科ニアリ宜シク厳罰ニ処スベシ、就中容保之罪天人共ニ怒ル所死尚余罪アリト奏ス、朕熟ラ之ヲ按スルニ政教世ニ洽《あまね》ク名義人心ニ明ナレハ固リ亂心賊子無ルベシ、…朕因テ断シテ曰、其實ヲ推テ其名を怒シ其情ヲ憐シテ其法ヲ假シ容保ノ死一等ヲ宥メ首謀ノ者ヲ誅シ…汝百官将士其レ之ヲ體セヨ

松平容保へ達

作冬徳川慶喜政権返上之後暴論ヲ張リ、姦議ヲ運ラシ、兵ヲ挙ケ闕下ニ迫ル、事破レ循ス、慶喜恭順スルニ及ヒ更ニ悔悟セス居城ニ拠リ兇賊ノ称首ト為リ、飽マテ王師ニ抗衡シ天下ヲ騒乱ス、其罪神人共ニ怒ル所、此度可被處厳刑之處至仁非常之宸断ヲ以テ死一等ヲ減シ、池田中将へ長預ケ被仰付候事

（国立公文書館デジタルアーカイブ【請求番号】太００２０３１００【開始コマ】０２２８）

明治二年九月廿八日

松平容保儀先般城地被召上、父子永預被仰付置候處、深キ叡慮ヲ以テ、今度家名被立下候間、血脈之者相撰可願出旨被仰出候間、此段為心得相違候事

（太政官日誌明治二年第一〇三号）

（国立公文書館デジタルアーカイブ【請求番号】太００２０３１００【開始コマ】０２３９）

第四　仙台藩主　伊達慶邦

仙台藩は、戊辰戦争では奥羽越列藩同盟を結成し、盟主となった。しかし、戊辰戦争に敗れ表高六二万石から実高二八万石減封された。そのため、在郷家臣に帰農を命じ、陪臣を解雇して士族籍を与えなかった。そこで領主たちは、自ら家臣団救済・北海道開拓のため移住を開始した。

明治元年一二月七日、「謹慎」「減封」に処せられた。しかし、翌二年九月二八日「赦免」となった。

明治元年十二月七日　伊達慶邦父子ニ謹慎ヲ命シ更ニ実子亀三郎ニ家名相続セシム

伊達慶邦へ達

今般城地被召上父子於東京謹慎被仰付候處、出格至仁ノ思召ヲ以テ家名被立下更ニ弐拾八万石下賜仙台城御預被仰付候間、血脈ノ者相撰早々可願出事

（国立公文書館デジタルアーカイブ【請求番号】太００１８６１００【開始コマ】０２６５）

明治二年九月廿八日

伊達慶邦

先般於東京謹慎被仰付置候處、深キ叡慮ヲ以テ被免候事

（太政官日誌明治二年第一〇三号）

（国立公文書館デジタルアーカイブ【請求番号】太００２０３１００【開始コマ】０２３９）

第五　箱館戦争裁判と刑の均衡

徳川将軍・会津藩主松平容保・仙台藩主伊達慶邦等に対する「被免」措置は、榎本釜次郎等に対する処分にも大きな影響をもたらすものである。すなわち、戊辰戦争・箱館戦争は、明治維新により起きたものである。したがって、箱館戦争の榎本釜次郎以下の首脳の責任は、徳川将軍等と均衡するものでなければならない。司法における刑の均衡である。

第五章　岩倉使節団派遣

第一節　概　説

岩倉使節団は、明治四年一一月一二日アメリカに向け出発した。構成員は、特命全権大使・右大臣岩倉具視、特命全権大使副使・参議木戸孝允、大蔵卿大久保利通等であって明治政府の首脳である。そこで明治四年一一月、太政大臣三条實美・右大臣岩倉具視・参議西郷隆盛・参議木戸孝允・参議大隈重信等政府首脳は、視察団帰国までの間における重要政策等の決定につき、十二ヵ条に亘る約定を締結した。榎本釜次郎等に対する判決については、アメリカ・フランスが強い関心をもっており、判決内容は国際問題でもあった。そこで、榎本釜次郎等に対する判決は、明治四年一一月九日廟議《びょうぎ》（朝廷に評議）―太政官正院において決定された。

第二節　岩倉使節団

岩倉使節団は、明治四年一一月一二日横浜港をアメリカに向け出発した。サンフランシスコ―ワシントンD・Cを中心にアメリカに約八カ月滞在した。その後、ヨーロッパに渡りイギリス―フランス―ドイツ―ロシア―イタリア―オーストリア―スイス等一二カ国を歴訪した。視察期間は、一年一〇カ月に亘り明治六年九月一三日帰国した。

使節団の目的

一、条約を結んでいる各国を訪問し、元首に国書を提出

二、江戸時代後期に諸外国と結ばれていた不平等条約の改正のための予備交渉

三、西洋文明の調査

使節団の構成

岩倉具視を正使とし政府首脳や留学生を含む総勢一〇七名（使節四六名、随員一八名、留学生四三名）で構成された。主な構成員は、以下のとおりである。

使節団職名	氏名（年令）	官名	出身
特命全権大使	岩倉具視（四七）	右大臣	公家
特命全権大使副使	木戸孝允（三九）	参議	長州
特命全権大使副使	大久保利通（四二）	大蔵卿	薩摩
特命全権大使副使	伊藤博文（三一）	工部大輔	長州
特命全権大使副使	山口尚芳（三三）	外務少輔	肥前

箱館戦争裁判については、各国が強い関心をもっていた。特に仏国は、仏国軍人が旧幕府軍に参戦し問題となっていた。又、明治三年一月二七日アメリカ合衆国公使から外務卿に対し、榎本等の赦免を求める書簡が送られた。

そこで新政府としては、使節団出発前に所置決定の必要があった。榎本は、明治四年一〇月二九日の姉宛ての書簡で所置時期が近いことを指摘した（№34）。太政官正院は、明治四年一一月九日榎本等の所置を決定した。

岩倉使節団は、明治四年一一月一二日横浜を出発した。

第三節　十二箇条の約定

岩倉使節団が出発するにあたり、政府と使節団首脳との間で十二カ条に亘る約定がなされた。その主たる条項は、以下のとおりである。

約　定

今般特命全権大使派出ノ一擧ハ洵ニ不容易大事業ニテ全国ノ隆替　皇運ノ奉否ニ関係スル事ナレハ中朝ノ官員派出ノ使員ト内外照應気脈貫通一致勉力セサレハ成功難奏萬一議論矛盾シ目的差違ヲ生スル時ハ国事ヲ悞リ国辱ヲ醸スベキニ由リ爰ニ其要旨ノ條件ヲ列シ其事務ヲ委任擔当スル諸官員連名調印シ一々遵奉シテ之ニ違背スルナキヲ証ス

○（略）第一乃至第五款

第六款

内地ノ事務ハ大使帰国ノ上大ニ改正スル目的ナレハ其間可成丈ケ新規ノ改正ヲ要スヘカラス萬一已ヲ得スシテ改正スル事アラハ派出ノ大使ニ照會ヲナスヘシ

第七款

廃藩置県ノ處置ハ内地政務ノ純一ニ帰セシムヘキ基ナレハ條理ヲ遂テ順次其実効ヲ擧ケ改正ノ地歩ヲナサシムヘシ

第九款

所管省トモ勅奏判ヲ論セス官員ヲ増益スヘカラス若シ已ヲ得スシテ増員ヲ要スル時ハ其情由ヲ具シテ決裁ヲ乞フヘシ

明治四年辛未十一月

太政大臣	三條實美
右大臣	岩倉具視
参議	西郷隆盛
参議	木戸孝允
参議	大隈重信
参議	板垣正形
議長	後藤元燁
神祇大輔	福羽美静
外務卿	副島種臣
大蔵卿	大久保利通
大蔵大輔	井上馨
兵部大輔	山縣有朋
文部卿	大木喬任
工部大輔	伊藤博文
司法大輔	佐々木高行
司法大輔	宍戸璣
宮内卿	徳大寺實則
開拓次官	黒田清隆

（国立公文書館デジタルアーカイブ【請求番号】太００３１０１００【開始コマ】０６２５）（国立公文書館デジタルアーカイブ【請求番号】単００３２４１００【開始コマ】００２２）

本文の要旨は、以下のとおりである。第六・七款―留守政府は、使節団派出中国内で新規政策をとらない。止むを得ない事情がある場合は、派遣団に照会する（第六款）。但し、廃藩置県に関する政策は、除外する。この場合留守政府は、条理に従い政策を進める（第七款）。したがって、第六款は本文で、第七款は例外規定である。第九款―勅・奏・判官の任・免はしない。それをする場合は、その理由を付して決裁を求めなければならない。

本約定書の作成は、「明治二年一一月」であり、日付の記載がされていない。太政官正院において、箱館戦争裁判の恩赦決定がなされた前日八日と推定される。

第四節　箱館戦争裁判との関係

本約定書は、明治四年一一月八日に作成され、翌九日太政官正院において恩赦決定がなされた。これにより岩倉使節団は、アメリカ・フランス等外国において、榎本等の処置状況を説明できることとなった。

廟堂では榎本を急速に処置するために論議されていた。そのとき木戸孝允その他の長州派や土方久元、大村益次郎などは強硬論者で、壮年の榎本をこのまま飼い殺しするのは厄介だから、引きずり出して斬首せよ、と主張し、これに対して薩州派の黒田清隆らは榎本の赦免を要求した。…廟議容易に決せず、岩倉具視一行が四年十一月に遺欧米使節団として出発するときまで続き、その出発前にも米国でもし榎本の処分について質問されたとき、榎本を斬首の刑に処すとしたら、日本の恥であるという説も出てきた。その間に西郷らの力添えもあって赦免論が有力になってきた。…（廟議）では、どちらの議論にも一理あるから、一応西郷に裁断を乞うたらどうかということになり、品川弥次郎が西郷に使いしたところ、西郷は…強く赦免を主張し、…廟堂の会議で榎本の赦免のことが決定したといわれる。

（榎本武揚　昭和三五年版　一七二頁以下）

第六章　外国の動き

第一節　概　説

わが国は、徳川二代将軍秀忠の頃から鎖国が始まり、これが次第に強化された。しかし、嘉永六年（一八五三）七月浦賀にアメリカのマシュー・ペリー率いる黒船が来航し、翌安政元年（一八五四）日米和親条約が締結され開国に至った。攘夷派は、開国に強く反対した。明治維新の一要因は、この開国にあった。アメリカ等との和親条約締結の状況は、以下のとおりである。

条約国	条　約	締結年月
アメリカ	日米和親条約	安政元年（一八五四）三月
イギリス	日英和親条約	安政元年（一八五四）
ロシア	日露和親条約	安政二年（一八五五）二月
オランダ	日蘭和親条約	安政三年（一八五六）
アメリカ	日米修好通商条約	安政五年（一八五八）六月
イギリス	日英修好通商条約	安政五年（一八五八）八月
ロシア	日露修好通商条約	安政五年（一八五八）八月
オランダ	日蘭修好通商条約	安政五年（一八五八）七月
フランス	日仏修好通商条約	安政五年（一八五八）九月
プロイセン	日普修好通商条約	文久元年（一八六一）一二月

アメリカ・フランスは、箱館戦争裁判にあたり榎本釜次郎等を支援した。その背景を考察する。①アメリカは、わが国の開国のため徳川幕府首脳と交渉を強め、日米和親条約―日米修好通商条約を締結した。箱館港は、アメリカと日米和親条約第二条により翌安政二年（一八五五）三月開港した。次いでイギリス等との条約が締結され、各国の領事館が設置された。やがて箱館は、箱館戦争―蝦夷共和国の舞台となった。②フランスは、徳川幕府の要請により軍事顧問団を派遣し、陸軍の指導・訓練にあたった。その軍事顧問団士官・下士官五名が旧幕府軍を支援した。③箱館戦争により、箱館には旧幕府軍による「蝦夷嶋共和国」が創設され、箱館領事館との交渉等がなされた。榎本釜次郎等首脳は、領事等と交流を強めた。アメリカ・フランスは、榎本釜次郎等首脳の裁判に対し強い関心をよせることとなったものである。

第二節　フランス

明治二年五月一八日、榎本釜次郎等旧幕府軍は新政府軍に降伏した。新政府は、仏国政府に対し、旧幕府軍を支援したブリュネ大尉等に対し処罰を求めた。

徳川幕府がフランスに対し要請した第一次軍事顧問団は、慶応三年一月一三日横浜に到着した。追加派遣を含め士官六名、下士官一三名、計一九名である。旧幕府軍を支援した団員は、以下のとおりである。

地位	氏名	担当部門	旧幕府軍参加地
士官	ジュール・ブリュネ大尉	近衛砲兵連隊・砲兵教育	東京
下士官	ジャン・マルラン軍曹	第八騎兵大隊・歩兵教育	仙台
下士官	フランソワ・ブッフェ軍曹	第二〇騎兵大隊・歩兵教育	仙台
下士官	アルテユール・フォルタン軍曹	近衛砲兵連隊・砲兵教育	仙台
下士官	アンドレ・カズヌーヴ伍長	―	東京

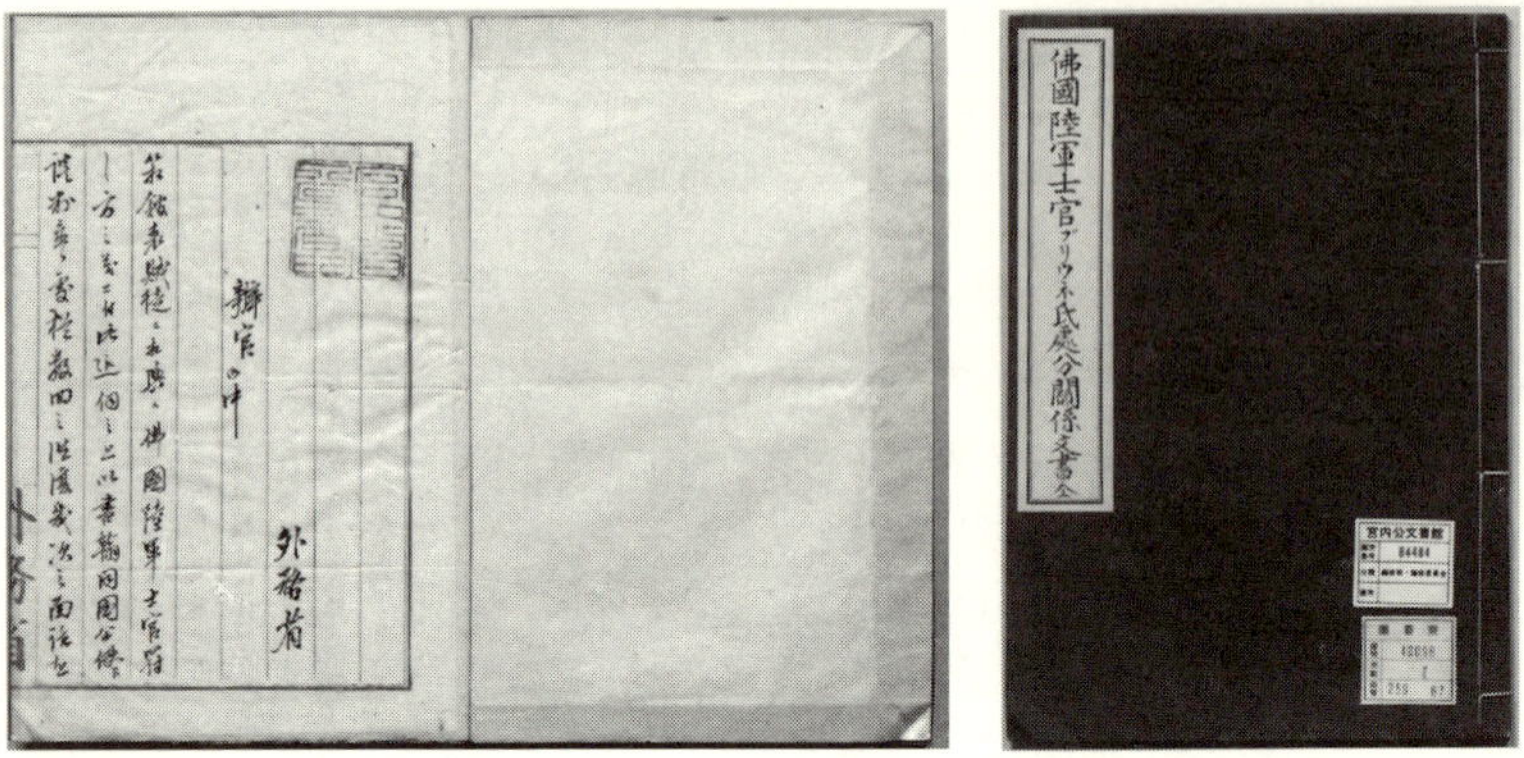

佛国陸軍士官ブリウネ氏処分関係文書

これらの士官・下士官は、東京・仙台から参加し旧幕府軍と共の北に向かった。

フランス士官・下士官の旧幕府軍参加について、フランス公使ロッシュは自国外務省に対し報告書を提出している。

私ガ不安ニ思ウノハ、混乱ノ情勢ノナカデ、フランス軍事教官団ノ将兵ガ明ラカニ幕府方ニ同情シテイルコトデ、自分等ガ教育シタ江戸幕府ノ将士ヲ愛シテイル。マタ、将軍ノ重臣タチモフランス将士ノ協力ヲ得テ勢力ヲ盛リ返シタイト希望シテイル。多分、協力ハシナイダロウトハ思ウガ、萬一、同情ノアマリ、実行ニ移スヨウナコトガアッテハ一大事デアル。コレハ決シテ賢明ナ策デハナイ。私ハ極力阻止シヨウウト努メテイル。

（箱館戦争始末記　九五頁）

ブリュネ大尉は、団長シャノワーヌ大尉に対して以下の書面を残した。

一、ここに陸軍大臣に提出すべき辞表を同封す。

一、予は、旧部下であったカズヌーヴを同伴す。彼は嘗て、予と同連隊にあってその聡明と勇気とは、予の感服しているところだ。日ならず二名の同僚が若干の下士と共に予と行動を共にすべく参加するであろう。

この辞任届は、受理されなかった。

（箱館戦争のすべて　八〇頁）

スデニ辞表ヲ申シ出タガ、許可ニナラナカッタ。帰国ノ日ヲ待ッテイタ。シカシ、心中ハ決シテ穏ヤカデハナカッタ。徳川幕府ノ手厚イ待遇ニ対シテハ、ナントカシテ報イタイト考エテイタノデアル。シカシ、モウ忍耐ハ限界ニ達シタ。旧徳川家家来タチ、愛スル日本ノ生徒タチト行動ヲ共ニスル。

（箱館戦争始末記　九五頁）

ブリュネ大尉は、箱館において榎本武揚総裁の蝦夷共和国を支援した。同大尉は、四名の下士官を指揮して共和国陸軍奉行大島圭介のもとで支援にあたった。

新政府軍は、明治二年四月九日蝦夷地に上陸、五月一一日五稜郭・箱館の総攻撃を開始し、五月一八日旧幕府軍は降伏した。ブリュネ大尉等フランス軍人は、榎本の勧告に従い、総攻撃が開始された五月一一日箱館港に碇泊中のフランス船に逃れ帰国した。

ブリュネ大尉の旧幕府軍支援について、我が国とフランス公使間で厳しい交渉がなされた。

佛蘭西公使館　横浜千八百七十年（明治三年）第一月十二日

榎本釜次郎脱走一件書並佛人ブリユウネ等処罰方

…先般右士官佛国へ帰着相成り候に付、軍務総裁より同人の挙動等を可致糺明旨命令有之、随而西暦十月初旬別段之武官の集会を遂行ブリュネー呼出之上取調候處、全て同人之罪科判然に付、十月十五日附裁判状を以、職務被免ノンアクテイウ井テイート相候…。

（アジア歴史資料センター【レファレンスコード】A03022889100―29頁）

貴国第一月十二日附御書簡落手、就は箱館表を屯集いたし候我賊徒に與し候、貴国人ブルュネー氏貴国政府於而御裁判召し候趣承知いたし候、御書面中ノンアクテイウ井テイー等は如何、極刑法ニ候御註解御申趣有之度、且其他之数人御罰し方御示無之、右之次第柄をも承知いたし度、此段御照会御座候。　以上

二月九日

外務大輔　寺嶋　従四位　藤原宗則

外務卿　澤　従三位　清原宣嘉

佛国公使

マキスウトレー　閣下」

（アジア歴史資料センター【レファレンスコード】A03022889100―34頁）

我が国人ブルュネ氏の儀に付西洋正月十二日附之書翰、尚御回答をして同二月九日附之書翰被見いたし候、然者拙者書翰中ノンアクテイウエテイーと有之候意味、御承知被成度趣、右者先般閣下に申上置き候通り、我国兵律に而者右罰を士官に申付御事は余程重き事に而、則陸軍職務退役命令をされ無役と相成候儀に有之候。…

尚又ブルュネ氏と與し居候下役数人之処分、如何なる罰し方被申付候、…同人等者唯其長ブルュネ氏之命令に従ふ丈けの罪として、

裁判可有之と存候、尤彼等も當今佛軍陸軍に屬し…候。

三月十九日　　　　　佛国全権公使　マキスウトレー

澤外務卿

寺嶋外務大輔　閣下

（アジア歴史資料センター【レファレンスコード】A03022889100―35頁）

（宮内公文書館　佛国陸軍士官ブリウネ志氏処分関係文書　識別番号　84484）

ブリュネ大尉は、榎本等旧幕府軍参加にあたり、仏国の士官を辞職したが仏国は認可しなかった。したがって、仏国・新政府としては、ブリュネ大尉は仏国士官として旧幕府軍を支援したものである。しかし、ブリュネ大尉は、個人の立場で参加したものである。ブリュネ大尉は、軍務総裁の指示に基づく軍法会議において糺問され、明治二年一〇月一五日「職務被免」に処せられた。

新政府・フランス公使間の交渉は、明治三年三月一九日フランス公使書簡をもって終結した。太政官は、榎本等の処置は、フランスとの交渉が完結した後なすものとしていたので、その処置ができることとなった。

岩倉具視から大久保利通宛書翰（明治二年九月二一日）

前略昨夜條公にて議する所、榎本以下之御處断然佛談判後と決す。但し素より死罰然りと雖も外国談判重事に付此如也と。而して、功臣賞典と慶喜以下御処置と此二件は一日も速に可被行との事に決し申候。…

九月廿一日　　　　　具視

大久保　殿

副　島　殿

御直被

（岩倉具視関係文書第四　三一四頁以下）

私はこれまで、ブリュネ大尉の旧幕府軍に対する支援を高く評価した。しかし、高額な報酬の支払いを知り、疑問が生じた。その支援の具体的状況と支援額の詳細について調査が必要であると考えるに至った。

第三節　アメリカ

明治三年（一八七〇）一月二七日アメリカ合衆国公使から外務卿に対し榎本等の赦免を求める書簡が送られた。主な関係書類を記録する。

千八百七〇年	一月廿七日
自　弁理公使　デロング	至　澤　宣嘉 寺島　宗則
大意	箱館新年ノ期ニ當リ寛大ノ所置有之度申立
	別紙

英文書簡二通

明治三年一月二七日アメリカ合衆国公使から外務卿に対する書簡

外務卿

澤従三位清原宣義

寺島従四位藤原宗則　閣下

合衆国に而大逆賊を鎮撫せし時、大統領親兵に敵対せしたるもの共を、不残赦免すべき旨を警告した里、右所置の智術なる事疑以なし、且其後実効充分顕れた利、日本新年〇〇あるが故、寛大之所置を以て右之もの共を職務に任る時は、日本政府之威勢顕然となり、且天皇陛下の義各国主君の内に輝き、合衆国及ひ他の国々に而相当に尊敬するに至るへし、此事を閣下に報する事余の職掌た里、政府之大量なる事必らす外国中就中合衆国に頼るへし、右は日本と外国との交際上に益阿る事疑以なければ、天皇陛下に而其政府と逆ひしもの共を新年之期に至り、全て赦免阿らん事を希望す。　謹言

在日本合衆国ミニストルレジデント

シ・イ・デロング

（アジア歴史資料センター【レファレンスコード】B08090131000―5頁）

アメリカ公使は、自国の南北戦争において新政府が敵軍に対し寛典措置をとったことが評価されたことを告げ、榎本等の「赦免」措置を求めた。

第七章　福山・江差　騒動

第一節　騒動の概要

松前・館藩は、爾志（熊石、乙部）・檜山（厚沢部、江差、上ノ国）・津軽（松前／福山）・福島（福島、知内）郡から形成されていた。四郡は、松前、舘、弘前、青森の藩県を経て明治五年九月開拓使の所管となった。

開拓使は、明治六年三月青森県から移管された四郡の漁税を、それまで五分であったものを一割に増税した。この年は、鯡が極度の不漁であったこともあり漁民の騒動に発展した。旧幕府時代は、漁民に対する貸付金、救護米制度があり、その額は四、五万両あったが、それが開拓使時代になってなくなった。そのため漁民は、鯡漁の支度金を江差、函館の商人から高い金利で借入した。そのうえ、税が一割となれば漁場経営が困難になることは明らかであった。

騒動に参加した者は、「数千」とされるが、千五、六百人程度である。爾志三〇〇、福山・江差各五〇〇、熊石・乙部二〇〇名）と推定される。捕縛者は、福山関係一七人　江差関係三一人である。

開拓使は、官員だけでは鎮圧することができず、青森から軍隊の派遣を求め首謀者の捕縛にあたった。黒田清隆次官は、東京から急遽駆けつけた。黒田次官は、漁税一割を譲らず、建物損壊の損害賠償は各村の負担とし、そのうえで捕縛者全員を釈放する「恩典」を実施した。騒動は、収束した。

この騒動には、漁民のほか旅籠屋、商人、農民、医師、郵便取扱人、伍長等が参加・捕縛されており、又正行寺、光善寺は、漁民等のため集会、宿泊のための場所を提供した。漁民だけでなく、開拓使行政に対する住民不満が爆発したものである。福山・江差騒動は、北海道における最大の住民一揆である。

第二節 「黒田恩典」

黒田の「恩典」は、次のとおりである。

第壱号

当管内ノ人民ヘ全地一般ノ振合ヲ以テ鯡漁税ヲ掛ヶ候処、頑民共数千党与一時蜂起シ官員縷縷之ニ説諭ヲ加フルト雖トモ、倍ス暴威ヲ逞フシ、剰ヘ凶器ヲ携ヘ強訴、庁ニ迫マリ、遂ニ人家ヲ破却シ或ハ人ニ疵ヲ付ケ、甚シキハ民財ヲ掠奪シ酒食ヲ貪リ、其悪行不至所無ク、而今先非悔悟ノ実功ヲ表スルト雖トモ、法律ヲ以テスルトキハ、実ニ天地ニ不可容ノ大罪ナリ。決シテ赦宥ノ者ニ無之候得共、清隆退テ往事ヲ追懐シ、民情ヲ察スルニ、戊申己巳年不慮ノ禍難ノ為メヘ兵燹ニ罹リ非常ノ困苦ヲ受ケ候者ハ勿論、鰥寡孤独疾病等ノ者函館地方ノ儀ハ都テ厚ク救助モ有之所、福山江差方面ハ当春当使ニ引続ノ砌、尚又救助ノ道ヲ立テ直チニ厚ク世話可致処、其儀無之故ニ此挙動ヲ醸成スルニ至ル、是偏ニ清隆不明ニシテ撫御ノ道ヲ失シ、遂ニ此失体アルヲ致ス後悔ノ至リニ堪ヘス、之ニ依テ進テ罪ヲ民ニ譲ムルニ忍ヒス。此際出格ノ義ヲ以テ各其重罪を赦宥シ罪ヲ清隆一身ニ帰シ退テ、天裁ヲ仰カン。人民宜ク皇恩ノ厚キヲ奉戴シ、尚清隆ノ心中ヲモ察シテ善心ニ復シ、各其産業ヲ力メヨ、必ス聖旨ヲ誤リ官令ヲ背ク勿レ。自今聊カ右様ノ者有之ニ於テハ、速ニ厳罰ニ処ス。故ニ今般ノ処分ニ甘ヘ他日心得違ヘ無之様、小前末末ノ者ニ至ルマテ無洩相触レ、尚常々戸長以下諸役員ヨリ屹度懇諭可致事。

明治六年六月廿八日

開拓次官　黒田　清隆

（北海道立文書館所蔵）

黒田次官は、東京に帰着した後、明治六年七月一七日天皇の裁可を願い出、裁可された。

第三節　恩典の法的問題

捕縛者の行為は、明治三年一二月新律綱領（太政官布告第九四四号）巻四闘殴律中闘殴、威力制縛に該当し、「笞二十」から「流三等」に処せられるものである。

明治五年八月司法職務定制が布告された（太政官布告無号）。同定制により、司法省臨時裁判所（第十一章）、司法省裁判所（第十二章）、出張裁判所（第十四章）、府県裁判所（第十五章）、区裁判所（第十七章）が置かれた。しかし、函館裁判所は設置されていなかったので本事件の管轄は、開拓使である。

明治六年三月から同七年一二月まで西日本を中心に「血税一揆」といわれる徴兵、学校、租税等の反対・改正を求める一揆が多発し（一四とも一九とも）、官員宅、区・戸長宅、学校などが破壊され、殺傷者も多数にのぼった。本件もこの一揆に位置づけることができる。明治政府に対する不満の爆発である。

その一連の事件の中で名東県《みょうどうけん》（香川県）事件がある。明治六年六月二八日に徴兵、学校経費の負担反対を叫んで農民たちが立ち上がり、戸長事務所、邏卒出張所、学校等五九九箇所を打壊、焼打ちし、死傷者は五二名で七月六日鎮圧された。逮捕者は約二八二名。

本件につき、司法職務定制に基づく司法省臨時裁判所（第十一章）が開廷された。司法省から派遣された判事は、司法権少判事佐久間長敬である。裁判の結果、斬殺四人・絞殺三名・懲役終身一名・懲役十年一七名・懲役七年以下三五名・杖一三一名・笞一六、六五四名・呵責四二名・放免一四名・脱走一名である。罪人は一六、九〇二名。刑に処せられた者一六、八八七名。放免一四名。脱走一名である。

明治六年における日本の司法制度は、司法省のもとにあり、新律綱領、司法職務定制が適用されていた。適用すべき法令は、開拓使も例外ではない。しかし、黒田次官は、「天裁」として何の処分もしなかった。函館裁判所が置かれていれば、結果は違ったものとなったであろう。函館裁判所は、明治七年一月八日設置された。

私は、『開拓使時代の司法』において、黒田次官の「福山・江差騒動」に対する措置は、法の下における平等に反するものであると判断した。しかし、黒田の箱館戦争裁判における榎本等救済の行動をみると、本福山・江差騒動の恩典と一致するところがある。黒田の基本姿勢は、「人間尊重」である。

箱館戦争降伏人に対する処置

第一章　概　説

箱館戦争は、明治元年八月一九日旧幕府軍榎本等が「夜　開陽　回天　蟠龍　千代田　神速　長鯨　美加保　咸臨等ノ八艦ニ人数二千人余乗組ノ儘品川沖出帆脱走」（犯罪事実認定書）に始り、仙台における仙台藩、大鳥軍等の参戦により総数三、六六一名となった。これに対し新政府軍は、八、〇四一名の参戦である。明治二年五月一八日旧幕府軍は、降伏した。約八カ月間の戦である。

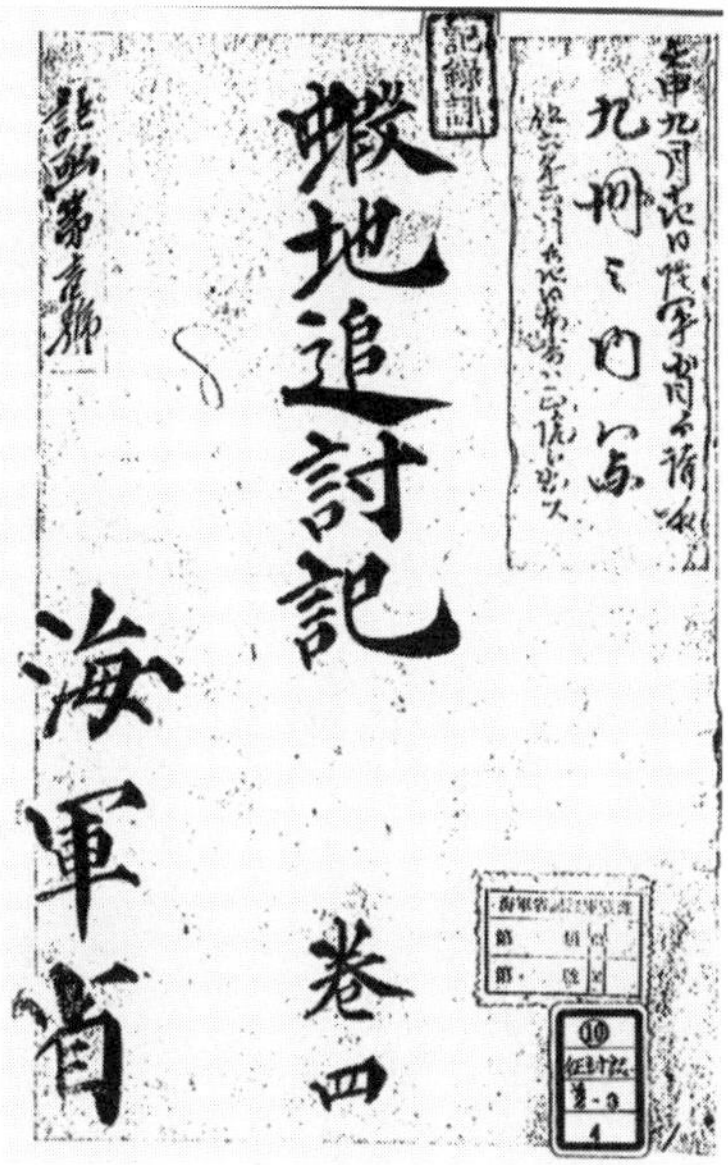

蝦地追討記　巻四

箱館戦争降伏人は、三、一三〇名である。本書の主題である榎本釜次郎等幹部一一名は、裁判のため長期間勾留され兵部省糺問正黒川通軌により明治五年一月六日赦免（榎本は、「親戚預ケ」のあと赦免された。）された。さらに降伏兵士三、一一九名は、降伏後順次処置がなされた。明治二年八月一九日箱館降伏人取扱方（太政官達）により二、三〇〇名は東京に移送され、「生国」に「帰還」となった。静岡・仙台藩降伏人五〇〇名は、蝦夷地開拓要員とされていたが、開拓使は適任者でないとして反対した。そこで、明治三年四月五日、降伏人取締前田雅楽は、「謹慎御免之上旧藩へ御引渡」とした。降伏人三一九名は、蝦夷地に残留した。一名は別件により処分された。

本編では、その経過を中心に論述する。

第三章　箱館戦争降伏経過

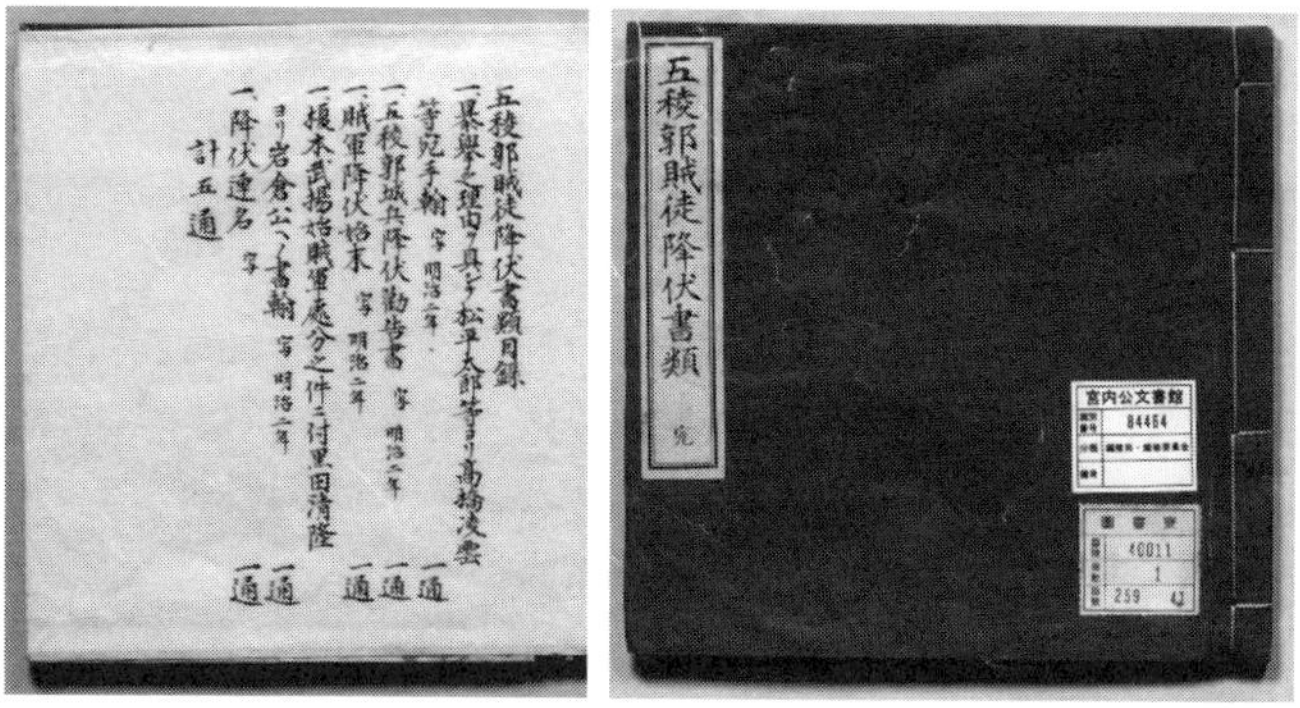

五稜郭賊徒降伏書類

第一節　概説

降伏とは、戦争において軍隊、あるいは個々の戦闘員が敵に対する戦闘行為をやめて、その支配下にある地点・兵員・戦闘手段を敵権力内に置くことである。広義には、抵抗を止めて相手に服従することである。

明治二年二月二五日、朝廷から海陸軍に対し箱館を占拠する旧幕府軍に対する追討命令が下された。陸軍は、伏見親兵・箱館府兵・薩・長・肥後・肥前・水戸・安芸・津軽・松前等の兵約七、〇〇〇人である。軍艦は甲鐵・陽春・春日・丁卯、飛龍・豊安・戊辰・晨風八隻である。海陸軍首脳は、海軍参謀曽我佑準・増田虎之助、陸軍参謀黒田清隆をもって構成された。

明治二年五月一一日、新政府軍の旧幕府に対する総攻撃が開始された。攻撃の目標は、五稜郭陣屋、弁天台場、千代ヶ岡陣屋および上湯川兵営である。これにより旧幕府軍は、降伏に追い込まれた。明治二年五月一七日午前九時頃から新政府軍―旧幕府軍間で降伏協議がなされ午後三時停戦が合意された。同日午後一一時、旧幕府軍は新政府軍に対し、降伏三箇条を提案し、新政府軍は承諾した。そして、翌一八日午前七時、榎本等旧幕府軍首脳は、亀田会議所（亀田八幡宮）に出頭降伏し、新政府軍から降伏条項が告知され、ここに降伏が成立した。

降伏の大きな原因は、①開陽丸の江差沖での沈没。②箱館湾海戦により全艦船喪失。③弁天岬台場、千代ガ岱陣屋・湯ノ川兵営の陥落である。加えて④戦費の枯渇、⑤自軍兵士の戦意喪失である。

降伏経過の概要については、「曽我祐準箱館戦争史談」第二章において記述した。本章では、「復古記外記　蝦夷戦記」を中心として論述を進める。

第二節　降伏経過

明治二年二月二五日

廷議、将ニ海軍ヲ発シテ、陸軍ニ応援シ、蝦夷地ノ賊ヲ討セントス、乃チ軍務官判事増田明道ヲ以テ海軍参謀ト為シ、判事試補石井靏吉ヲ参謀補助ト為シ、甲鐵・陽春・春日・丁卯…八隻ヲ率イテ、青森ニ赴カシム。

（復古記　復古外記　蝦夷戦記第四　四七七頁）

二月二五日、廷議（ていぎ／廟議、朝議）において旧幕府軍征討を決定した。

明治二年五月一一日

海陸官軍、大挙シテ箱館及ヒ五稜郭ヲ進撃ス。

（復古記　復古外記　蝦夷戦記第八　六四一頁）

新政府軍は旧幕府軍に対し総攻撃を開始した。

陸軍参謀黒田清隆は、総攻撃開始にあたり旧幕府軍の降伏計画を策定した。それは、海軍参謀曽我祐準・増田虎之助と旧幕府軍が降伏した場合は首脳等を死罪にしないことの合意である（曽我祐準箱館戦争史談第三章）。そして、幕府軍首脳に対する降伏の説得である。

乃チ五月十一日仏暁、自ラ兵三百ヲ率ヒ軽舟ニ乗リ、箱館山ノ後ヨリ上リ、不意ヲ討ツ、賊狼狽為ス所ヲ知ラズ、暫時ニシテ潰走遂ニ箱館ヲ取ル、永井玄蕃、弁天岬砲台ニアリ、説テ之ヲ降ス、於之玄蕃ニ副スルニ田島敬三ヲ以テシ、五稜郭ニ遣リ、賊魁榎本釜次郎等ニ説キ諭スニ朝旨ノ在ル所ヲ以テセシメ、速ニ降ルヲ勧ム。

（黒田清隆履歴書案　北海道郷土研究資料第十一　五頁）

すなわち、黒田は、総攻撃の開始にあたり、新政府軍の田島敬三をもって旧幕府軍の永井玄蕃─榎本釜次郎を説得することを計画したものである。田島敬三は、薩摩藩士で新政府軍の軍監である。箱館戦争のあと黒田清隆のもとで榎本武揚とともに北海道開拓に尽くした。開拓使大主典、北海道炭砿鉄道会社オーナーとなった。

明治二年五月一二日

海陸官軍、五稜郭、千代岡、弁天崎ヲ連攻ス、賊兵拒キ戦フ、数日、戦争止マス。

（復古記　復古外記　蝦夷戦記第九　六六八頁）

新政府軍の旧幕府軍に対する攻撃は続いた。黒田参謀等は、極力犠牲を避けようとした。そこで、一二日夜黒田参謀等の意をたいした薩摩藩士池田次郎兵衛（池田定賢）は、箱館病院に入院中の元会津藩遊撃隊長諏訪常吉を訪れ榎本等首脳に速やかに降伏することの斡旋をすすめようとした。しかし、諏訪は重傷のため、院長高松凌雲、病院事務長小野権之丞が総裁榎本釜次郎、副総裁松平太郎に対し降伏書状を送ることとなった。

箱館病院院長高松凌雲は、大正三年三月函館毎日新聞において、当時の状況を説明している。

一二日夜更けて薩摩藩士池田次郎兵衛・村橋直衛等は病院に来たり。銃創を負ふて入院中なる会津藩遊撃隊隊長諏訪常吉を訪ひ、病気見舞いとして金二五両を贈り、尋て五稜郭及弁天台場に向て平和談判の任に当らんことを請求す。然るに本人は重傷に悩み呼吸促迫して応答に堪へず。因って此事は高松、小野両人に託されたしと気息奄々の中に答えたり。因って其等に其任に当たらんことを乞はる。彼我弁論数時を経て、後五稜郭と弁天台場とに向て書を送ることとはなりたり。

（大正三年三月七日付函館毎日新聞「東走始末」第四五七回）

明治二年五月一三日

高松凌雲・小野権之丞から榎本釜次郎・松平太郎に対し降伏勧告の書状を送った。経過、書状は次のとおりである。

寸翰ヲ以一大事申上候。一昨日ノ形勢ニ立至リ、薩州侯ノ御手ニテ病院御改ニ相成、寛大之御仁心ヲ以、病人一統、是迄ノ通大切ニ療養致候ニトノ事ニテ、御仁恵心魂ニ徹シ難有罷在候。扨、昨夜半頃、薩州池田次郎兵衛ト申人、其外四五名、諏訪常吉方ヘ被罷越候テ談判ニハ、作今ノ形勢、海軍ハ相破レ候ヘトモ、五稜郭並辨天臺場ニ於テハ、実ニ奮戦ノコト、於士道ハ感服ノ至リニ候ヘトモ、満民塗炭之苦ヲ受ケ、御仁心アル天朝ニ抗シ候ハ甚不宜、此節、不残逢殺戮候哉ト申触候向モ有之候ニ付、面々必死之覚悟ニ候ハン。天朝ニハ、決テ左様之御趣意ニハ無之、飽迄寛大之思召ニテ、平穏ヲ之旨ヲ事ト被遊候。此之段五稜郭並弁天臺場ヘ貫徹相成候様、懇談ニ御座候。即今誠ニ御大切之場合ト奉存候。篤ト御賢慮之上、平穏之道御立被成候テ可然奉存候。何レトモ必死之防戦カ、或否、御報被成下度、私共ヨリ申上候様、常吉申聞候。右得御意度如斯御座候。敬白。

五月十三日

小野　権之丞
高松　凌雲

榎本　釜次郎　様
松平　太郎　様

（復古記　復古外記　蝦夷戦記第九　六七〇頁）

明治二年五月一四日

官軍、賊ノ病院ノ箱館ニアル者ヲ収メ、其医師ヲシテ、朝旨ノ在ル所ヲ榎本武揚等ニ伝ヘシメ、又使ヲ遣シテ之ヲ招降ス、武揚従ハス、且軍ニ贈ルニ、其曾テ蘭国ニ遊ヒ学フ所ノ海律二冊ヲ以テス。

（復古記　復古外記　蝦夷戦記第九　六七〇頁）

榎本釜次郎、松平太郎から小野権之丞、高松凌雲に対し降伏しない旨の書状が送られた。

然シトモ、断然不受之旨ヲ答、且榎本釜次郎、阿蘭陀留学中、学得タル海軍律全書二冊アリシテ、瓦ト共ニ砕シコトヲ惜シミ、之ヲ贈ル。

来書拝見致候。然ハ薩州家池田次郎兵衛殿ヨリ、諏訪常吉江談ノ義ニ付、御申越ノ件々、委細承知イタシ候。因テ衆評ヲ尽シ、篤ト塾案致候処、今更特段申上迄モ無之、我輩一同、桑梓ヲ去リ、君親ヲ辞シ、遠ク北地ニ来タリ候譯ハ、先般、再三再四朝廷江嘆願致候通、蝦夷地ノ一部ヲ賜リ、凍餓ニ迫候頑民ノ活計ヲ相定、加之、北門守衛致度志願ヨリ他意無之處、不計モ語辞失体、製動無法ノ廉ヲ以被加天兵、至窮切迫ノ余リ、無是非以兵戈ヲ以テ、是迄ノ挙動ニ至リ候処、今日ニ至リ、過ヲ悔ヒ、兵ヲ休メ、朝命ニ従ヒ可申旨、寛大ノ御處置不知所謝候。

乍去、我輩、品海開帆以来、固ヨリ成敗ニハ関係不致覚悟、縦令一島粉砕相成候共、志願徹底不仕候テハ、外致方モ無之、若シ嘆願之趣、勅許相成、此地一部ヲ下シ賜リ候様相成候ヘハ、上ハ奉迎朝化、下ハ北門ノ関鎖ヲ守リ、死力ヲ出シ、天恩萬分ノ一ニ可奉報候様、一同ヘ申諭候上、吾輩両人儀、干戈ヲ動候罪ハ、如何様ノ厳罪タリトモ甘シテ可奉従朝裁候。前文之次第、弥以御諒恕無之候ハヾ、五稜郭並辨天台場、其外他所出張ノ同盟ノ者一同、枕ヲ共ニシテ潔ク、天戮ニ附可申候。右之段、池田氏ヘ可然御申通有之度奉願候。以上。

五月十四日

榎本　釜次郎
松平　太郎

小野　権之丞　様
高松　凌雲　様

猶々病院ニ罷在候者共、篤キ取扱有之趣承知、厚意之段ドクトルヨリ宜敷御傳声可被下候。且又、削本二冊、釜次郎阿蘭留学中、苦学致候。海律、皇国無二ノ書ニ候ヘハ、兵火ニ付シ、烏有ト相成候段、痛惜致候間、ドクトルヨリ海軍「アドミラール」ヘ御贈可被下候。以上。

（復古記　復古外記　蝦夷戦記第九　六七一頁）

黒田参謀は、降伏計画を進め、軍監田島敬蔵を榎本のもとに派遣した。

軍監田島敬蔵、弁天台ニ至リ、榎本釜次郎ニ面会スルヲ取次呉レンコトヲ頼ミニヨリ、永井玄蕃、川村録四郎、相馬主計、五稜郭ニ至リテ之ヲ陳、依之、榎本城ヲ出千代ヶ岡ノ辺ニ至リ、田島ト会ス、田島懇ニ恭順ノ説ヲ為ト雖トモ、其厚意ヲ深ク謝シテ、恭順ノ議ヲ肯セス、田島涙ヲ垂シ、惜ヘシ、…於是、永井ヲ始メ台場ヘ帰ル。

（復古記　復古外記　蝦夷戦記第九　六七二頁）

明治二年五月一五日

海陸官軍、五稜郭、千代岡、弁天岬ヲ速攻シ、又使ヲ遣シテ、弁天崎ノ賊ヲ招降ス、是日、弁天岬ノ賊、永井尚志以下二百四十人降ヲ乞フ、上湯川村ニ敗賊、三百四十人モ亦降ル。

（復古記　復古外記　蝦夷戦記第九　六七四頁）

旧幕府軍、弁天台場・上湯川兵営は陥落した。

明治二年五月一六日

黎明、官軍、海陸相応シテ、千代岡ヲ攻メ、一鼓シテ之ヲ抜ク、賊五稜郭ニ走ル、官軍、随テ五稜郭ヲ囲ム、是日、総督、箱館及ヒ千代岡ヲ巡視シ、諸軍ヲ犒フ、既ニシテ有川村ニ帰ル。

（復古記　復古外記　蝦夷戦記第九　六七七頁）

旧幕府軍、千代ヶ岡陣屋は陥落した。榎本釜次郎から海軍に対し同じ二冊の書籍「万国海律全書」が送られたことに対し、海軍参謀から答礼の書簡と酒五樽が送られた。旧幕府軍は、降伏に追い詰められた。

昨年来、長々御在陣如何ニモ御苦労存候。陣ハ以医師、貴下、蘭国御留学中、御伝習ノ海律二冊、我国無二ノ珍書、烏有ニ附シ候段痛惜被存、為皇国御差贈リニ相成、深ク致感佩候。何レ他日、以訳書天下ニ公布可致候。先ハ御厚志之段、拙者共ヨリ相謝度、乍軽微麁酒五樽進之候傍、郭中一統ヘモ御振分被成度奉存候。此段申述候也。

巳五月十六日　　海軍参謀

榎本　釜次郎様

（復古記　復古外記　蝦夷戦記第九　六七七頁）

明治二年五月一七日

官軍、五稜郭ヲ速攻ス、賊、兵力竭ク、是日、榎本武揚、松平正親等降ヲ乞フ、陸軍参謀黒田清隆、海軍参謀増田明道等、乃チ亀田ニ至リ、武揚等ヲ召見シテ、謝罪ノ実効ヲ責ム、武揚等、明日五稜郭、及ヒ兵器ヲ致シテ、罪ヲ軍門ニ待ント謂フ、是ニ於テ諸軍ニ令セテ、其攻撃ヲ止ム。

（復古記　復古外記　蝦夷戦記第九　六八四頁）

陸軍奉行大鳥圭介は、旧幕府軍が降伏に至った経緯を以下のとおり説明する。

何れの隊にても士官は断然心を決し、迚もこの上勝算もなければ潔く戦死せんと動揺する事もなかりしが、歩兵共は次第に勢いの蹙《せま》るを見て大いに落胆して追々逃散し、残る者も各孤疑して戦意なく見へ、且つ弁天崎臺場の方已に恭順と云う事聞へければ愈人心崩壊し如何とも為しがたし。因って諸隊長を呼び集め会議し各其の見込を聞きしに種々異同あり、去午、何日も徒に議論するも益なき事なれば、結局、榎本、松平、荒井、小子の四人軍門に降伏天裁に就き、自余の者に寛大なる命令を冀ふ外あるまじと決心し、其の旨を海陸軍の参謀増田虎之助、黒田了介両人に応接した。

（幕末実戦記　一六四頁）

十七日午前九時頃から午後三時まで旧幕府軍の新政府軍に対する降伏の会談がなされた。会談場所は、新政府軍斥候所の亀田村三軒家中村家（現函館市八幡町亀田八幡宮側教育大学正門前）（函館市史通説編第二巻、箱館戦争史跡紀行竹内・箱館戦争）である。

出席者は、次のとおりである。

新政府軍

海軍参謀増田虎之助　陸軍参謀黒田了介　軍監前田雅楽　軍監村橋直衛　監軍岸良彦七　監軍有地志津馬

旧幕府軍

榎本釜次郎、松平太郎、大鳥圭介、荒井郁之助

会談は、約六時間に及んだ。旧幕府軍は、「謝罪降伏申出」した。新政府軍黒田は「無条件降伏、降伏の実効条件の提示を要求した。」。これに対し、榎本は「榎本・松平は、如何ようにも厳罪を蒙っても苦しからず。ただし、全将兵は御慈悲をもって助命されたい。」と主張した。双方の主張は繰り返された。最後まで旧幕府軍の「降伏ノ実効」条件の提示がなく、「五稜郭へ差シ返」された。

旧幕府軍は、五稜郭に戻り、評議し「無条件降伏。降伏実効条件の作成。」を決定した。午後一一時、旧幕府軍松平太郎・

安富才輔が亀田会議所（亀田八幡宮）（函館市八幡宮）において新政府軍に対する降伏条件三条項を提示し承諾された。

十七日　晴

一　…薩藩田島敬蔵、五稜郭ノ賊徒ト応接ノ次第ニ寄リ、賊魁懇願申出ノ趣ニ而、午前九字三十分頃、参謀増田虎之助、軍監前田雅楽、陸軍参謀黒田了介、軍監村橋直衛、岸良彦七等、亀田へ出張、榎本釜次郎、松平太郎、大鳥圭介、荒井郁之助等四人右場所マデ来、嘆願ノ趣旨聞取次第、降伏申出ニ付、実効ヶ条相立次第申聞、賊徒ハ五稜郭へ差返、午後三字之事

一　午後十一時頃出先会議所ヨリ申越左之通

松平太郎　　安富才輔

右両人陣門ニ罷出、降伏之実効左ニ相立度段申出ル

十八日朝六字（時）ヨリ七字（時）迄之間首謀之者四人軍門ニ降伏ノ事

午後一字（時）ヨリ二字（時）之間兵隊以下不残出郭降伏ノ事

午後四字（時）ヨリ五字（時）迄兵器悉皆差出五稜郭ヲ差上可申事

（蝦地追討記巻四　明治二年（一））

（アジア歴史資料センターＲｅｆＣ１１０８０６１０８００）

明治二年五月一八日

榎本武揚、松平正親以下一千餘人、五稜郭ヲ（開城）致シ、軍門ニ詣テ、罪ヲ待ツ、監軍有地静馬・軍監前田雅楽等、諸藩兵ヲ亀田ノ営ニ整列シテ、其降ヲ受ク、乃チ五稜郭及ヒ兵器ヲ収メ、武陽ヲ箱館ニ護送シ、寺院ニ謹慎シテ、朝裁ヲ、待タシム、武揚等兵ヲ起シテヨリ八閲月、是ニ至テ平定ス。

榎本武揚以下へ達書

一首謀之者、陣門ニ降伏之事。

一五稜郭ヲ開、寺院ニ謹慎罷在、追テ可奉待朝裁事。

一兵器悉皆差出可申事。

右之通申渡候條、可得其意者也。

五月　　　　海陸軍　参　謀

（復古記　復古外記　蝦夷戦記第九　六八七頁）

榎本・松平・大島・荒井は五稜郭において、士官・兵に対し感謝と別離の辞を述べた。

諸君は幸い我が輩等を見捨てず、心を同じくしてお互いに協力し今日に至ったが、今まさに永のお別れをしようとしている。朝廷の心は、ひろくして民をあわれむ心である。諸君は必ず晴天の白日を仰ぐ日のあることを私は確信する。決して力を落とさず、一つは朝廷のために、一つは君家のために、今日まで奮戦されたものをもって報じてもらいたい。尚諸君にはどうか自愛自重していただきたい。

（竹内・箱館戦争　二一三頁以下）

そして、午前七時、新政府軍駐屯所（亀田会議所・亀田八幡宮）において、榎本総裁・松平副総裁、大鳥陸軍・荒井海軍奉行は新政府に対し降伏した。こののち、黒田陸軍参謀は、榎本等に対する減刑につとめ、遂に明治五年一月六日恩赦の所置（判決）がなされた。黒田の箱館戦争における作戦・降伏、榎本等恩赦のための方策は、誠に驚くべきものである。

第三節　降伏顛末書

兵部省において旧幕府軍降伏の経過がまとめられていた。以下の文書のとおりである。

箱館賊徒榎本釜次郎以下降伏附其顛末（明治二年六月一五日）

箱館軍艦参謀届書

十一日迄ノ賊状ハ過日御届書ノ通ニ御座候。其後十二日ニ至リ箱館全テ我有トナリ賊軍悉五稜郭並元津軽陣屋及辨天崎臺場等ノ要害ニ逃込、折々我陸軍ヲ窺フノ気色相見候ニ付、終日諸軍艦ヲ以テ陸軍ヲ助ケ発砲ス。十三日辨天崎臺場猶未タ抜ケス、春日陽春両艦ヨリ大砲一門宛ヲ揚ゲ山上ヨリ辨天崎臺場ヲ砲射ス。十四日戦況前日ニ大異ナク時々軍艦ヲ外浜ニ廻シ、津軽陣屋ノ賊ヲ砲撃ス。此夕辨天崎賊兵力盡勢屈降フ故ニ辨天崎ニ向ヒ射撃ルヲ止ム。十五日辨天崎賊ノ賊永井玄蕃・元蟠龍船将松岡磐吉・川村録四郎等以下二百四十人降伏ス。十六日暁三字（時）ヨリ陸軍元津軽陣屋ノ賊ヲ攻撃ス。海軍之ヲ応援ス。一挙忽授ク十一二日頃ヨリ甲鉄艦ノ七十斤砲ヲ以テ五稜郭ヲ射撃ス。毎発多クハ命中賊大イニ窮スト云フ。十七日薩藩田島敬蔵五稜郭ノ賊徒ト應接ノ後、賊魁榎本釜次郎・松平太郎・大鳥圭介・荒井郁之助懇願申出候趣ニ付、九字（時）頃参謀増田虎之助・軍監前田雅楽、陸軍ニテハ参謀黒田了介・軍監村橋直衛・岸良彦七・有地志津摩等亀田ニ出張面会ノ上、嘆願ノ諏意聞取決處謝罪降伏申出候ニ付實効箇條相立候ハヽ可奉伺大裁旨申聞賊徒ハ五稜郭ヘ差返ス。同夜松平太郎・安富才輔両人陣門ニ罷出降伏ノ實効左ノ通相立度段申出ル。

一　明十八日朝六字（時）ヨリ七字（時）迄ノ間、首謀榎本釜次郎・松平太郎・大鳥圭介・荒井郁之助軍門ニ降伏ノ事

一　午後一字（時）ヨリ二字（時）迄ノ間、兵隊以下不残出郭降伏ノ事

一　午後四字（時）ヨリ五字（時）迄ノ間、兵器悉皆差出五稜郭ヲ差上可申事

十八日暁ヨリ軍監前田雅楽・軍使、器材請取方等ヲ引連亀田会議所ヘ出張、出先軍監岸良彦七・有地志津摩打合各藩兵隊ヘ降伏人護送ノ達ヲ致シ、第七字（時）賊魁榎本釜次郎松平太郎・大鳥圭介・荒井郁之助等軍門ニ降ル。軍監ヨリ申渡候箇条左ノ通。

一　首謀ノ者、陣門ニ降伏ノ事

一　五稜郭ヲ開キ寺院ニ謹慎罷在、追テ可奉待朝裁事

一　兵器悉皆差出可申事

右之通申渡候條可得其意者也

海陸軍

参　謀

首謀四人雙方刀取揚ヶ長州一中隊ヲ以テ函館寺院へ護送ス。一字（時）過兵士三百人、創傷者五十人、歩兵六百五十余人合テ千余人ヲ薩州一中隊、伏水一小隊、備前一中隊、長州一中隊、大野一中隊、松前三小隊、水戸二分隊、黒石一中隊等ヲ以テ函館へ護送ス。四字過大小砲始武器悉皆取揚五稜郭ヲ請取、伏水一中隊、水戸一中隊、松前一中隊繰込候事。
右之次第ニテ函館ハ全予定ニ相成候。モロランニ三百計賊徒有之趣是モ追々降伏可致候。若強抗致候ハ、早速討取可申候、不取敢右ノ段御届申上候也。

海軍
参謀
軍監

（国立公文書館デジタルアーカイブ【請求番号】太００２１８１００【開始コマ】０２３１）

第四節　降伏関係地

第一　概説

明治二年五月一七日、旧幕府軍は新政府軍に対し降伏を申し出、次いで旧幕府軍は降伏条件を提示した。翌一八日、旧幕府軍の新政府軍に対する降伏が実施された。ここで、その事実関係について整理しておきたい。

㈠　明治二年五月一七日　降伏会談

日時　　午前九時頃―午後三時

場所　新政府軍亀田斥候所（亀田村三軒家農業中村家）
出席者
新政府軍　参謀増田虎之助　参謀黒田了介　軍監前田雅楽　軍監村橋直衛　監軍岸良彦七　監軍有地志津馬
旧幕府軍　榎本釜次郎　松平太郎　大鳥圭介　荒井郁之助

会談内容
「嘆願ノ諏意聞取決處謝罪降伏申出候ニ付實効箇條相立候ハ、賊徒ハ五稜郭ヘ差返ス」。すなわち、旧幕府軍は降伏した。引き続き旧幕府軍は降伏条項を提示することとなり榎本等は五稜郭に戻された。

(二)　日時　午後一一時頃
場所　亀田会議所（亀田八幡宮）
出席者
旧幕府軍　松平太郎　安富才輔
新政府軍　―

会談内容
旧幕府軍から降伏条項を提出した。
「降伏ノ實効左ノ通相立度段申出ル
一　明十八日朝六字（時）ヨリ七字（時）迄ノ間首謀榎本釜次郎松平太郎大鳥圭介荒井郁之助軍門ニ降伏ノ事
一　午後一字（時）ヨリ二字（時）迄ノ間兵隊以下不残出郭降伏ノ事
一　午後四字（時）ヨリ五字（時）迄ノ間兵器悉皆差出五稜郭ヲ差上可申事」
降伏および降伏条件が確定した。

㈢　明治二年五月一八日　降伏

日時　　午前七時

場所　　亀田会議所（亀田八幡宮）

出席者

新政府軍　軍監前田雅楽

旧幕府軍　榎本釜次郎　松平太郎　大鳥圭介　荒井郁之助

軍監降伏言渡

一　首謀ノ者陣門ニ降伏ノ事

一　五稜郭ヲ開キ寺院ニ謹慎罷在追テ可奉待朝裁事

一　兵器悉皆差出可申事

これにより旧幕府軍の降伏が確定した。旧幕府軍が署名した降伏書が作成されたか否かについては確認できない。榎本等は、新政府軍により拘束された。

第二　中村家

降伏会談は、明治二年五月一七日「亀田」（復古記　蝦夷戦記）、降伏は、翌一八日「亀田会議所」（国立公文書館所蔵文書）において開かれた。降伏会談・降伏場所について補足する。

明治前期における亀田地方の地理的状況は、「函館実測図明治一七年一二月」（函館中央図書館所蔵）が最も明確である。旧幕府軍が新政府軍と降伏会談した場所は、亀田八幡宮境内に近い「亀田村三軒家（民家三軒）農家中村家」で新政府軍斥候所である。

北海道学芸大学附属函館中学校二年中村伸子は、校友会雑誌「桐の花」第一四号（発行昭和三九年四月五日）に「五稜郭戦争終局の場所」を書いている。とても中学校二年生の作品とは思えない、立派なものである。ここに引用する。

私の祖先は安政五年（一八五八年）に青森県三戸郡名久井村というところから北海道へ渡ったそうです。……今の万台町のところにすんでいた名主にことわって今の八幡小学校の横手のところにすみつきました。函館に上陸した際に番所で自分の名をきかれたのですがわすれてしまって「中村」という名をつけてもらったという変な話も残っています。

すみついた所はまわりが密林のようになっていてまわりに家はあまりなかったそうです。このころから家のことをしっている人は家のことを「奥の家」とよんだそうで今なお、そうよぶ人が若干います。その家の時代は狐もでて、屋根を狐がすべってあるくのがわかったそうです。

一八六九年、五稜郭戦争で家の付近は集中砲火をあび民家のほどんとは焼失してしまったそうですが幸いにも私の家はやけませんでしたのでこの家で降伏式を行うことになりました。かけた茶わんで盃をかわしたとか榎本武揚が台所から両手をついて降伏してしばらく顔をあげなかったということは私の祖父のおじいさんの代からいつたえられていることだそうです。

この作品は、会談場所を確定するうえで信頼すべき内容である。郷土史研究家近江幸雄・元函館博物館館長竹内収太の調査・研究の結果とも一致する。そしてこの作品の内容で興味深いのは、「中村」という名前を忘れたことである。忘れたのではなく、「苗字」がなかったものと思われる。江戸時代まで、日本において公的に苗字を使用できたのは、原則として公卿・武士等支配階級、庄屋・名主など有力庶民に限られていた。それが明治時代に引き継がれていたので、「苗字」がないということは、庶民にとってはあたり前のことであった。明治三年九月一九日「平民苗字許可令」（太政官布告第六〇八号）が布告され、庶民（平民）にも苗字の使用が許された。明治四年四月四日戸籍法が布告され、翌年二月から戸籍簿が整備された。しかし、蝦夷地は、移住・出稼人の多くは、苗字がなく、出生地・生年月日・続柄等も忘れて答えることができず戸籍の編成が遅れた『開拓使時代の司法』二二一頁以下）。明治八年二月一三日「平民苗字必称義務令」（太政官布告第二二号）が布告された。「祖先以来不分明ノ向ハ新タニ苗字ヲ設ケ候様」とされたのである。

したがって、箱館に移住してから「中村」の苗字を決めたというのは、信頼できる話であり、作品の内容もまた信頼が高いものである。

第三　亀田八幡宮

降伏式は、「亀田会議所」（国立公文書館所蔵文書）で施行された。「式」であるかは、わからない。「亀田会議所」は、新政府軍が軍事会議の場所として使用していた亀田八幡宮境内地である。函館実測図によると亀田八幡宮の境内は、約一町歩の広さで樹木が生い茂り、その周囲は畑で農家が点在していた。現在、亀田八幡宮境内には「箱館戦争降伏式之地」とする石碑が建立されている。石碑の説明文は、以下のとおりである。

明治二年（一八六九）五月十八日、旧幕軍（榎本軍）が政府軍に降伏　実は、その前日午前　亀田八幡宮社殿前に於いて黒田、榎本両雄が会談し、降伏の実効を整えたのであった。誓約後令酒にて歓談。この日、この地こそ、近代日本の幕開けであり、わが国の歴史遺産の地、証の地として永劫に輝く

南北海道史研究会会員　　近　江　幸　雄

函館市　　松山一郎
平成二十四年十一月　　帯広市　　松山義隆　　建立
函館市　　松山幹雄

第三章　箱館戦争降伏人処置

第一節　概　説

旧幕府軍参加諸隊出兵数三、六六一人である。戦死者は、五三一名（「箱館戦争始末記」の「箱館戦争幕軍戦没者氏名考」による）、降伏人は三、一三〇名である。降伏人の処分状況は、次表のとおりである

降伏人処分状況表

降伏人区分	降伏人数	処分年月日	処分者	処分内容
首脳・榎本外九名	一〇	明治五年一月六日	兵部省・糺問正	榎本―親族預 松平外―赦免
		明治五年三月七日	太政官	榎本―被免
東京移送者	二、三〇〇	明治二年八月一九日	太政官	東京移送
		明治二年八月二五日		各藩帰籍
静岡・仙台藩降伏人	五〇〇	明治三年四月五日	箱館降伏人取締所	旧藩引渡
箱館残留降伏人	三一九			
首脳・相馬主計	一			別件処分
計	三、一三〇			

明治二年六月一二日、降伏人の処置は軍務官に委任された（太政官布告第五二六号）。軍務官においては、糺問司が旧幕府軍首脳榎本釜次郎等一〇名の糺問を所管した。太政官は、降伏人二、三〇〇名について東京移送―各藩帰籍の処置をなした。静岡・仙台降伏人中五〇〇名については、箱館に「差置」とした。兵部省箱館降伏人取締・前田雅楽が所管し、「箱館降伏人取締役所」が置かれた。取締役所は、明治三年六月二日廃止された（「箱館降伏人取締役所日誌」）。

第二節　東京移送者―各藩降伏人

東京移送者し、各藩「帰籍」の措置がとられた。

明治二年八月一九日　箱館降伏人取扱方（太政官達）

箱館ニ罷在候降伏人二千三百人ノ儀ハ最前御決議之通、一應東京ヘ引取藩々ヘ御預ケ被成度候也

八月

兵部省

開拓使

素ヨリ土着可被仰付御決議也然テ当年之処函館ニ其儘可差置候　尚明年夫々分配開拓可申付事

八月十九日

（国立公文書館デジタルアーカイブ【請求番号】公00092100【開始コマ】0742）―箱館降伏人取扱方（太政官達）

（国立公文書館デジタルアーカイブ【請求番号】太00218100【開始コマ】0235）―箱館降伏人取扱方（太政官達）

箱館から東京に送られ各藩にお預けとなった降伏人は、「生国」に「帰籍」を許された。

明治二年八月二五日　函館降伏人帰籍ヲ許ス（太政官達）

兵部省へ達

箱館降伏人一同東京へ引取候上、夫々生国へ帰籍為致候様被仰出候間此旨相達候事

但　静岡仙臺ニ藩ノ元家来共ハ當分彼地ニ於テ扶助致置可申事

（国立公文書館デジタルアーカイブ【請求番号】太００２１８１００【開始コマ】０２３６）

第三節　静岡・仙台藩降伏人

第一　降伏人の処置

兵部省は、明治二年一〇月二四日静岡・仙台藩降伏人中五〇〇名を箱館に「差置」を決定した。その決定の理由は、北方防衛・蝦夷地開拓要員としたものである。静岡・仙臺両藩降伏人取締として前田雅楽（軍監）が任命され、「箱館降伏人取締役所」が置かれた。しかし、開拓使は静岡・仙臺両藩降伏人を開拓要員として不適格とした。静岡・仙臺両藩降伏人は、帰藩させられた。

箱館降伏人静岡伊達元家来共

其方共儀、東京へ差送り候手順の処、秋田弘前藩へ預け置候静岡伊達元家来共は、当分箱館へ差置き候。更に仰出され候間箱館へ差送り候条、彼地において謹慎致し追ての御裁断待ち奉るべきもの也。

（箱館降伏人取締役所日誌「地域史研究　はこだて七号」四二頁）

静岡・仙台藩降伏人中五〇〇名の区分は、以下のとおりである。区分の理由は、確認できない。

	東京送り	箱館送り	計
弘前藩預り	一一三	三三一	四四四
秋田藩預り	四五九	一六八	六二七
計	一六二	四九九	一、〇七一

（箱館降伏人取締役所日誌　四二頁）

兵部省は、明治二年一二月二三日静岡・仙台藩降伏人中五〇〇名の箱館差置に関し、翌三年三月まで費用負担を決定した。

兵部省上申

先般箱館ニ於テ及降伏候元静岡仙臺両藩ノ者共五百人、来午年ノ春迄箱館ヘ差置兵部省取締可致置有御沙汰ニ付、則彼ノ表ヘ差置来午年三月迄ノ救助方金穀等都テ當省ヨリ相賄申候ヘトモ、四月ヨリ以降ハ兵部省ヨリ救助ハ難相成、右降伏人御扶助方可然御處置被仰付候様前以申出候、素ヨリ當省ヨリ来三月迄扶助ノ金穀ハ全ク軍用金ノ内ヨリ取賄差遣置候事故、當年ノ内御見込アラカジメ御心筭《さんぎ》有之度此段申置候也（二年十二月二十三日兵部）

（国立公文書館デジタルアーカイブ【請求番号】太00218100　開始コマ0236）

開拓使は、明治三年二月静岡仙臺両藩降伏人については、会津降伏人と異なり蝦夷地開拓のための労働力として不適格であり、帰藩させるべきである旨太政官に上申した。

明治三年二月　静岡仙臺両藩降伏人処分

開拓使上申
静岡藩仙台藩脱籍之者共当時函館兵部省ニテ取締致シ有之候者五百人有之、右之者開拓ニ遣方見込相付可申上旨御沙汰御座候ニ付、右降伏人ノ者共相調人體見察致候處、中々○鍬ヲ取リ自身開墾抔致候様之向ニモ無之、会津降伏人抔トハ大ニ相違仕、假令免囚衣食相給候共、農商業ニ付活計相立候様憤發可致向ニモ無之、且家族等引連候ニ無之ニ付、萬端行状ニ付右降伏人之ハ儀ハ開拓ニ遣候見込更無御座候間、御請難仕奉存候。依テ前度降伏人御處置之通藩々ヘ御渡ニ相成、又旧藩ニ御差カエシ相成テ北海道ヘ免因ニテ御差置ニハ、不相成様有御座度奉存候此段申上候。三年二月

（国立公文書館デジタルアーカイブ【請求番号】太00218100【開始コマ】0240）

静岡・仙台藩降伏人に対し、明治三年四月五日以下のとおり申渡がなされた。

元徳川慶喜家来

降伏人一同

元伊達慶邦家来

其方共儀、今般寛典之御沙汰被仰出謹慎御免之上旧藩へ御引渡相成、就而者追々両藩為受取出張致候者へ於当地引渡、其節謹慎御免申渡候得共、其先以心得迄申聞置候事。

降伏人取締　前　田　雅　楽

（日本政治裁判史録　明治・前　一〇一頁）

（仙台戊辰史　一〇一五頁）

旧仙台藩は、伊達文五郎が函館で降伏人引き取りにあたった。降伏人取締前田雅楽から明治五年五月一六日以下のとおり申渡しがなされた。「罪状免許」もされた。

元伊達慶邦家来　降伏人一同

今般寛典之御沙汰被仰出降伏人一統更ニ罪状免許アリ、本国ニ被為渡候ニ付、扶助方法ハ本藩ニ於手當所置有之候条其旨心得ルベキ事。

（仙台戊辰史　一〇一五頁）

第二　箱館降伏人取締役所日誌

明治二年一〇月二四日、静岡・仙台藩降伏人中五〇〇名を箱館に「差置」くことを決定し、静岡・仙臺両藩降伏取

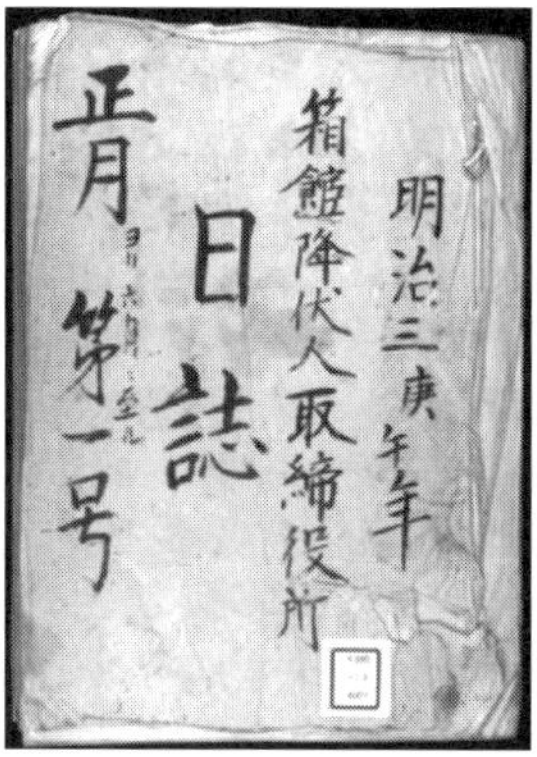

箱館降伏人取締所日誌
（明治三年）

締として前田雅楽（軍監）が任命され、「箱館降伏人取締役所」が設置された。函館市中央図書館デジタル資料館に明治二年一月から同年六月までの「箱館降伏人取締役所日誌」が残されている。さらに、函館市史編集委員紺野哲也・渡辺道子が「地域史研究はこだて第七号」において史料紹介している。本日誌は、前田雅楽の孫下郷平三から寄贈されたという。

「箱館降伏人取締役所日誌」は、明治三年一月元旦から同年六月二日までの日誌である。内容は、弁天台場に収容された静岡・仙臺両藩降伏人の病気、死亡等の状況が頻繁に記録されている。収容所は、かなり劣悪の状況にあったとみられる。

…函館に送られるも別に足袋草履等を給し呉れざるを以って皆多くはだしにて上陸し、雪中を徒歩して台場に入れり、其の惨状思うべきなり…風雪膚を衝き寒気身を裂くよりも甚だしく炭火さへ六々あらざれば、其艱酸苦楚実に言う計りなし、加之三飯の如き十人を一組とし、賄方なるものより汁はさる様と唱る木器に入れ飯は量を度りて入れ持来るも、一飯二椀に過ぎず、殊に汁に至りては冷水の如くこれを温めんにも器なく…夜衣衾も一人に布団一枚づつなれば、寒さを凌ぐに術なく、又一策を設け二人組合布団二枚を袋の如く観世よりにて綴じ合わせ、二人其中にもぐり臥し、僅かに寒さを凌ぎたりし、湯は月に一両度づつ焚きぬれど、これは自ら湖水を汲み火をも互いに焚き合し事にてありき、かかり有様なれば病み臥すもののいと多く、其病院にはいりぬるも平穏せしものとてはなかりき…

（「地域史研究　はこだて第七号」）

又、開拓使との連絡文書が記録されている。

第三　蝦夷地開拓と北方領土防衛

太政官は、静岡・仙台藩降伏人中五〇〇名を箱館に「差置」くことを決定した。それは、降伏人を兵部省のもとにおき、蝦夷地開拓・北方領土防衛のため配置することを意図したものである。しかし、開拓使から会津降伏人と比較し静岡・仙台降伏人は、開拓能力（労働能力）がない旨の上申があり、各藩帰藩を決定した。

明治政府にとり、蝦夷地のロシアからの領土保全、蝦夷地開拓は最重要課題であった。しかし、軍事体制の確立ができず、また財政力も欠乏していたので、諸藩に期待することとなった。他方諸藩は、藩士の処遇、藩財政の悪化に対する対策が急務であった。諸藩にとり蝦夷地の経営は、藩士の処遇としても魅力があり、蝦夷地に対する藩士の派遣は領土保全として名目のたつものであった。そこで、明治二年七月二二日諸藩による蝦夷地の分領支配がはじまり（太政官布告第六六〇号）、蝦夷地は開拓使、諸藩、館藩により統治されることとなった。最終的には、一省（兵部省）、一府（東京府）二四藩、八士族、二寺院が分領地をもつこととなった。明治二年七月二二日諸藩分領は、明治四年七月一四日、廃藩置県（太政官布告第三五三号）により廃止された。（拙著『開拓使時代の司法』）。

資料編

年表

慶応　三年一〇月一四日　大政奉還（布告第一号）
慶応　三年一〇月二二日　「刑法当分旧幕ノ法ニ依ラシム」（布告第三号）
慶応　三年一二月　九日　王政復古（布告第一三、一七号）
　　　　　　　　　　　　三職　総裁・議定・参与
明治　元年　一月　三日　鳥羽伏見の役起こる
明治　元年　一月　七日　徳川慶喜　征討令（大号令・布告第一一号）
明治　元年　一月一七日　三職七総督制（布告第三六・三七号）
明治　元年　二月　三日　三職八局制（布告第七三号）
明治　元年　四月　五日　御沙汰書（徳川降伏五条項）（先鋒総督副将布告第二一八号）
明治　元年　四月一一日　江戸城明渡
明治　元年閏四月二一日　政体（太政官布告第三三一号）
　　　　　　　　　　　　太政官分為七官　軍務官
明治　元年閏四月二四日　箱館府を置く（太政官布告第三四二号）
明治　元年　八月一九日　榎本釜次郎等品川沖脱走
明治　元年　九月　八日　元号を「明治」に改める（太政官布告第七二六号）
明治　元年一〇月　九日　仙台出帆　大江・鳳凰の二艦加わる　大鳥等仙台脱走組一、三〇〇余人加わる（犯罪事実認定書）
明治　元年一〇月一八日　蝦夷嶋鷲ノ木浦に到着（犯罪事実認定書）

明治　元年一〇月二五日　箱館・五稜郭を占拠する（犯罪事実認定書）
明治　元年一〇月　晦日　「新律御布令迄ハ故幕府ヘ御委任之刑律ニ依リ」「死刑ハ勅裁ヲ経候」（行政官布達第九一六号）
明治　元年一二月一五日　蝦夷嶋政府創設
明治　二年　四月　—日　軍律（軍務官第四一一号）
明治　二年　五月　九日　陸軍参謀黒田清隆、海軍参謀曽我祐準・増田虎之助作戦協議
→降伏する旧幕府軍榎本等首脳の生命救済を密約
明治　二年　五月一一日　新政府軍、旧幕府軍に対し総攻撃を開始
明治　二年　五月一六日　榎本、新政府軍に対し「万国海律全書」を贈呈
明治　二年　五月一八日　旧幕府軍降伏
→榎本等五月二一日箱館から護送開始
明治　二年　五月二二日　弾正台を設置（太政官布告第四七〇号）
明治　二年　六月　八日　糺問方設置（軍務官達）（法規分類大全第五三　九二三頁）
明治　二年　六月一二日　箱館降伏人処置之儀軍務官ヘ御委任被仰付候事（沙汰第五二六号）
明治　二年　六月一七日　版籍奉還（太政官布告第五四三、五四四号）
明治　二年　六月三〇日　榎本釜次郎等辰之口揚屋収監
→東京着、即日当御司監倉入牢仰付候（犯罪事実認定書）
明治　二年　七月　五日　渋澤誠一郎等辰之口揚屋収監
→東京着、即日当御司監倉入牢仰付候（犯罪事実認定書）
明治　二年　七月　八日　職員令（太政官布告第六二二号）

二官　六省　軍務官—兵部省

明治　二年　七月一〇日頃　榎本等の糺問を開始（大鳥・南柯紀行一〇〇頁）（榎本書簡糺問／明治三年一〇月一六日・明治三年一二月二四日）

明治　二年　八月　一日　糺問司設置（兵部省達第八三七号）

明治　二年一〇月二〇日　糺問司入牢人ノ取扱方ヲ定ム（京都兵部省達第一、〇二九号）

明治　二年一一月一五日　弾正台、太政官（弁官）に対し榎本等の口書一覧請求

明治　三年　三月一九日　フランス公使書簡

→ブリュネ士官は、明治二年一〇月一五日軍法会議において職務被免された

明治　三年　五月二五日　獄庭規則（刑部省定第三六九号）

明治　三年一〇月一六日　榎本等糺問（榎本書簡No.11）

糺問長　権大丞曽我祐準　少丞増田虎之助

糺問事項　①仏国士官が旧幕府軍に参加した理由　②脱走に対する徳川家の関与　③ガルトネルに対し箱館土地を貸した理由

明治　三年一二月二〇日　新律綱領（太政官布告第九四四号）

明治　三年一二月二四日　榎本等糺問（榎本書簡No.23）

首席糺問司黒川通軌　糺問司　列座

明治　四年　七月　一日　兵部省職員令（兵部省第五七号）

海陸軍糺問司　海陸軍ノ罪犯糺覈《かく》（調べる）処決等ノ事ヲ掌ル

明治　四年　七月　九日　司法省を置く刑部省弾正台廃止（太政官布告第三三六号）

明治　四年　七月一四日　廃藩置県（太政官布告第三五三号）

明治　四年　七月二九日　太政官職制（太政官布告第三八五号）
明治　四年　七月二九日　太政官職制幷事務規程（太政官布告第三八六号）
→正院（太政大臣　納言　参議）左院　右院
正院事務章程「正院ハ天皇臨御シテ萬機ヲ総判シ大臣納言之ヲ輔弼シ参議之ニ参與シテ庶政ヲ奨励督スル所ナリ」
明治　四年　八月　一日　「糺問司罰文ノ記載方ヲ伺定ス」（兵部省指令）
明治　四年　八月二八日　海陸軍刑律（詔勅）
明治　四年一〇月二八日　府県官制（太政官布告第五六〇号）
明治　四年一一月　七日　一一月一七日大嘗祭開催布告（太政官布告第五七四号）
明治　四年一一月　九日　太政官正院において榎本釜次郎等の恩赦決定
明治　四年一一月一二日　岩倉使節団出発
明治　四年一一月一七日　明治天皇即位大嘗祭
明治　四年一二月　一日　犯罪事実認定書第一区分作成日
明治　四年一二月二八日　海軍讀法（兵部省布告第一八八号）
明治　四年一二月　一日　糺問司事務取扱章程（兵部省指令）（法規分類大全第五三　九九二頁）
明治　五年　一月　六日　糺問所所置
親類江御預　榎本釜次郎（三月七日赦免に変更）
赦免　松平太郎、荒井郁之助、永井玄蕃、大鳥圭介、澤太郎左衛門、渋澤誠一郎、佐藤雄之助、仙石丹次郎、松岡磐吉（死亡）
明治　五年　四月　九日　糺問司廃止陸軍裁判所設置（太政官布告第六〇号）

参考文献・史料

一、基本文献　二、北海道・函館市等　三、明治維新　四、箱館・戊辰戦争　五、箱館戦争裁判　六、論文　七、史料
☆国立国会図書館デジタルアーカイブ　三—七の参考文献等は五十音順

基本文献

☆太政官日誌（慶応四年—明治五年）
☆維新史料編纂会・維新史料綱要　第七巻—第一〇巻（慶応三年—明治四年）
☆維新史料編纂会・維新史第五巻
☆維新史料編纂会・維新史附録
☆復古記　第一冊—第八冊（慶応三年一〇月—明治元年一〇月）
復古記　第一四冊（復古外記　蝦夷戦記）
宮内庁・明治天皇紀第二（吉川弘文館）
☆外務省調査部編纂・大日本外交文書第二巻第三冊・第四巻（社団法人日本国際協会）
☆徳川禁令考後聚（第四帙）（司法省調査課・司法資料第一六六号）
☆木戸公伝記編纂所・木戸孝允日記第一・三・九（日本史籍協会）
☆木戸公伝記編纂所・木戸孝允文書巻九（日本史籍協会）
☆多田好問編・岩倉公実記　中・下巻（皇后宮職）

日本史籍協会・岩倉具視関係文書第四（日本史籍協会）
勝田孫弥・西郷隆傳第四巻（西郷隆傳発行所）
勝田孫弥・大久保利通傳中巻（同文館）
日本史籍協会・大久保利通文書四（東京大学出版会）
大鳥圭介・南柯紀行（新人物往来社）
史談会・史談速記録第二〇四輯（東京・史談会）
我妻栄外編・日本政治裁判史録（明治・前）（第一法規）
平松義郎・近世刑事訴訟法の研究（創文社）
☆日本近代法令集上（司法資料　別冊　第一七号）（司法省）
法令全書

北海道・函館市等

新撰北海道史第三巻通説二
新北海道史第三巻通説二
函館市史通説編第二巻
函館市史史料編第二巻
函館区史
市立函館博物館報　第一三号
詩書　榎本武揚筆（市立函館博物館館報No.13）
東京都中央区史　下巻

浪岡町史第四巻

明治維新

石井孝・維新の内乱（至誠堂）
石河幹明・福沢諭吉傳　第一巻（岩波書店）
大塚竹松・幕末外交史の研究（寶文社）
笠原英彦・明治留守政府（慶応義塾大学出版会）
田中彰・幕末維新史の研究（吉川弘文館）
☆永井徳隣編・維新奏議集中（常青堂）
蜷川新・維新正観（千代田書院）
日本史籍協会・幕末実戦史（東京大学出版会）
☆服部之総・明治維新史（白揚社）
☆福沢桃介・桃介式（実業之世界社）
☆藤田相之助・仙台戊辰史（荒井活版製造所）
文明協会・明治戊辰（文明協会）
丸山雍蔵・参勤交代（吉川弘文館）
吉川圭三・明治維新の国際的環境（吉川弘文館）
米田雄介・明治天皇とその時代（吉川弘文館）
歴史学研究会・明治維新史研究講座第四巻（平凡社）

箱館・戊辰戦争

☆石橋絢彦・回天艦長甲賀源吾傳（甲賀源吾刊行会）
井黒弥太郎・黒田清隆（吉川弘文館）
井黒弥太郎・榎本武揚伝（みやま書房）
近江幸雄・箱館戦争史跡紀行（五稜郭タワー）
加茂儀一・榎本武揚（昭和三五年版　中央公論社）
加茂儀一・榎本武揚（昭和六三年　中公文庫）
加茂儀一・資料榎本武揚（新人物往来社）
菊池明外編・戊辰戦争全史下（新人物往来社）
栗賀大介・箱館戦争始末記（新人物往来社）
五稜郭歴史回廊ガイド・五稜郭激動編（五稜郭タワー）
杉山茂丸・百魔（大日本雄弁会）
須藤隆仙・箱館戦争史料集（新人物往来社）
須藤隆仙編・箱館戦争のすべて（新人物往来社）
祖田浩一・江戸切絵図を読む（東京堂出版）
高松凌雲・東走始末（函館毎日新聞「函館戦史料」大正三年）
竹内収太・箱館戦争（五稜郭タワー）
武田八州満・箱館戦争（毎日新聞）
田原良信・五稜郭（同成社）

坪谷善四郎・明治歴史上巻（博文館）
日本史籍協会・幕末実戦史　続日本史籍協会叢書第四期（東京大学出版会）
日本史籍協会・高松凌雲翁経歴談・函館戦争史料（東京大学出版会）
望田武司・敗軍の将、輝く榎本武陽「生きざま」の検証（中西出版）
樋口雄彦・箱館戦争と榎本武揚（吉川弘文館）
兵頭二十八・新解　函館戦争（元就出版社）
星亮一・大鳥圭介（中公新書）
北海道郷土資料研究会・黒田清隆履歴書案（北海道郷土研究資料第一一）
北海道新聞社函館支社・五稜郭物語
本田伸・箱館戦争降伏人を預かる（平成二六年四月一〇日付陸奥新報）
好川之範・箱館戦争全史（新人物往来社）
吉田武三・北方の空白（時事通信社）

箱館戦争裁判

榎本隆充・榎本武揚未公開書簡集（新人物往来社）
☆小原重哉・大日本獄制沿革史（金港堂）
☆小野清一郎・刑法講義（有斐閣）
小暮得雄・刑事判例の規範的効力―罪刑法定主義をめぐる一考察―（北大法学論集　一九六七）
刑務協会・日本近世行刑史稿（財団法人矯正協会）
旧事諮問会・旧事諮問録上・下（岩波文庫）

☆小早川欣吾・明治法制史論（第二）下巻公法之部（巌松堂書店）
司法研修所・刑事判決書起案の手びき（昭和四三年）
田辺安一・ブナの林が語り伝えること（北海道出版企画センター）
☆牧野英一・刑事学の新思想と新刑法（警眼社）
松下芳男・明治軍制史論上巻（有斐閣）
☆三田村鳶魚・江戸の実話（政教社）
明治文化研究会・幕末明治新聞全集第六巻上（東京都立中央図書館所蔵）
☆山田澤馬編・官令類輯第一号（明報社）
吉川経夫・罪刑法定主義と刑法思想（法律文化社）
拙著・開拓使時代の司法（北海道出版企画センター）

論　文

伊能英明・江戸小伝馬町牢屋敷の世界（法律論叢第六七巻第二・三号）
紺野哲也・渡邊道子・箱館降伏人取締役所日誌（「地域史研究　はこだて　第七号」四二頁）
谷正之・弁護士の誕生とその背景㈢（松山大学論集第二一巻一号）
田端宏・福山・江差騒動の研究（北海道の研究　第五巻）
田保橋潔・明治元年舊幕府艦隊の江戸湾退去に就いて（史学雑誌第三四編第七、九号）
永井和・太政官文書にみる天皇万機親裁の成立（京都大学文学部研究紀要二〇〇二）
樋口雄彦・箱館戦争降伏人と静岡藩（国立歴史民族博物館研究報告　第一〇九集）
平井松午・幕末箱館における五稜郭および元陣屋の景観複元（北海道地理学会・地理学論集ＶＯＬ89　二〇一四―№.

1)
宮間純一・箱館戦争における榎本軍首脳部処分問題（幕末・明治期名家書翰草稿）
門間秀樹・箱館戦争の戦後処理における旧幕臣の処遇に関する一考察（法学政治学論究五八号）
山本政雄・旧陸海軍軍法会議法の制定経過（防衛研究所紀要第九巻二号）
山本政雄・旧陸海軍軍法会議法の意義と司法権の独立（防衛研究所・戦史研究年報第一一号）

史料

黒田清隆建言書（宮内公文書館所蔵）
中村伸子・「五稜郭戦争終局の場所」（北海道学芸大学附属函館中学校・校友会雑誌「桐の花」第一四号　発行昭和三九年四月五日）
高松凌雲・東走始末（函館毎日新聞・大正三年二月二五日―三月一一日）

国立国会図書館・国立公文書館・宮内公文書館・東京都立図書館および函館市中央図書館デジタル資料館所蔵にかかる多くの史料・デジタル記録を利用させていただいた。

利用機関

国立国会図書館
国立公文書館
宮内公文書館
矯正図書館
東京大学史料編纂所
防衛研究所
東京都立図書館
北海道立図書館
北海道立文書館
札幌市中央図書館
函館市中央図書館
市立函館博物館
青森県立郷土館

明治政府沿革史

明治政府の沿革とそれに伴う官職就任者は、以下のとおりである。資料は、官員録・職員録、維新史附録である。

慶応三年一二月九日　王政復古（布告第一三号）

総裁　議定　参与

慶応三年一二月九日　三職

総裁　熾仁親王　有栖川宮
議定　嘉彰親王　仁和寺宮
　　　晃親王　山階宮
　　　三條實愛
　　　島津忠義（薩州藩）
　　　岩倉具視
　　　鍋島直正（佐賀藩）

参与
萬里小路　博房
西郷　隆盛（薩州藩）
大久保　利通（薩州藩）
後藤　象二郎（土州藩）
西園寺　公望
（維新史附録）

明治元年一月一七日　三職七総督（布告第三六号）

三職　総裁　議定　参与
七総督　神祇事務総督　内国事務総督　外国事務総督　海陸軍事務総督　会計事務総督　刑法事務総督　制度寮総督

明治元年一月一七日　七科

総裁　有栖川　帥宮
参与　事務ヲ参議シ各課ヲ分務ス
議定　事務各課ヲ分督シ議事ヲ定決ス
神祇事務総督　中山　忠能

熾仁親王
有栖川宮
白川資訓
内国事務総督　三條實愛
徳大寺實則
山内豊信（土州藩）
外国事務総督　三條實美
晃親王
山階宮
伊達宗城（宇和島藩）
海陸軍事務総督　嘉彰親王
仁和寺宮
岩倉具視
島津忠義（薩州藩）
会計事務総督　岩倉具視
中御門経之
刑法事務総督　長谷信篤
細川護久（熊本藩）
制度寮総督　萬里小路博房
鷹司輔熙

明治元年二月三日　三職八局（布告第七三号）

（維新史附録）

三職　総裁局　議定局　参与局
八局　総裁局　神祇事務局　内国事務局　外国事務局　軍防事務督　会計事務局　刑法事務局
制度事務局

明治元年二月三日　八局

総裁局
総裁　熾仁親王（有栖川宮）
副総裁　三條實愛（議定）
岩倉具視（議定）
顧問　木戸孝允（長州藩）
大久保利通（薩州藩）
小松清廉（薩州藩）
後藤象二郎（土州藩）
三條實愛（兼任）
岩倉具視（兼任）

議定局

参与局
熾仁親王（兼任）
大久保利通（兼任）
小松清廉（兼任）
後藤象二郎（兼任）
神祇事務局　事務局督　白川資訓
内国事務局　事務局督　徳大寺実則
外国事務局　事務局督　晃親王　山階宮
軍防事務督　事務局督　嘉彰親王　小松宮
会計事務局　事務局督　中御門経之
刑法事務局　事務局督　近衛忠房
制度事務局　事務局督　鷹司輔熙
（維新史附録）

明治元年閏四月二一日　政体（太政官布告第三三一号）
太政官分為七官
議政官　行政官　神祇官　会計官　軍務官　外国官　刑法官

明治元年閏四月二一日　太政官七官

官	職	氏名
議政官	議定	岩倉具視
		三條實美
		徳大寺實則
		鍋島直正
	参与	木戸孝允
		小松帯刀
		大久保利通
		後藤象二郎
		西郷隆盛
		板垣退助
		大隈重信
行政官	輔相	三條實美
神祇官	知事	中山忠能
会計官	知事	萬里小路博房
軍務官	知事	嘉彰親王（小松宮）
外国官	知事	伊達宗城
刑法官		三條實愛

軍務官裁判関係官員（甲文官）

副知官事　大村　四位

権判官事

函館出張　曽我　祐準

函館出張　増田　虎之助

権判官事試補

函館出張　石井　寅之助

（国立公文書館デジタルアーカイブ【請求番号】職Ａ０００１３１００）

（維新史附録）

明治二年七月八日　職員令（太政官布告第六二二号）

二官六省

二官　神祇官　太政官（左大臣　右大臣　大納言　参議）

六省　民部省　大蔵省　兵部省　刑部省　宮内省　外務省

明治二年七月八日　二官六省

神祇官　神祇伯　中山忠能
太政官　右大臣　三條實美
太政官　大納言　岩倉具視
徳大寺實則
鍋島直正（佐賀藩）
三條實愛
太政官　参　議　副島種臣（佐賀藩）
前原一誠（長州藩）
大久保利通（薩州藩）
廣澤真臣（長州藩）
佐々木高行（土州藩）
斎藤利行（土州藩）
木戸孝允（長州藩）
西郷隆盛（薩州藩）
大隈重信（佐賀藩）
板垣退助（土州藩）
民部省　民部卿　松平慶永（福井藩）
民部大輔　大隈重信（佐賀藩）

	民部少輔	伊藤博文	（長州藩）
大蔵省	大蔵卿	大久保利通	（薩州藩）
	大蔵大輔	大隈重信	（佐賀藩）
	大蔵少輔	伊藤博文	（長州藩）
兵部省	兵部卿	嘉彰親王 小松宮	
	兵部大輔	大村益次郎	（長州藩）
		前原一誠	（長州藩）
		山縣有朋	（長州藩）
	兵部大丞	黒田清隆	（薩州藩）
		西郷従道	（薩州藩）
		山田顕良	（長州藩）
		河田景與	（因州藩）
		勝安房	（幕臣）
刑部省	刑部卿	三條實愛	
宮内省	宮内卿	萬里小路博房	
外務省	外務卿	澤宣嘉	
	外務大輔	寺島宗則	（薩州藩）
	外務大丞	勝安房	（幕臣）
開拓使	開拓長官	鍋島直正	（佐賀藩）

開拓次官　黒田　清隆（薩摩藩）

（維新史附録）

明治三年閏一〇月二〇日　工部省設置（太政官布告第七五五号）
明治四年七月九日　司法省設置（太政官布告第三三六号）
明治四年七月一四日　廃藩置県（太政官布告第三五〇、三五三号）
明治四年七月一八日　文部省設置（太政官布告第三六一号）
明治四年七月二七日　民部省を大蔵省に合併（太政官布告第三七五・三七六号）
　→明治六年一一月一〇日内務省を置く（太政官布告第三七号）
明治四年七月二八日　太政官職制（太政官布告第三八五号）
明治四年七月二九日　太政官職制并事務章程（太政官布告第三八六号）

太政官職制

正院

太政大臣

天皇ヲ補翼シ庶政ヲ総判シ祭祀外交宣戦講和立約ノ権海陸軍ノ事ヲ紗知ス

納言

職掌大臣ニ亞ク大臣闕席ノトキハ其事ヲ代理スルヲ得ル

参議

太政ニ参與シ官事ヲ議判シ大臣納言ヲ補佐シ庶政を賛成スルヲ掌ル

左院
議長
一、二等議員

右院
諸省長官次官

正院事務章程
正院ハ天皇臨御シテ萬機ヲ総判シ大臣納言之ヲ輔弼シ参議之ニ参與シテ庶政ヲ奨励督スル所ナリ

左院事務章程
左院ハ議員諸立法ノ事ヲ議スル所ナリ

右院事務章程
右院ハ各省ノ長官常務ノ法ヲ案シ及行政實際ノ利害ヲ審議スル所ナリ各省長官次官之ニ任ス

廃藩置県と前後して工部・司法・文部省が設置され、次いで太政官制が改定された。太政官制は、正院（中央政府）・左院（議員立法機関）・右院（各省調整機関）により構成された。

明治四年八月一〇日　官制改定（太政官布告第四〇〇号）

明治四年一二月　諸官省官員録（明治四年一二月改）

三職　太政大臣　左右大臣　参議

太政官
正院
太政大臣　三條實美
左大臣　（欠員）
右大臣　岩倉具視
参　議　西郷隆盛（薩摩藩）
木戸孝允（長州藩）
大隈重信（佐賀藩）
板垣退助（土佐藩）

左院
議　長　後藤元燁
副議長　江藤新平

神祇省
卿（欠員）
大輔　福羽美静

外務省　卿　副島種臣
　大輔　寺島宗徳
大蔵省　卿　大久保利通
　大輔　井上薫
兵部省　卿（欠員）
　大輔　山縣有朋
　糺問司
　糺問正　黒川通軌
　大令史　伏谷惇
文部省　卿　大木喬任
　大輔（欠員）
工部省　卿（欠員）
　大輔　伊藤博文
司法省　卿（欠員）
　大輔　佐々木高行
　　宍戸璣
　大判事（欠員）
　権大判事　松木暢
　　玉乃世履

宮内省　卿　　　　徳大寺　實則
　　　　大輔　　　萬里小路　博房
開拓使　長官（欠員）
　　　　次官　　　黒田　清隆

（アジア歴史資料センター【請求番号】職A00035100）

（註）　紀問正は従七位・少佐である。司法省判事職では、大判事が筆頭である。

明治一八年一二月二二日　太政官制を廃止し、「内閣総理大臣及宮内外務内務大蔵陸軍海軍司法文部農商務逓信ノ諸大臣ヲ置ク」「諸大臣ヲ以テ内閣ヲ組織ス」（太政官布告第六九号）とされた。

糺問司史

明治元年閏四月二一日

明治元年閏四月二一日

政体（太政官布告第三三一号）

軍務官を置く

軍務官を置き職制を定める

所管局　海軍局　陸軍局　築造司　兵船司　兵器司　馬政司

職制　知官事

　副知官事

　判官事　四人　掌糺判官事

　権判官事　掌同判官事

知官事　仁和寺兵部卿

副知官事　長岡　左京亮

判官事　吉井　幸輔　大村　益次郎　大木　五位

　桜井　慎平

権判官　林　玖十郎　松尾　但馬　陸原　慎太郎

　舟越洋之助　長谷川　深美

判事試補　曽我　祐準　森尾　竜彦　伊吹　喜三太

　井田　五蔵

（官令類輯第一号）

（註）刑法官には、監察司　鞫獄司　捕亡司が置かれた。

明治二年五月一八日　榎本釜次郎　松平太郎　荒井郁之助　大鳥圭介軍門ニ降伏謝罪仕　箱館表ニ於テ謹慎ヲ
仰付ラレ候（犯罪事実認定書）

明治二年六月八日　糺問方任命（軍務官達）
豊永寛一郎
山岡小造
右糺問方申付候事
（法規分類大全）

明治二年六月　職員録改
軍務官
知官事　仁和寺兵部卿
副官事　大村四位
権判官事
箱館出張　曽我祐準（準造）
同　増田虎之助

明治二年六月一二日　降伏人処置ヲ軍務官ニ委任ス（太政官布告第五二六号）
（アジア歴史資料センター【レファレンスコード】Ａ０９０５４２７２１００）

明治二年六月三〇日　榎本釜次郎等辰之口揚屋収監

明治二年七月　職員録改
軍務官
知官事　仁和寺　兵部卿
副官事　大村　四位
権判官事
箱館出張　曽我　祐準
同　増田　虎之助
（アジア歴史資料センター【レファレンスコード】Ａ０９０５４２７２３００）

明治二年七月五日　渋澤誠一郎等辰之口揚屋収監
→渋澤誠一郎等東京着、即日当御司監倉入牢仰付候（犯罪事実認定書）

明治二年七月八日　職員令（太政官布告第六二二号）

明治二年八月—日　糺問司設置（太政官達）

（法規分類大全第五三　九二二頁）

明治二年九月—日　職員録改

（兵部省達第八三七号）

少丞　曽我祐準
少丞　増田虎之助

○糺問司
正
権正
大祐
権大祐　吉岡良邦
小佑
権少祐
大令史
少令史

（アジア歴史資料センター【レファレンスコード】A09054272700）

→糺問司が設置され吉岡権大祐が任命された。曽我・増田少丞は軍務官に引き続き糺問部門を担当した。

明治二年一〇月二〇日

紀問司入牢人ノ取扱方ヲ定ム（京都兵部省達第一〇二九号）

→入牢者について吟味済口書が作成された場合の罰文・謹慎・被免の草案提出を指示した。

明治三年六月―日

職員録改

少丞　曽我祐準

少丞　増田虎之助

〇紀問司

正

権正

大祐

権大祐　楠見正幹

小佑

権少祐　小栗義宣

月岡義守

森孝徳

大令史

少令史　多田正夫

藤田冨肥

松前候廣

吉田宗孝

米山秀廉
吉岡正親
下川定穏
（アジア歴史資料センター【レファレンスコード】A09054274500）

明治三年一〇月一六日　紏問（榎本書簡No.11）
権大丞　曽我祐準
少丞　増田虎之助

明治三年一一月一日　職員録改
権大丞　曽我祐準
少丞　増田虎之助

○紏問司
正
権正
大祐
権大祐
小佑　黒川通軌
権少祐　小栗義宣

月岡　義守
山岡　　譲
大令史　多田　正央
藤田　冨肥
松前　候廣
米山　秀廉
少令史　吉岡　正親
下川　定穏
江並　真清

（アジア歴史資料センター【レファレンスコード】A09054274900）

明治三年一二月二四日

糺問（榎本書簡No.23）

糺問官

首席糺問司　小佑　黒川通軌

外糺問司列座

↓書簡では、「糺問の正黒川」とされている。しかし当時、糺問正は置かれていない。黒川が糺問正に就任したのは、明治四年一二月である。そして、本糺問により犯罪事実が確定したので、直ちに判決に移行するのが通常である。しかし、判決は延期された。

明治四年二月

職員録改

権大丞　曽我祐準
権大丞　増田虎之助
○糺問司
正
権正
大祐　黒川通軌
権大祐　牧山矩
小佑　山岡譲
権少祐　小泉義宣
　　　　月岡義守
　　　　冨士重本
大令史　多田正央
少令史　藤田冨肥
　　　　松前候廣
　　　　米山秀廉
　　　　吉岡正親
　　　　下川定穏
　　　　江並真清

鈴江為周
丹羽普
（アジア歴史資料センター【レファレンスコード】A09054275600）

明治四年六月

職員録改

少丞　曽我祐準
少丞　増田虎之助

○糺問司
正
権正
大祐
権大祐　楠見正幹
小佑
権少祐　小泉義宣
　　　　月岡義守
　　　　森孝徳
大令史

少令史
多田正英
藤田冨肥
松前候廣
吉田宗孝
米山秀廉
吉岡正親
下川定穏

（アジア歴史資料センター【レファレンスコード】A09054276400）

明治四年七月一日
兵部省職員令（太政官布告第五七号）
海陸軍糺問司　海陸軍ノ罪犯糺覈《かく》（犯罪取調）、處決（所置・判決）等ノ事ヲ掌ル

明治四年一二月
職員録改
○糺問司
正　従七位　黒川　通軌
大祐
権大祐
小佑

権少祐

大令史　伏谷　惇

権大令史　牧山　矩

中令史　冨岡　至素

権中令史　冨本　重本

大田　廣正

多田　正英

藤田　冨肥

十一等出仕　山岡　譲

少令史　江並　直清

森尾　雅一

今村　芳雄

権少令史　松前　候廣

中村　宗孝

金子　本承

渡邊　昭

三村　清景

田中　元朝

吉岡　正親

（アジア歴史資料センター【レファレンスコード】Ａ０９０５４２７６６００）

明治四年一二月一日　糺問司事務取扱章程（兵部省指令）

（法規分類大全五三　九九二頁）（アジア歴史資料センター【レファレンスコード】Ａ０３０２３２３７８００）

明治五年一月六日　兵部省糺問正黒川道軌は榎本釜次郎外九名に対し恩赦の判決

明治五年四月九日　糺問司廃止陸軍裁判所設置（兵部省布告第一一八号）（法規分類大全第五三　九二三頁）

絵図等掲載頁・出典一覧表

掲載頁	挿入図版	出典
表紙	五稜郭城	
口絵	陸軍裁判所記　榎本釜次郎外数名糺問幷所置事件	国立公文書館デジタルアーカイブ
	榎本釜次郎判決書	
	榎本釜次郎等犯罪事実認定書	
	黒田清隆・榎本釜次郎・大鳥圭介像	函館市中央図書館デジタル資料館
	箱館戦争図	市立函館博物館
	箱館戦争降伏地・亀田八幡宮	撮影・佐藤和幸
一五	箱館戦争図（徳川脱走軍の侵攻）	保谷徹・戊辰戦争
五四	榎本釜次郎獄中よりの書簡	国立国会図書館憲政資料室
八〇	箱館戦争総攻撃図	ウィキペディア「箱館戦争」関連地図より
九四	太政類典第一編	国立公文書館デジタルアーカイブ
一一六	徳川家軍艦脱走ニ付懇願書	宮内公文書館
一二五	白州体裁図（明治三年）	獄庭規則
一七七	兵部省　糺問所・揚屋（松平・大岡邸）	
一八一	嘉永二年江戸切絵図（大名小路神田橋内　内桜田之図）	国立国会図書館デジタルコレクション
一八一	慶応元年改正江戸切絵図（御曲輪内大名小路絵図）	東京都立図書館デジタルアーカイブ
一八二	明治二年改正江戸切絵図（御曲輪内大名小路絵図）	東京都立図書館デジタルアーカイブ

掲載頁	挿入図版	出典
一八二	明治二年東京全図	国際日本文化センター
一九三	唐丸駕籠	
二二六	榎本武揚詩書（「健武帯刀前後行」）	市立函館博物館
二二六	榎本武揚詩書（「健卒帯刀前後行」）	青森県立郷土館
二七一	黒田清隆建言書	宮内公文書館
三〇六	佛国陸軍士官ブリウネ氏処分関係文書	宮内公文書館
三一七	蝦地追討記　巻四	国立公文書館アジア歴史資料センター
三一九	五稜郭賊徒降伏書類	宮内公文書館
三四五	箱館降伏人取締所日誌（明治三年）	函館市中央図書館デジタル資料館

おわりに

これまで、「明治期における北海道の司法」を課題として調査・研究を進めてきました。そして、平成二四年七月二〇日『開拓使時代の司法』、平成二六年六月一〇日には『北海道裁判所代言人弁護士史録』を著作しました。これにより、明治時代・開拓使時代の蝦夷地・北海道の司法制度の解明ができました。そこで、具体的民・刑事々件の解明に移り、ここに箱館戦争裁判に関する実証的研究として『箱館戦争裁判記』を発表するものであります。

小樽商科大学商学部企業法学科では、平成二六年度文部科学省「地（知）の拠点整備事業」として「北海道法学プロジェクト」をはじめられました。北海道法学教育のため「北海道判例集」を発刊し、関係法令を中心に研究を確立すると共に北海道における事件の動向を解明したものであります。さらに「北海道法学研究会」が設置され、関係法令と共に北海道のための法学研究がはじめられました。研究会には、弁護士の参加も進められ、私も「明治期北海道の司法」について報告の機会が与えられました。

私は、弁護士でありまして学者ではありません。弁護士は、事実の調査・分析・総合をして法令を適用し、結論を導くのが主たる業務であります。学者は、それに加え、法令の専門領域・周辺領域を分析し体系化するものであります。北海道法学研究会の発展を期待いたします。

本書著作にあたり、多くの文献・史料・論文を参照させていただきました。誠にありがとうございました。そして、宮内公文書館に対する照会の過程におきまし、宮内庁書陵部宮間純一研究員の「箱館戦争における榎本軍首脳部処分問題」（松尾正人編『幕末・明治期名家書翰草稿』・中央大学近代史研究会）を知りました。多くの外交資料をもって構成され、箱館戦争裁判に関する貴重な論文であります。

さらに本書の著作にあたり、日浦力（弁護士・元東京地方検察庁検事）、市川茂樹（弁護士・元札幌弁護士会会長）、山崎博（弁護士・元札幌弁護士会会長）・吉川武（弁護士・北海道大学法科大学院講師）弁護士の協力をいただきました。ありがとうございました。

私ももう少しで八五歳になります。これからも頑張りますが著作はこれで終わりかと思います。幸いにして昭和四四年弁護士となり、札幌弁護士会会長、北海道弁護士会連合会理事長、日本弁護士会副会長を経歴しました。傍ら札幌市教育委員会委員長、日本調停協会連合会北海道支部長等多くの公職に就任しました。業務におきましては、札幌トヨペット株式会社、北炭夕炭砿株式会社等の更生・破産管財人に選任され、又多くの企業の法律顧問を委嘱され企業法務を中心に弁護士業務を続けてきました。そして、拓銀破産にあたっては、「たくぎん抵当証券被害者救済弁護団」団長として被害者救済にあたり、私としては変わった分野における活動の機会に恵まれました。そして、平成一三年秋勲三等瑞宝章の栄に浴し、同一八年には札幌市政功労者として表彰されました。関係者に深くお礼を申し上げます。

これまで、ご指導ご協力いただきました関係者の皆様に深く感謝を申し上げます。ありがとうございました。

索引

著者略歴

牧 口 準 市（まきぐち じゅんいち）

昭和６年８月　北海道泊村で生まれる
　　　　　　　北海学園大学経済学部中退
　　　　　　　裁判所職員
昭和44年４月　弁護士
昭和54年11月　北海道公害審査会委員
昭和63年４月　札幌弁護士会会長
昭和63年５月　北海道開発審査会会長
平成元年４月　北海道弁護士会連合会理事長
平成元年11月　札幌市教育委員会委員長
平成３年４月　日本弁護士連合会副会長
平成14年７月　日本調停協会北海道支部長
平成18年３月　札幌市政功労者
勲３等瑞宝章（平成13年秋）

現在　弁護士法人成蹊総合法律事務所　客員弁護士
　　　札幌市中央区北５条西12丁目２番地ベルックス北５ビル

著書等

1988年10月　管財人覚書　　私刊
2000年10月　モーゲージ・クライシス－たくぎん抵当証券被害者救済の全記録－
　　　　　　たくぎん抵当証券被害者弁護団（著者代表）
2004年１月　教育改革の方向
2004年４月　司法改革の方向
2012年７月　開拓使時代の司法
2014年６月　明治期における北海道裁判所代言人弁護士史録

箱館戦争裁判記

―榎本釜次郎外数名糺問并所置事件―

発　行　2016年６月20日
著　者　牧 口 準 市
発行者　野 澤 緯三男
発行所　北海道出版企画センター
〒001-0018 札幌市北区北18条西６丁目２-47
電　話　011-737-1755　FAX 011-737-4007
振　替　02790-6-16677
URL　http://www.h-ppc.com/
E-mail　hppc186@rose.ocn.ne.jp
印刷所　㈱北海道機関紙印刷所
製本所　石田製本株式会社

ISBN978－4－8328－1607－7　C3021